UNCOMMON SENSE TEACHING
Practical Insights in Brain Science to Help Students Learn

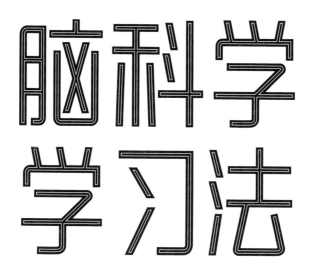

脑科学
学习法

[美] 芭芭拉·奥克利 (Barbara Oakley)

[美] 贝丝·罗戈夫斯基 (Beth Rogowsky)

[美] 特伦斯·谢诺夫斯基 (Terrence Sejnowski)

_著

欧阳瑾

陈兰

_译

浙江教育出版社·杭州

图书在版编目（CIP）数据

脑科学学习法 / (美) 芭芭拉·奥克利
(Barbara Oakley) , (美) 贝丝·罗戈夫斯基
(Beth Rogowsky) , (美) 特伦斯·谢诺夫斯基
(Terrence Sejnowski) 著 ; 欧阳瑾, 陈兰译. -- 杭州 :
浙江教育出版社, 2023.7
　　ISBN 978-7-5722-5676-9

　　Ⅰ.①脑… Ⅱ.①芭… ②贝… ③特… ④欧… ⑤陈
… Ⅲ.①学习方法－家庭教育 Ⅳ.①G791②G78
　　中国国家版本馆CIP数据核字（2023）第075636号

Uncommon Sense Teaching by Barbara Oakley PhD, Beth Rogowsky EdD and Terrence
J. Sejnowski. All rights reserved including the right of reproduction in whole or in part
in any form. This edition published by arrangement with TarcherPerigee, an imprint of
Penguin Publishing Group, a division of Penguin Random House LLC through Bardon-
Chinese Media Agency. Simplified Chinese translation copyright © 2023 by Beijing Xiron
Culture Group Co., Ltd. All rights reserved.
版权合同登记号　浙图字11- 2023- 041

脑科学学习法

NAO KEXUE XUEXI FA

[美]芭芭拉·奥克利(Barbara Oakley)　[美] 贝丝·罗戈夫斯基(Beth
Rogowsky)　[美] 特伦斯·谢诺夫斯基(Terrence Sejnowski)　著

欧阳瑾　陈兰　译

责任编辑：赵露丹
美术编辑：韩　波
责任校对：马立改
责任印务：时小娟
出版发行：浙江教育出版社
（杭州市天目山路40 号 电话：0571- 85170300- 80928 ）
印　　刷：三河市中晟雅豪印务有限公司
开　　本：880mm×1230mm 1/ 32
成品尺寸：145mm×210mm
印　　张：14.75
字　　数：290 000
版　　次：2023年7月第1版
印　　次：2023年7月第1次印刷
标准书号：ISBN 978-7-5722-5676-9
定　　价：68.00 元

如发现印装质量问题，影响阅读，请与出版社联系调换。

各方赞誉

如果你关心教育这个话题，本书无疑是一本必读书。大脑天生具有学习能力和适应性，本书提供了一套权威的方法，可以帮助学生获得最佳的学习效果。学习本应很有意思，而懂得如何按照大脑天生的方式去学习就是其中最有意思的一方面。这真是一本令人愉悦的绝妙好书。

——马伊姆·拜力克（Mayim Bialik）

神经科学博士，曾凭借《生活大爆炸》四度荣获艾美奖提名，著有《纽约时报》畅销书《别只叫我女孩》（*Girling Up*）和《男孩前进吧》（*Boying Up*）

本书既通俗易懂又引人入胜，会让老师的教学与学生的学习更轻松。本书作者提供的建议是所有教师本应获得却很少掌握的知识。

——娜塔莉·韦克斯勒（Natalie Wexler）

著有《知识鸿沟》（*The Knowledge Gap*）

学习就是改变大脑的思维方式。此书说明了大脑应如何学习，学习为何困难，以及如何促进课堂学习的效果。经验丰富的老师将在本书中找到他们一些教学技巧有效的原因以及改进它们的方法。入行不久的老师和在家里辅导学生的家长，则会发现无数具有实用性的建议，来帮助学生获得成功。

——克里斯汀·迪瑟尔波（Kristen DiCerbo）

哲学博士，可汗学院首席学习官

本书内容基于神经科学，让我更加深入地理解了人们学习时大脑的运作机理，以及教学时应当运用的具体策略。大力推荐此书。

——罗伯特·马扎诺（Robert Marzano）

哲学博士，"马扎诺资源"（Marzano Resources）联合创始人，著有《新教学艺术与科学》（*The New Art and Science of Teaching*）

在这部通俗并极具实用性的作品中，几位作者既体现了他们对教学和课堂的深刻理解，阐明了神经科学领域里的发现对教和学两方面的意义，也体现出他们具有用通俗方式撰述复杂理念的能力。

——卡罗尔·安·汤姆林森（Carol Ann Tomlinson）

教育学博士，著有《如何在学术多元化课堂上进行差异化教学》（*How to Differentiate Instruction in Academically Diverse Classrooms*）

我怀着迫不及待的心情，希望这部见解精辟的作品能尽快到达教师、家庭教育工作者和家长的手中。这部论述大脑功能与学习习惯的实用性手册，会让各类学习者深感荣幸，并且从中获得帮助。强烈推荐！

——朱莉·博加特（Julie Bogart）

著有《勇敢的学习者》（*The Brave Learner*）

真是了不起的研究。作者们把尖端的大脑研究转化成任何人都能立即加以应用的实用性见解。这是一部教师与学生同样必读的作品。

——斯科特·H.扬（Scott H. Young）

著有《超速学习》（*Ultralearning*）

本书以神经科学贯穿始终，以幽默为点缀，笔法中带着激情和智慧，对教育这个古老的问题进行了出色的全新诠释。我已经迫不及待，要把其中的真知灼见应用到自己的教学和学习中去了。

——斯蒂芬·斯特罗加茨（Steven Strogatz）

哲学博士，康奈尔大学应用数学系雅各布教授，

著有《无穷力量》（*Infinite Powers*）

书中以神经科学为基础的方法，让教育工作者能够在教学实践中做出具有深远意义的改变，从而提高学生的成功率。它是从幼儿园至十二年级（K-12）基础教育到高等教育领域所有教师的基础性读物。

——杰奎琳·埃尔-赛伊德（Jacqueline El-Sayed）

哲学博士，美国工程教育学会首席学术官

无论从事了多久的教学工作，凡是阅读本书的教育工作者都会更好地理解大脑，并且获得促进学生学习和身心健康的实用性策略。

——詹姆士·M.朗（James M. Lang）

哲学博士，著有《微教学》（*Small Teaching*）

本书作者们做出了非凡的努力，弥合了教学、心理学和神经科学之间的鸿沟。本人是一位认知科学家兼教师。我发现，书中充斥着本人所在领域的出色研究成果，供我将来用于课堂上的实用性策略比比皆是。假如你正在寻找基于研究且有证据支撑的教学策略，那么，《脑科学学习法》就是一部必读的作品。

——普嘉·K.阿加瓦尔（Pooja K. Agarwal）

哲学博士，著有《强力教学》（*Powerful Teaching*）

本书将认知科学领域的丰富知识转化为行动，既能让教师更好地理解学习这门科学，也为他们提供了帮助学生学习的实用性策略。

——盖伊尔吉·布萨基（György Buzsáki）

医学博士兼哲学博士，著有《由内而外看大脑》

（*The Brain from Inside Out*）

目录

如何学会高效学习

《脑科学学习法》这个书名，听上去或许有点儿狂妄。毕竟，对于已经从事了一段时间教学工作的你来说，关于教学的大多数见解似乎早就像是简单的常识了。

先来介绍一下芭芭拉·奥克利和特伦斯·谢诺夫斯基。他们开设的大型开放式在线课程（MOOC）——"学会学习"（Learning How to Learn），连同其中基于大脑的教、学方法，已经一跃成了全世界最受欢迎的大型开放式在线课程之一，有数百万人参与学习。这种受欢迎的程度，也体现了大家对新颖而具实用性的见解的肯定。特伦斯是索尔克研究所的计算机神经科学家兼神经网络领域先驱人物，芭芭拉则是工程学教授、语言学家，也是具有冒险精神的环球旅行家。两人将专业知识结合起来，共同开设了这门课程，解释了大脑的学习机理。课程中的许多知识都极其新颖，以至于目前还没有被各个教育流派所采纳。不过，这门课程极其有用，可以帮助人们更加高效地学习。而且，课程中的知识也颠覆了人们对于教学的一些常识性认知[1]。

长久以来，教学都被世人称为一门艺术。如今仍然令人觉得难以捉摸。新人刚刚进入教师行业时，全都心怀造就巨匠的初衷。可是，当他们面对教室里形形色色的学生，面对家长的殷殷期待之后，他们就会迅速从崭露头角的天才达·芬奇，变成一个个无米可炊的艺术家了。大多数教师都想竭尽所能做最优秀的老师。但是，他们会自然而然地落入窠臼，用过去所学到的方式去教学。可惜的是，他们所用的教学方式，也就是他们的老师所教授的教学方式，可能不再适用于当今学生去学习知识了。

再来介绍一下贝丝·罗戈夫斯基。20世纪90年代，贝丝刚刚开始教学事业时，曾经心怀渴望，想以一次改变一个学生的方式去改变世界。在14年的中学教学生涯中，她既教过城市里的学生，也教过乡村学生，因而有着丰富的经验，是一位受人敬重的老师。但她开始认识到，尽管学生们学习效率较高，学得也很开心（这是一个值得称颂的教学目标），可他们经常达不到她所希望的水平。

于是，她开始了更加深入的研究。她在博士论文中基于计算机的认知和语言训练展开论述，吸引了一些顶尖的神经科学家的注意。最终，她在罗格斯大学（Rutgers University）分子与行为神经科学中心（Center for Molecular and Behavioral Neuroscience）完成了为期3年的博士后研究。在那里，她与一群杰出的神经科学家一起共事。如今，贝丝是宾夕法尼亚州布鲁斯堡大学（Bloomsburg University of Pennsylvania）的教育学教授，而其教授职责中的一部分就是观察研究K-12的课堂情况。令她惊讶的是，尽管科学研究已经表明我们有新颖的、更好的教学方法，但她经常看到的实际教学，和她几十年前在课堂上使用的低效做法并无二致。

贝丝的经历，让她对日常教学与神经科学研究这两个截然不同的领域有了深入了解。她与芭芭拉、特伦斯一起坚信教师可以利用神经科学领域的实用性见解，大幅提高学生的学习能力。

比方说，因为学生的工作记忆（working memory）不同，所以要求老师运用不同的教学方法。神经科学提供了许多真知灼见，让我们既可以兼具个性化，又能在现场教学这根"钢丝"上保持平衡。从根本上来看，孩子们之所以有可能在学习上半途而废，并不是因为他们缺乏成长型思维（growth mindset）[2]，也不是因为老师没有用孩子喜欢的学习方式去教他们[3]，而是因为他们真的不明白如何学习那些很难的知识。此外，老师们往往也没有掌握基础性的研究，比如不明白"提取练习"（retrieval practice），以及同时使用"陈述性"（declarative）与"程序性"（procedural）两种学习途径的重要价值。这些重大突破性研究会告诉我们，

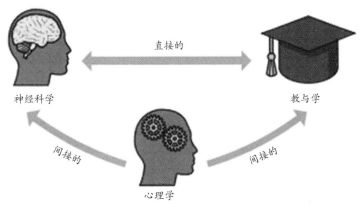

神经科学既有助于我们直接理解教与学（反之亦然），也有助于我们通过它与心理学的联系间接理解教与学。

如何才能帮助学生更加迅速地将知识固定到长期记忆（long-term memory）中，以便他们能够更具创造性地思考和学习。神经科学之所以至关重要，是因为与其他任何学科相比，这门科学更能让我们直接、深入地理解学习和教育的本质[4]。

本书并不是要完全颠覆你的教学方式。你可以通过书中新的教学策略，改进你已在使用的教学方法，也可以收获一些经过了检验的可靠技巧。由于你将要了解这些策略之所以有效的原理，所以你也将了解如何做出细微但强有力的调整，来提高学习效果。

撰写本书之时，我们力求让本书并非仅供K-12教师所用，而是可供所有为人师表者参考，其中也包括大学里的教授，以及学生的家长或其他监护人。因此，我们尽量少用行业术语表述问题，即便使用专业术语，我们也会给出术语的定义。这一点，对刚刚进入教师行业的人来说尤其有用。假如你是一位经验丰富的老师，也会因为重温习以为常的定义而感到喜悦。在本书中，我们还纳入了各种各样具有实用性的练习和教学技巧，它们适用于各个年级的学生。

本书由我们三人合撰而成。我们所提供的是基于认知科学与大脑科学的融合性科学证据，以及结合自身课堂经验，被证明广泛有效的教学方法。

身为教师，你所从事的工作至关重要。不只是对学生重要，对整个社会也是如此。归根结底，教师也是一个不断学习的职业。无论你之前取得了怎样的成绩，这本书都会有助于你学到更多的知识。那么，加入我们的行列，阅读《脑科学学习法》吧！

芭芭拉·奥克利

贝丝·罗戈夫斯基

特伦斯·谢诺夫斯基

1

构建记忆:

知识可提取，是学习的关键

卡蒂娜看着自己的分数，开始流眼泪。你知道她为什么哭——考得很差，才勉强及格。"我实在想不通，为什么一到考试，我的大脑就一片空白。"卡蒂娜说，"在家里或者上课的时候，我都清楚得很。只是一看到试题，我就蒙了。我觉得，我貌似得了考试焦虑症。或许，我就是学不好数学吧。妈妈说，我跟她一模一样，数学都很差。"

从表面来看，卡蒂娜是个好学生。她并没有阅读障碍或数学学习障碍之类的明显问题。此外，卡蒂娜努力把注意力集中在老师所教的知识上。就算有的时候做得不够好，她也会完成家庭作业。她还制作了很多精美的手工艺品，结交了许多朋友。换言之就是，她很有创造力，属于其他学生都很喜欢跟她一起玩的那种人。

数学上觉得有压力的可不只卡蒂娜一个[1]，另一位学生本也有同样的问题。而学生费德里科觉得作文很难，杰瑞德学不好西班牙语，亚历克斯则理解不了化学元素周期表。实际上，在你的班级中，或许有三分之一的学生都困在一种认为自己"学不好"某个科目的思维当中。你不禁担心，等到所在城市举行统一考试的时候，卡蒂娜和其他类似的学生会拉低整个学校的平均成绩。学校的平均成绩下降，整个学校的士气就会下降，而你的士气也会下降。

这到底是怎么回事呢？你又能否帮助卡蒂娜、杰瑞德和其他学生提高学习能力，让他们在各自看似最薄弱的方面成为强者呢？

学习会在长期记忆中创建连接

　　要想理解这是怎么回事，我们需要后退一步，先来看一看大脑基本的组成要素，即称为"神经元"（neuron）的生物细胞。每个人身上，大约有860亿个神经元。所以，我们有很多的神经元可以用，就连你觉得最伤脑筋的学生身上也有大量的神经元！每当你或者学生学习一个新事实、新概念或新步骤时，你们就是在小的神经元组之间建立新的联系。

　　如果只看其主要的组成部分，神经元其实是很简单的。神经元有"腿"，叫作"树突"（dendrite）。它们的"腿"上长有许多的刺毛（spine），几乎像是一株仙人掌（严格说来，这些刺毛叫作"树突棘"，dendritic spine）。神经元还有一条"手臂"，称为"轴突"（axon）。

　　当学生们积极主动地把注意力集中于学习上的时候，他们就开始了在神经元之间建立连接。无论学生是在教室上课、在家里看书，还是第一次尝试打篮球上篮，或者破解一款新的电脑游戏，这些连接都会开始形成。换言之，学生正在促使他们的轴突（神经臂）向外伸展，达到几乎就要接触到树突棘的程度。

　　参与学习过程的神经元一旦充分靠近相邻的神经元，一个信号就会跃过这两个神经元之间的狭窄缝隙（称为"突触"，

synapse）。信号在神经元之间传递的过程中形成了我们的思维，也就成了我们学习的基础。

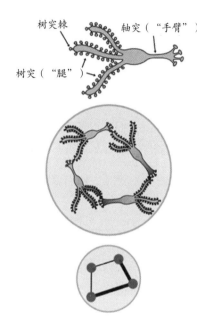

树突棘

轴突（"手臂"）

树突（"腿"）

神经元的主要组成部分很容易理解——它们既有带"刺"的"腿"，还有一只"手臂"。我们在此图中放大了神经元的某些特征，以便你可以清楚地看到轴突、树突和树突棘。

当学生在学习某种知识的时候，会在神经元之间创建连接。一个神经元的树突棘，会去触碰另一个神经元的轴突。

一组相连的神经元可以简化成一组相连的圆点。图中粗线表示较强的连接，细线表示较弱的连接。这组连接的周围，画有一个带有阴影的圆圈。这个圆圈加上其中的"点状神经元"以及神经元之间的连接，就代表着一个刚刚学会的概念或观点。

学习激发神经元连接

学生在学习的时候，神经元则在创建和强化神经连接。我们把这一过程称为"边学边连"（learn it, link it）。这个术语源自"赫布学习"理论（Hebbian learning，加拿大心理学家唐纳德·赫布率先描述了这一过程），即学习几乎同时激发神经元连接的过程[2]。换言之，某组神经元开始较为频繁地一起协作之后，就会变得像一支训练有素的合唱队。这种"合唱"实际上就是神经元彼此之间相互形成一个有序的排列，如上文3幅插图所示[3]。

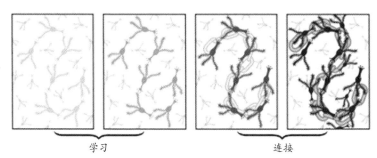

学习　　　　　　　　　　　　连接

边学边连：你在左起第一幅图中可以看到，随着学生开始学习一个新概念（比如在老师简要讲解期间、在阅读教材或者观看视频时），神经元便开始寻找彼此了。学生继续学习并对所学内容进行练习时，神经元之间就会建立连接（如第二幅图所示）。学生积极主动地运用这种新观点、新概念或者新技巧的时候，这些连接就会在长期记忆中巩固下来，形成学生熟练掌握它们的基础（如第三幅图所示）。用新颖的方式进行更多的练习，则可以将学习拓展到新的领域（参见第四幅图），从而让这些神经元能够与支撑相关概念的其他神经元关联起来。

　　要想了解神经元之间是如何连接的，请参见上面这组图。学生首次开始学习某个新知识时，神经元便会开始寻找彼此并且建立连接，你在上面的第一、二两幅图中就可以看出来。我们把这一过程称为"学习"阶段。［大脑新皮质（neocortex）中神经元的实际分布结构更加复杂。新皮质是大脑中进化出来的一个新区域，有助于我们进行繁重的思维。不过，在此，我们需要用自己的神经布局将其加以简化。]

学生在巩固所学的知识时，会创建一些较强的连接，如第三幅图所示。此时，知识就会达到熟练掌握的程度。随着在新颖而且具有挑战性的环境中练习所学的知识，学生又会强化那些基础性的连接，并且进一步将它们加以拓展，如第四幅图所示。神经元的这种强化和拓展过程，我们称之为"连接"阶段。规模更大的连接，再加上连接背后更丰富的神经元组，就象征着这种更广泛的神经纠缠（neural entanglement）状态。

人们有时会以为，他们的长期记忆能力是有限的。其实并非如此。大脑的信息存储容量高达约1000万亿个字节（1000万亿等于1的后面有15个0，你可以把它想象成100万个"10亿富豪"所拥有的财产总和）。这就意味着，大脑中能够存储的信息远远多于世间所有海滩和沙漠上的沙粒之和。

人们在记忆方面的真正问题，并不在于大脑能够存储多少信息，而在于人们将信息输入记忆或者从记忆中输出信息的能力。这有点儿像是订阅了一款音乐流媒体，其中的歌曲容量近乎无限。在这种情况下，你面临的真正挑战就成了找到自己想听的那首歌曲。人的一生约有10^9秒的时间，大脑中则有10^{14}个神经突触。因此，我们在感受世界的时候，每秒钟都有10^5个突触可用。

我们所说的各种神经连接，是在长期记忆中形成的，形成连接可能并非易事。你可以想一想：学生必须让一个神经元上的树突棘迅速伸出去，而另一个神经元上的轴突则必须用某种方式与那个树突棘创建良好的联系。[4]此外，神经元似乎并不是只能在一个地方进行连接。总而言之，神经元簇需要创建几万个、几十万个，有时甚至多达数百万个连接。就算一名学生是在学习某种相对简单的知识，比如用外语说出一个词，或者解答像5×5这样简单的乘法题，亦是如此。

不过，挑战也正在于此。卡蒂娜和杰瑞德两个人学习的时候，并不是在长期记忆中创建连接。相反，他们是把知识放到了

从下述选项中钩选出一项能够让你学习起来效率最高的方法。

☐复读

☐突出或强调

☐回忆（提取练习）

☐创建思维导图，如下图所示。

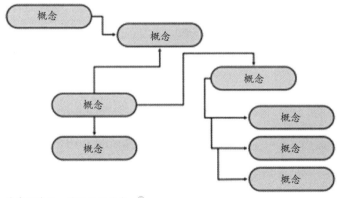

请参阅脚注，获取正确答案。[①]

一个全然不同的地方——一个叫作"工作记忆"的"临时储物架"上。你可以把工作记忆想象成一个稍微有点儿歪斜的架子，东西放在上面不是很稳当。若是把很多的小球（即一条条信息）放到这种架子上，那么你只要一松手，小球就会滚落下来。

但是，在更加深入地去了解记忆之前，我们还是先来做一个快速调查，对即将要去探究的内容进行一次预先评估吧[1]。

长期记忆与工作记忆的特点

我们在上一节提到的"小球滚落"这个比方，使得我们必须对长期记忆与工作记忆之间的区别进行更加深入的探究才行[2]。

"长期记忆"恰如其名——既保存着我们能够长久储存的信

---

[1] 预先评估包括老师在教学之前对学生的知识、态度和兴趣等方面进行信息搜集的方法。信息搜集的结果，常常被用作教学设计的起点。它们能让教师确定学生的强项与弱项，从而避免冗余教学，并且让教学变得目的明确。它们也被用作确立基准和判断进步的依据。——作者注

[2] 你有可能感到奇怪，为什么称之为"工作记忆"而非"短期记忆"（short-term memory）？这是因为短期记忆基本上只包括你暂时记住的东西，比如你看到一个简短的句子后，能够在脑海中"看到"或者"听到"这个句子的时候，就是如此。工作记忆则既包括短期记忆，又包括你保存和处理信息的能力。所以，假如要倒着说出这个句子的话，你会将它一直储存在短期记忆中，同时又须在工作记忆中加以处理，才能倒着说出来。——作者注

息，也保存着让我们能够回想起几个星期、几个月，甚至是几年之前的事情的信息[5]。我们已经看到，你可以把长期记忆看成学生将知识真正掌握的时候所形成的一组组神经连接。我们在前文中也已经提到，这些神经连接汇聚于大脑新皮质里，新皮质是一层薄薄的神经组织，遍布于大脑表层有如山脊沟壑一般的褶皱之上[6]。假如能够通过多种多样的练习，巩固长期学习中形成的神经连接，那么，我们通常就是处在良好的学习状态当中[7]（我们所说的"多种多样的"练习，并非是指仅仅用相同的内容进行练习。例如，你肯定不想只是坐在那里，不断地用外语词汇表上的新词汇去测试自己吧。你还会希望在各种各样的句子中和语境下运用那些新词汇）。

但是工作记忆属于一种思维的暂时保留模式，不同于长期记忆。工作记忆不是一组组欣然驻留于大脑新皮质里的神经连接，而是更像一只正在抛掷一组小球的章鱼。只要你把概念储存在工作记忆里，那么，代表着思维的这些小球就会在不停地从你的大脑前部弹跳到大脑后部[8]。一种典型的工作记忆顶多能够容纳4个这样的"小球"，再多的话，概念就会开始从大脑中溜走，如下图所示（顺便说一句，学生大脑中的"章鱼"是无法长出更多的触手的。但学生用所学的材料练习得越多，信息"小球"就会变得越大。我们很快就会谈及这个方面的更多内容）。

大多数人的工作记忆最多一次只能储存4条信息。但若是分了神，或者试图一次抓住太多"小球"，所有想法就有可能全部消失！

眼下你应当知道的是，工作记忆有一个非常古怪的特点。只要那条"章鱼"在抛球或者接球的时候分了神，"小球"就有可能消失不见。这就导致了工作记忆的一个有趣之处，即它有一种狡猾的本领，能够欺骗学生，让学生十分肯定地以为他们已经把某种知识储存到了长期记忆当中。例如，一名学生有可能目不转睛地盯着词汇表上的10个新词心想：我记住它们了！学生心里确实记住了那些单词，但条件却是，他/她必须一直盯着单词表才行。

学生匆匆地瞥一眼一道复杂数学题的答案时也会出现类似的问题。学生可能会想，我完全没有必要浪费时间来解答这道题啊，我已经记住了。学生确实记住了答案——起码记住了一部分。但是，他/她不过是暂时记住了而已。一到参加考试，学生们就会发现，那些知识全都从他们的脑海中消失得无影无踪了。（有的时候，"我貌似得了考试焦虑症"实际上是"我到长期记忆里一看，那里竟然什么也没有，所以我感到惊慌失措"的另一种说辞。）

工作记忆这种"假朋友"的性质，就是学生自然而然地喜欢反复诵读和用下划线进行强调的原因所在。与再次扫视一遍所学的内容、用突出显示来添加重点相比，还有什么做法会让你觉得更舒服和更有用处呢[9]？

但是要想把信息储存进长期记忆，可能会很困难。在第3章中，我们将更加详尽地探究这个至关重要的课题。然而，其中的关键在于，"提取练习"是在长期记忆中强化新信息的最佳方法之一[10]。所谓的"提取练习"，是指你把正在开始学习的概念从自己的脑海中提取出来，而不是简单地去看答案。"提取练习"包括利用识记卡（flash card），或者仅仅是将目光移离页面，看自己能否回想起那一页的核心要点。

我们将会看到，"提取练习"绝对不是某种简单而机械的记

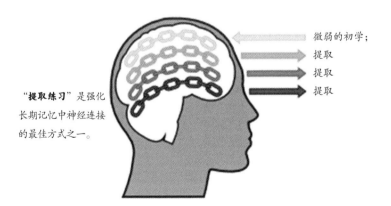

"提取练习" 是强化长期记忆中神经连接的最佳方式之一。

微弱的初学；
提取
提取
提取

忆技巧，它还可以构建学生的概念性理解能力。不过，学生经常需要有人教导，才能学会"提取练习"。仅凭他们自己，是很难意识到这种看似困难的方法其实对他们的学习成绩大有裨益[11]。

工作记忆：只是看起来学会了

这就导致了一个关键问题：尽管知识储存的过程大相径庭，但是学生经常会分不清最终结果——他们究竟是把知识存储在工作记忆里，还是存储进长期记忆中。卡蒂娜极有可能看着例题解析，心想：我懂了！但实际上，她只是把解析置于工作记忆里，而没有储存进长期记忆中。

为什么卡蒂娜和其他许多与之类似的学生无法在考试中取得好成绩呢？你可能已经猜到了答案。卡蒂娜一直都是在利用工作记忆学习知识。刚开始学习的时候，这是一种很好的方式。可一到考试的时候，卡蒂娜的长期记忆里却没有任何知识供她利用。所以，她才会惊慌失措。

不过，怎么会发生这种事情？尤其是在卡蒂娜投入了很多时间和精力的情况下。

我们不妨来看一看，卡蒂娜是如何学习数学，杰瑞德又是如何学习西班牙语的。两人都很努力，可又都觉得困难重重。

当你在课堂上讲解代数之类的概念，而卡蒂娜认认真真地看着你的时候，她正在运用自己的工作记忆吸收知识、理解你的逻辑。

过后，等到卡蒂娜回到家里，她会首先迅速浏览一下整章内容。书中的例题似乎清清楚楚。于是，她会直接跳过去，开始做家庭作业，寻找与书本上或者你在课堂上讲解过的例题相似的题目。她会马上把那些题目做了，照着例题的解法，将家庭作业题的答案写下来。假如家庭作业题跟例题不一样，她就会绞尽脑汁努力套用例题的形式。

请注意，关键问题并不是出在例题上。教育心理学家约翰·斯威勒（John Sweller）及其同事的研究已经表明，接触和解答例题很重要，因为这样做可以让学生形成思维模板，而思维模板又让学生能够理解和解决各种各样的问题[12]。

问题在于：在整个学习过程中，卡蒂娜从来就没有在不看答案的情况下，自己主动、独立地去做过题。她只是在用自己的工作记忆来解决问题。尽管她会在考试的前一晚反复温习自己的课堂笔记，可是一到参加考试的时候，卡蒂娜就会考得很差，且毫不令人觉得意外。

而杰瑞德呢？他在学习西班牙语的时候，会看着摆在面前的词汇表，觉得上面的单词他全都认识。但问题是，他怎么会不认识呢？词汇表就摆在他的眼前呀！等到完成家庭作业时，他又会看着例子做填空题。做完了？真不错！该去休息了！

　　这里需要注意的是，从来就没人把关于高效学习的任何技巧教给卡蒂娜或者杰瑞德。考虑到他们对自己大脑的运作机理所知甚少，我们完全可以说，这两位学生其实已经尽力了。

　　在接下来的各章里，我们将把创建连接和不同种类的记忆等理念整合起来，探究如何才能最好地帮助卡蒂娜、杰瑞德，以及其他许多一到考试就觉得不知所措的学生。我们还会看一看那些能够迅速掌握所学知识的学生又是怎么做的。你将看到，仅凭学习速度快，并不一定意味着学生会获得成功[13]。

请你一试：回想法（Recall）

　　学生们通常对工作记忆与长期记忆之间的区别一无所知。他们之所以不知道自己是否真正学会了知识，部分原因就在于此。解决这个问题的最佳办法，就是与学生一起，进行一项主动式训练，把"回想"这种重要的学习技巧教给他们。（这是心理学家所称的"提取练习"的一种[14]。）

　　» 首先，向学生解释工作记忆与长期记忆的区别。告诉他们，工作记忆就像一只章鱼，必须不断地抛接"小球"，才能把信息记住。一只"章鱼"通常顶多只能记住4条信息，而且"信息小球"很容易掉落。长期记忆则像是学生大脑里很容易加以利用的一系列神经连接。当然，容易利用的条件是他们已经确保那些连接非常牢固且连接紧密。

（假如你能够利用章鱼和一组连接这样的图片，将它们分别与工作记忆、长期记忆这两个概念关联起来，那么学生就会更加牢固地记住这些概念[15]。）

» 接下来，让学生以小组形式，相互向对方解释你刚刚所教授的，关于工作记忆与长期记忆二者区别的内容。

» 学生完成之后，你就可以明确指出，他们刚刚正是运用了回想法。也就是说，他们刚刚检验过自己，是否已经理解并且能够记住核心要点。在这个例子中，他们是通过努力向同伴解释概念的方式进行检验的。

» 再向学生说明，即便是独处的时候，他们也可以运用回想法。独自运用这种方法的时候，他们只需要把眼睛从刚刚学过的内容上移开，检验自己能否回想起核心要点就行了。他们也可以检验自己能否记住一个单词，或者能否从头开始解答一道题目。普嘉·阿加瓦尔（Pooja Agarwal）和帕特里斯·贝恩（Patrice Bain）在著作《强力教学》一书中，把这种回想称为"无风险"测试[16]——它是一个简单的办法，可以检验所学的知识是否已经牢固地驻留于长期记忆中。

令人惊讶的是，研究已经表明，对理解所学的内容而言，回想法的效果要大大优于其他任何一种方法，比如再读、强调或突出，以及思维导图[17]。（在第2章里，我们将为你说明其中的原因。）

进一步构建：练习摘记回想法（Jot Recall）

利用摘记回想法，你可以轻松地将回想法运用到自己的日常教学中去。你可以用乐观、鼓励的语气，提醒学生进行检验，看他们是否已经把所学的知识从工作记忆转移到了长期记忆中。

» 摘记笔记：讲解课程中的重要章节时，你可以暂停，让学生拿一张新纸或者一张便利贴，在不看笔记的前提下，简明扼要地将你已经讲解过的最重要的概念写下来。这样做的时候，你可以在班上四处走动，迅速扫视一眼，确定学生们是否在按照要求去做，以及是否理解了你想要传达的核心要点。时间允许的话，等大多数学生做完之后，你还可以要求他们分成小组（3~4人），比较各自找出的核心要点，并加以讨论。

» 摘记草图：除了笔记，你还应当让学生用绘画的方式，将他们对所学内容的理解表达出来。允许学生发挥创造力可以提高他们的学习兴趣，加深他们的理解。用绘画代替文字，对于正在培养写作技能的初级学习者也很有效。

» 摘记阅读材料：假如你正在课堂上让学生默看阅读材料，那就要求他们每看完一页就暂停一下。暂停的时候，将目光移开，检验自己是否能在不看材料的情况下，回想起那一页的核心要点。然后，让学生把要点简要地记下来。（应当提醒学生，他们在家里同样可以进行这个训练。）如果时间允许的话，可以等大多数学生完成之后，让他们分成小组，比较和讨论各自找出的核心要点。

» 摘记以前所学的内容：要求学生摘记他们在前一天、前一周或者前一个月所学的内容。[这是"间隔反复"法（spaced repetition）的一个例子，即从讲授知识的时候，到要求学生回想所学内容的时候，有一段时间间隔。]

本章要点

» 学习涉及连接、强化，以及拓展大脑新皮质长期记忆神经连接组。这一过程我们称为"边学边连"。

» 学生练习时，对神经连接加以强化，称为"赫布学习"。

» 记忆有多种用途和不同的类型。课堂学习中两类最重要的记忆，就是工作记忆和长期记忆。工作记忆中的信息有可能在数秒之内消失。相比而言，长期记忆中的信息更为持久，有时还会持续终生（伴随着细微的变化，偶尔也有不那么细微的改变）。

» 在大脑开始忘记概念之前，普通的工作记忆最多能够储存4个"信息小球"。

» 学生经常会将知识储存于工作记忆里，却误以为所学的知识已经储存到了他们的长期记忆中。参加考试的时候，他们就有可能考得很差，因为长期记忆中根本就没有知识可供提取。

» "提取练习"可以促进和强化长期记忆中神经元之间的连接，并且防止学生的工作记忆欺骗他们。

2

全纳式教学:

同时满足赛车型、徒步型学习者

芭芭拉曾经给本科生和研究生教过电磁学。这是一门难度很大的课程，要用高等微积分对磁场与电场相结合的复杂情况进行量化。一个学期接一个学期，学生们总是学得很艰难。

但毫无例外的是，每个学期也会有那么一两个"明星"学生。电磁学对他们来说非常简单，甚至是小菜一碟。假设这位学生叫法里德（Farid）——芭芭拉几乎刚刚提出一个复杂的问题，他就会立刻说出答案。法里德不但能迅速理解要点并给出答案，接着还会提出一个层次更深的问题。班上的其他同学只能尴尬地交换一下眼神。他们当中很少有人能回答出法里德的问题。你或许以为，法里德在工程系各科的学习中成绩都是很拔尖的，可事实并非如此。在工程学的大多数课程中，他的成绩基本上都是B或者B+。对他而言，得高分可没那么重要。

显然，法里德或德丝丽或马克——不管那个思维敏捷的学生究竟是哪一位——都拥有一颗赛车般的大脑。他们能够非常迅速地抵达终点线，也就是找出答案。班上其他学生的大脑，则更像是在徒步旅行——虽然也能抵达终点线，但速度较慢。

大多数学习者，都会在某些科目上宛如赛车奔驰，而在其他科目上却像是徒步。又或者，他们属于不快不慢的那一类。无论你教的是大学本科生，还是幼儿园里的小朋友，每间教室里都会有不同类型的学习者，从而让21世纪的教学变成一种挑战。要想做到全纳式教学，如今的老师必须找出方法来进行差异化教学，为班上的所有学生提供帮助。

其中的难点就在于，有些学生的大脑确实有点儿像是赛车：他们不但思维极其敏捷，在班上也常常是率先举手回答问题的人。但我们即将了解到，速度并不一定是优势。你可以这样想一想：赛车手会迅速抵达终点线，但沿途的风景也会一闪而过。而徒步者，虽然速度会慢得多，但是他们一路上可以伸手触摸到树上的绿叶，闻到空气中松树的清香，看到小兔在地上留下的痕迹，听到鸟儿美妙的鸣叫，这是一种截然不同的感受。在某些方面，这种体验也要更加丰富和深入。比方说，诺贝尔经济学奖获得者弗里德里希·哈耶克（Friedrich Hayek）就曾指出，不同于那些敏于学习的同事，他的创新突破源自速度缓慢、懵懵懂懂的过程。由于不得不找到自己的方式来表达公认的观点，他能够看出别人未曾注意到的缺漏之处和种种未经证实的假设[1]。我们在后续各章中将看到，学习有两种不同的神经通路，即陈述性途径与程序性途径，它们或许与赛车型、徒步型两种学习方式有关。

为了更好地理解速度较慢的学习带来的优势，我们不妨看一看这位名叫圣地亚哥·拉蒙·卡哈尔（Santiago Ramón y Cajal）的西班牙人的情况。卡哈尔曾是一名典型的徒步型学生，因为他学习起来既感困难，又速度缓慢[2]。他的工作记忆很弱，使得他很难把新知识储存进长期记忆当中。他还有行为问题，比如滑稽反常的举止，曾经导致他被好几所学校开除过。卡哈尔想当一名艺术家，而父亲却希望他当医生。（这还是19世纪60年代的事，有些东西，永远都不会改变。）最终，父亲干脆撒手不管他了。

可令人惊讶的是，卡哈尔最终获得了医学博士学位。又因为在神经解剖学领域里取得了突破性的研究成就而备受崇敬，最终赢得了诺贝尔奖。而且，好像那还不够似的，圣地亚哥·拉蒙·卡哈尔如今已成了世人公认的现代神经科学之父。

同样令人震惊的，还有卡哈尔对自己如何获得巨大的成就的思考[3]。他得出的结论是：他的成功部分源自他并非天才的事实。他之所以能在科学上取得突破，恰恰是因为他的思维速度较慢，却更加灵活。卡哈尔犯错之后，可以改变自己的想法。可与之共事的那些天才人物却习惯了事事正确，几乎没有承认和改正错误的习惯。所以，这些拥有赛车型大脑的人往往会迅速得出答案，仓促地给出结论，而在犯错之后，他们也无法纠正自己的错误。相反，他们还会利用自己的聪明才智，想方设法地进行辩解，说明自己为什么是正确的。

拥有强大的工作记忆，显然并非学习者取得成功的唯一途径。现在，我们就来更加深入地探究一下这个令人神往的领域吧。

工作记忆就像中央执行器

我们在上一章里说过，工作记忆类似于一个"小球"（信息）组成的系统，你的大脑会通过抛接，让它们保持活跃状态。这些"小球"会穿过大脑中的好几个区域。我们可以把工作记忆想象成一只位于大脑前部的"章鱼"（即中央执行器，central executive）来更加明确地认识这一过程。"章鱼"会把一个"小球"（即信息）抛向大脑后部，从而记住信息。"小球"会撞到一个反射面（即注意力焦点，focus of attention），并在听觉和视觉神经网络上弹跳，然后再次弹回到大脑前部[4]。

这个注意力的焦点也包括顶叶（parietal lobe），后者是注意力

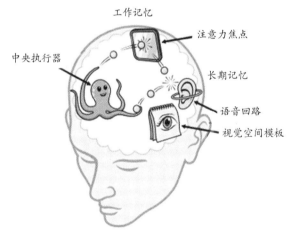

工作记忆像是盘踞在大脑前部的一只章鱼。（或者四足兽！）它不停地把想法抛向大脑后部。你把注意力集中到那些想法上之后，它们会再次弹回大脑前部。这就是思想在工作记忆当中保持活跃状态的原因[①]。

---

① 假如你希望了解神经区域分布的更多知识，那么我可以告诉你，研究表明：听觉网络（即语音回路）的中心位于大脑的颞顶区，而视觉网络（即视觉空间模板）则位于大脑的枕叶区。中央执行器的位置趋于大脑前部，它与注意力焦点协同工作，帮助引导思维。——作者注

聚焦网络（focus-of-attention network）的中枢。这些抛接动作全都是经由神经连接组完成的。只要信息在大脑前部和后部之间来回传递，它就会在工作记忆中保持活跃状态。这就是为什么你可能会一直默默地重复你刚遇到的两位新老师的名字，或者重复默念接收到的随机的手机号码。

不过，你无须担心细节问题。这里的关键在于，"信息小球"是通过在大脑中"弹跳"而在工作记忆里保持活跃状态的。信息在工作记忆中被来回抛接时的往返运动，就是学生一次只能在大脑中储存那么多信息的原因所在。这种情况与杂耍者类似。一位杂耍者接住和抛出小球的时间变得越来越短之后，他试图抛出的小球数量也会越多。假如一次抛接的小球太多，那么一不小心所有小球就都会掉到地上！

经验丰富的老师都知道，根据学习任务的复杂程度，他们可能需要等学生完成一个任务之后再给出下一个任务。或者，他们可能会把要求写在白板上以提醒学生注意。这样一来，就算学生工作记忆中的信息消失也无妨，反正白板上的要求仍然留在那里。

参与工作记忆的神经元类型跟参与长期记忆的神经元类型不同。（这种情况类似于虽然你的学生都属于学生，可他们的行为与外貌却不会完全一样。）工作记忆中的神经元无法长久保存信息，而长期记忆中的神经元却能将信息储存很长一段时间。

要点：老师们有时会觉得他们不应当把指令给学生写出来，因为他们认为，学生必须"更好地集中注意力，以遵从老师的指令"。不过，这与更好地集中注意力无关，而是与工作记忆的容量有限有关。

幸好，假如你已经学到知识，并将其储存进长期记忆，知识就能连接和提高你的工作记忆能力。长期记忆有点儿像是坐在躺椅上休息的人，一旦工作记忆开始"唱歌"，这些人就必须起身，加入那支精神上的"康加舞"（conga）队伍[5]。

工作记忆差异如何影响学习效果

儿童身上的巨大魅力之一，（同时也是巨大的无奈之一！）就在于他们的工作记忆容量有限。你刚刚跟他们说过某件事情，可几秒钟之后，他们就莫名其妙地不记得了。随着年龄逐渐增长，他们的工作记忆容量也会慢慢增加。到14岁的时候，他们平均的工作记忆容量已经与成年人相差无几，会达到他们4岁时的两倍多。在下图的增长曲线中，你就可以看出这一点。此图说明了不同年龄儿童的平均工作记忆容量，以及低于平均水平的工作记忆容量。

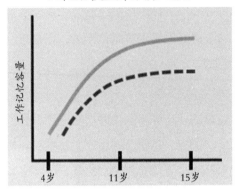

工作记忆容量增长曲线：图中的实线表示普通儿童的工作记忆容量随年龄增长而变化的情况。虚线则表示工作记忆容量较小的儿童的情况[6]。

学生的工作记忆容量千变万化，会对老师的课堂教学产生影响。正如工作记忆专家苏珊·盖瑟科尔（Susan Gathercole）与特蕾西·阿洛韦（Tracy Alloway）两人的解释所言：

同一年龄的不同孩子之间，工作记忆容量的确有可能差异巨大。例如，据我们预计，在一个由30名年龄均为七八岁的孩子组成的班级里，至少有3名学生的工作记忆容量只相当于4岁儿童的平均水平，还有3名学生的工作记忆容量则相当于11岁儿童的水平，而后者已经接近成年人的水平了[7]。

你可以把学生各不相同的工作记忆容量想象成我们熟悉的"章鱼"，只是它们的触手数量不一样罢了。年龄较大的青少年和成年人的平均工作记忆容量，相当于章鱼有4条触手，也就是说，他们最多能够同时保存4条信息。但这仅仅是平均水平。有些学生的工作记忆容量更大，他们一次能够保存6条或者更多的信息。还有一些学生的工作记忆容量则较小，他们一次或许只能保存3条信息。这些学生全都能够学好，只是需要不同的方法，才能让他们获得成功。（我们即将为你提供很多这样的不同方法！）

学生的工作记忆容量可能存在巨大的差异。尽管他们的注意力——"章鱼"平均有4条"触手"（也就是说，他们能够记住4条信息），但有些学生的"章鱼"可能只有3条"触手"，还有一些学生的"章鱼"却可能有6条或者更多的"触手"。

或迟或早，你会接触到那些工作记忆容量远低于平均水平的学生。但是，他并不会自己发出警报——比如经常会坐立不安，就像患了注意力缺陷多动症似的。相反，是老师忙忙碌碌，无暇顾及，得出结论：他不过是有点儿笨手笨脚罢了，尤其是当其他学生能很好地跟上老师指令的时候。随着学习任务的要求越来越高，工作记忆有缺陷的学生往往会学得越来越艰难。涉及更加复杂的学习活动时，他们还会摸不着头脑。比如，要求写一个长句的时候，工作记忆有缺陷的学生可能出现语法漏词，或者重复同一个词。

对于年龄较小的学生而言，哪怕是一项简单的作业或者要求，工作记忆容量低于平均水平的学生也有可能全然忘掉。像"把你的纸放在绿色的桌子上，把箭头卡片收到包里，把铅笔收好，过来坐在地毯上"这样的一组指令，就有可能让孩子觉得不知所措[8]。对那些难以记住诸多概念的学生的工作记忆容量加以测试，对于我们在早期克服潜在的学习挑战可能大有裨益[9]。

帮助工作记忆容量较小的学生的策略

通过顾及工作记忆容量较小的学生，你常常能够帮助到班上所有的学生。下面就是一些可以用于帮助学生的方法[10]。

- 下指令的时候尽量做到简明扼要，所用的语言也应当尽量简单。冗长的指令很可能被学生忘掉。

- 下指令的时候，确保学生全都看着你。"请把头转过来看着我"这样的一句话，有可能起到惊人的作用。[1]

- 每次只下一条指令，同时"逐步检查"，确保所有学生都跟上你的进度。（一种典型的逐步检查方法，是要求

---

[1] 对于患有自闭症等疾病的学生来说，要求他们看着你可能会让他们觉得不舒服，或者根本无法做到这一点，所以不要把看着你当成一种硬性规定。[哈吉哈尼（Hadjikhani）等，2017]。——作者注

学生转身面对同桌，检查同桌有没有彻底完成，在完成这一步之后，一边轻轻地用铅笔敲击作业本，一边说："干得好！"如果同桌没有彻底完成，老师就可以提供帮助。）

- 把指令写在黑板上，或者做成备忘表放到学生的课桌上，供他们完成作业的时候进行参照。

- 利用记忆法（mnemonics，即记忆技巧），让学生能够更加轻松地回想起更多的信息。

- 在学生执行写作命令的时候，为他们拼写出生疏的和具有难度的单词。（不得不停下来想一想新单词和具有难度的词汇该怎么拼写，不但会拖慢学生的速度，而且有可能让写作变得棘手，毫无乐趣可言。）

构建长期记忆以强化工作记忆

"工作记忆"与"智力"，描述的是两种相关的潜在过程。[11]毫无疑问，那些工作记忆容量较小的学生在学习上也更感困难。但请记住，长期记忆最终可以变成工作记忆的一部分，尤其是在进行"提取练习"之后。这是一个好消息，它意味着，假如工作记忆容量较小的人在长期记忆中创建和强化了神经连接，那些连接就可以拓展他们关于该主题的工作记忆[12]。换言之，工作记忆从储存在长期记忆里的先验性知识中获得的帮助越多，学生们（尤其是那些工作记忆容量较小的学生）学习新的内容时就会越轻松。

对于刚开始很难理解的一些事物，背景训练具有至关重要的作用。我们不妨以 "The green penguin is eating an apple."（那只绿色的企鹅正在吃苹果）这句话为例。也许1分钟过后，你就会轻而易举地把句子里的每个字都写出来。现在，我们再来看看另一个句子："Зеленый пингвин ест яблоко."除非你会说俄语，否则你很难把每个字母都记在心里，更别说1分钟后把它们默写出来。这句俄语同样是 "The green penguin is eating an apple."。我们工作记忆的容量似乎取决于我们往长期记忆中植入的究竟是英语还是俄语。你的背景训练很重要，并且是极其重要的。它可以增加工作记忆中能够容纳的"信息小球"的大小（神经科学家有时把这种"信息小球"称为"存储块"）。因此，就算你的那只注意力"章鱼"的触手数量无法增加，但对某一主题进行更多的背景训练，就意味着你的工作记忆中能够容纳更多的信息。因为那条"章鱼"能够抓住的"信息小球"更大①。

研究人员约翰·斯威勒指出，工作记忆与长期记忆之间错综

---

① 你可能想要知道，这种"信息小球"（存储块）究竟可以有多大？而从最小值到最大值的变化幅度又是多少？是相当于一个词、一个句子、一个概念，还是更多的信息呢？这些都是研究人员如今正在努力解决的问题。就目前而言，我们最好是把这些"小球"看成一种一般性的、通过练习可以变大（有时还会变得比原先大得多）的信息块。——作者注

复杂的关系，无疑是人类认知中关键的因素。约翰·斯威勒最负盛名的是他关于认知负荷（cognitive load）的理论。这一理论对我们理解大脑的运作机理大有帮助[13]。但是，长期记忆就像婚礼上的一位不速之客，不声不响，潜移默化。这是因为长期记忆中的内容可以极大地改变工作记忆的容量。

遗憾的是，人们并没有从研究中得出什么确凿的证据，能够证明普通的工作记忆容量可以通过训练来提高。只不过，在一些特定的练习领域里，确实会出现工作记忆容量看似增加的现象[14]。（这种情况与下述观点有关：注意力"章鱼"能够用同样数量的触手，抛接体积更大的信息"小球"。条件则是这个信息已经得到充分的训练，并且牢固地储存到了长期记忆当中。）换言之，练习做几何题可以增加学生在几何方面的显性工作记忆容量；练习一门语言，比如法语能够提高学生在法语方面的显性工作记忆容量；练习弹钢琴可以提高我们在钢琴技巧方面的显性工作记忆容量；等等。

当然，没人希望通过"死记硬背"（drill and kill）的方法来创建和巩固连接。但是，我们在第6章中将看到，重复练习并非全然没有好处。事实上，若是练习恰当，"死记硬背"就可以换成"熟能生巧"这种更好的表达了。在专业领域里，只要付出额外的时间，进行精心设计的练习，工作记忆容量较小的人也可以变得像工作记忆容量较大的人那样优秀，甚至可以比后者更加优秀呢。[15]

教育的变革性，并不在于教育可以改变学生的工作记忆容量①。相反，教育改变的是储存在长期记忆中的知识量。长期记忆储存的知识越多，我们也就越容易往其中增添更多的知识。这就是"知识反转效应"（expertise reversal effect）：学生对某一主题掌握的知识越多，就越不怎么需要别人来进行指导。在这种情况下，给予过多的指导，反而会有碍于学习[16]。将恰当的信息植入长期记忆之后，人们就可以毫不费力地处理大量的知识了。就算他们的工作记忆没有那么大的容量也会如此。逐渐增加学生在某一特定学科领域里的先验性知识之所以至关重要，原因就在这里。［我们在第6章中讨论心理图式（schema）时，将探究这方面的更多知识。］

但请记住，有好几种方法可以将信息储存进长期记忆中。其中的一种即陈述性途径，利用的就是工作记忆。在下一章里，我们将更加详细地说明这种途径。除此之外，还有一种更加惊人的方法就是程序性途径，我们将在第6章中再来加以论述。

 教学技巧：判断学生的工作记忆容量

有时候，我们可能很难判断一名学生的工作记忆容量究竟有多大。（记住，学生的平均工作记忆容量是能够容纳4个"信息小

---

① 不过，似乎确实存在可以普遍提高学习记忆能力的因素：那就是接受教育，不要当文盲。仅此而已。［参见科斯米迪斯（Kosmidis），2016］——作者注

球"。）下面就是一些可能有用的经验法则。起码它们对年龄较大、能够抄录和整合笔记的学生可能有用[17]：

- 假如学生能够理解较为复杂的课堂讲解，同时还能做笔记，那么他们多半拥有出色的工作记忆容量。

- 在课堂讲解期间能够做笔记，但有时不懂讲解的意思，而在你讲解难度较大的知识时尤其如此，那他们很可能拥有普通的工作记忆容量。

- 在你讲解较为简单的内容时，学生若是既难以做笔记，又难以理解你所说的话，那么，这种学生的工作记忆容量很可能较小。

要记住，学生的背景情况能够提高或者降低他们的显性工作记忆容量[18]，比如学生对某一主题具有浓厚的兴趣，或者学生正处在一个压力很大的家庭环境里。

包容性与差异化

在广泛情况下，"包容性"一词是指将那些受到边缘化或被排除在外的人纳入进来。但在美式教育中，"全纳式课堂"（inclusive classroom）却有更加具体的含义。它是指在同一课堂上所教的学生，既有接受特殊教育的学生[19]，也有接受通识教育的学生。

在全纳式课堂上，负责通识教育的老师[1]、负责特殊教育的老师和其他专业人士会在角色重叠的情况下进行协作，一起为残疾学生和非残疾学生授课。美国学校里的一种常见模式，就是一位教师负责全班教学，另一位教师负责督导功课，并且提供额外的教学支持[20]。至于授课内容与教学，常常是以通识教育老师为首，但通识教育老师会利用特殊教育老师的专业知识，因为后者会调整教学材料与教学方法，从而让接受特殊教育的学生也可以学习。在理想情况下，这种联合教学的模式可以让所有学生受益[21]。

学习对每个人来说都不一样，故"一刀切"的方法很少适用于每个学生。由于学生的工作记忆容量与背景知识大相径庭，所以老师的教学也不应当千篇一律。

现在来说一说差异化。"差异化"是指，尽管向所有学生教授的是内容相同的知识和技能，但运用的却是不同的教学方法，以满足学生的个别需求[22]。差异化并非只是用于全纳式课堂，而是面向所有的学生。我们想到差异化的时候，想到的是"针对学生的学习内容、学习情况以及展示所学知识的方式"提供"不同的方法"[23]。有的时候，调整你的教学可能很简单，与结合学生的兴

---

① 美国的通识教育老师常常自诩"正规"（regular）教师。但这种用法可能含有歧义，即负责特殊教育的老师莫名其妙地成了不正规教师的意思。因此，用"通识教育教师"一词更好。——作者注

趣进行教学一样。对某一科目（比如说体育）具有浓厚的兴趣，能提高学生的显性工作记忆容量。讨论起他们最喜欢的一支运动队的情况时，原本属于徒步型的学生可能马上就会变成赛车型了。

但在通常情况下，差异化包括了教学方式、教学内容和作业方面做出的调整，成为能够帮助学生做好相应准备的"支架"（scaffolding）。诚如经典作品《如何在学术多元化课堂上进行差异化教学》（*How to Differentiate Instruction in Academically Diverse Classrooms*）一书的作者卡罗尔·汤姆林森（Carol Tomlinson）教授所言："支架是差异化教学的核心。"[24]就像支架能够暂时让工人在室外攀上摩天大楼一样，支架式教学是教师用于帮助学生应对工作记忆容量较小和其他学习挑战的一种临时性支持手段①。

支架式教学能够让学生逐渐攀登到起初似乎难以企及的高度。

---

① 为了判断学生在哪些方面最需要支持，你可以考虑用一款像Quizlet之类的非正式应用程序，预先评估一下学生对所学材料的了解程度和技能水平。——作者注

下面就是徒步型学生可能需要的支架：

- 对个别学生或学生小组进行面授，给他们重新讲解一个概念或者一项技能。一对一或者在小组里向你提出一些他们认为的"愚蠢问题"，学生有可能觉得更安全。老师进行一对一或者一对少数几人的讨论，可以给学生提供一个机会，就他们对概念或者应当完成的学习任务的理解加以讨论。

- 允许学生用更多的时间完成一项任务，或者通过练习来巩固技能。

- 将问题分解成多个步骤，并在完成任务的过程中为每个步骤提供范例。

- 运用某种标准，既可以匹配每个学生的技能水平，又能够个性化拓展学生的技能水平。比如说老师应当准备好难度不同的各种问题。

与此同时，你又如何为赛车型学生提供最佳的支架式教学呢？

- 不要只提出答案"明摆着"的、简单的事实性问题，而应当提出一些较为深入的问题，探究概念之间的联系。

- 允许赛车型学习者有彼此协作的机会，目的是让他们可以探讨想法，并且多角度地相互挑战。

- 不要让赛车型学习者重复解决同类问题。他们可能会把这当成一种惩罚。相反，老师应当给这种学生设计出更多复杂的、多层次的问题和作业，或者要求他们自己设计问题。

- 允许学生在有意义的"海绵活动"（sponge activities）中进行选择，充分利用好多余的课堂时间。这些"海绵活动"可以是阅读论述当前学习主题的文本[①]，也可以是学生自己设计并由老师督导的拓展项目。
- 加快学习的速度，允许赛车型学习者使用视频游戏之类的电脑软件，因为它们可以根据学习者的反应进行个性化教学。

　　为满足学生不同的工作记忆容量而进行的差异化教学，看上去可能令人望而生畏。通常班上只有一位老师，却有30多名学生，他们代表着从赛车型到徒步型的各类学习者。不过，差异化其实也可以很简单。比如对一名需要关注的学生说上一句鼓励的话，或者向一名学习英语的学生解释一个单词的意思。（假如你明白写作对某些学生来说可能很困难，那么你可以为他们提供一个写作段落框架，从而让他们开始写作。[②]）[25]

　　要记住，学生开始学习一个新专题时，他们的先验性知识和工作记忆容量是各不相同的，而且这差异意味着学生的学习速

---

① 　为特定年级或特定阅读水平的学生设计撰写的文本，通常都不同于针对普通大众的文本。以教材为例。教材的开头有概述，章节的末尾有练习题，还有用粗体加以突出的新词汇。这与学生在现实世界中看到的文本，比如报纸上的文章、书籍摘录、期刊文章、博文或者演讲稿不同。——作者注

② 　段落框架举例如下。（短篇小说书名）是关于_____的。小说中的主要人物是_____。用一个词来描述（角色名字）就是____。描述这个人物时，____是一个非常贴切的词语，因为（从文中引述证据）……——作者注

度也会不一致。支撑差异化的教学策略，可以包括"学习角"（learning stations，指教室里的不同地点，学生可以在那里单独或者以小组的形式完成各项学习任务）、"日程表"（agendas，即学生必须在规定时间内完成的一份个性化学习任务清单）和"环绕研究"（orbital studies，指"围绕"课程某个方面而独立进行的调查研究）。这些策略的目标是让学生努力抵达终点线，而不是让学生快速抵达终点线。我们都很推崇卡罗尔·安·汤姆林森的"拔高教学"（teaching up）法——即把目标定得很高，然后为所有学生搭建支架，让他们达到顶级水平[26]。

为了在学习上获得成功，学生可以在自己的长期记忆中创建牢固的、多种多样的神经连接组，来弥补其较低的工作记忆容量。这些神经连接，可以拓展和巩固他们的工作记忆能力。让学生精简课堂笔记，并写到识记卡上，可以强化这些连接。经常在开始上课的时候进行自测和相互测验，则会巩固学习效果。各种各样的"提取练习"都有十分重要的作用。

尽管将知识安全地植入长期记忆中需要付出努力，但这种牢固的知识会为工作记忆容量较小的学生带来一种特殊的优势。为什么呢？因为他们形成了长期记忆连接，会把各种概念简单化和具体化[27]。最重要的是，这意味着一个工作记忆容量较小却勤奋努力的学生能够对概念做出精妙的简化，而工作记忆容量较大的学生却很难看出这些简化之道。同理，疲劳虽然会降低工作记忆的容量，但它似乎能提高人们解决那些需要创造性见解的问题的能力[28]。

工作记忆对学生的意义

学生经常会问，究竟应该怎样去学习？不妨以听音乐为例。我们经常会告诉学生，说学习的时候不要听音乐。可问题在于，有些成绩很好的学生却会一边学习一边开心地听着音乐。假如明知乔琳娜学习时喜欢听音乐却仍能取得好成绩，那么，斯文学习时又为什么不该听音乐呢？

最新的研究成果解开了这道谜题。你猜对了：音乐对学习的影响，因工作记忆容量不同而异[29]。工作记忆容量较小的学生在学习时不听音乐，效果更好。而另一方面，工作记忆容量较大的学生却完全能够边听音乐边学习，因为较大的工作记忆容量会让他们更容易集中注意力。但需要注意的是，大多数学生在学习数学时都不应当听音乐。其中的原因或许与数学、音乐所用的大脑区域相互重叠这一事实有关[①]。此外，患有注意力缺陷多动症（ADHD）的学生，似乎会从其他学生可能觉得具有干扰性的白噪声和音乐中获益[30]。

做笔记又怎么样呢？同样，工作记忆似乎也在其中发挥着作用[31]。工作记忆容量较大的学生，能在轻松愉快地做笔记的同时，

---

① 说到学习，似乎每条规则都有例外情况。例如，杰出的数学家约翰·冯·诺依曼曾在普林斯顿大学一边做着研究一边播放进行曲，声音响亮得让走廊另一头的阿尔伯特·爱因斯坦很恼火。参见麦克雷（Macrae），1992，第48页。——作者注

领会老师进行的复杂讲解。但工作记忆容量较小的学生，却很难做到一边记笔记一边理解老师的话。最终，他们可能需要耗费大量的课外时间，重新理解老师的意思。研究人员发现，工作记忆容量较小的大学生如果在老师讲解新的内容时把注意力完全集中到老师身上，然后用别人所做的笔记进行复习，也能取得好的成绩[32]。不过，我们自己的经验却是，缺乏学习积极性的学生有可能把不做笔记当成逃避学习的机会。相反，我们推荐使用下述方法，让学生能够更加积极主动地去学习所教授的内容。

请你一试：提高工作记忆容量较小者的笔记技巧

- » 可以考虑为学生提供一份梗概式的大纲，或者将你自己的笔记做成讲义分发给学生，并留有一些空白，供学生在你讲解的时候补全[33]。
- » 注意你的讲解速度：说话或者板书的时候不要太快。
- » 给出结构线索："我们来看一看下面5项的第1项……"这种提示，可以让学生更容易地组织他们的笔记。
- » 在讲解新内容的过程中应经常性地稍作停顿，让学生有时间重读他们所做的笔记，并向同学或老师寻求可能遇到的问题的解决办法。

> » 讲了适当一段时间的课之后应暂停一下，并就所讲内容提出一个开放式的问题。给出一定的时间（比方说30秒），让学生结成小组，讨论一个或者多个问题。短暂的停顿有助于学生练习提取新信息的本领。
>
> » 运用《强力教学》中描述的"提取式笔记"方法。在你讲解的时候，学生不要做笔记。相反，他们应在你停顿的间隙迅速把要点记下来。之后，你就可以阐述清楚概念，或者帮助学生展开讨论，再接着讲课。

工作记忆对教师的意义

有些教学方法对工作记忆容量较大的学生很有效果，却满足不了工作记忆容量较小的学生的需要，这个结论多半不会令人感到惊讶。

我们不妨以数学教学为例。无论所用的教学方式是以学生为主导还是以老师为主导，工作记忆容量很大的学生学得都很不错。若是让这种学生自己去主导学习，他们甚至有可能表现得极其优异。可那些学习数学时有困难的学生却不同（工作记忆容量较小的学生难以学好数学，是一种普遍现象[34]），他们似乎在以学生为主导的学习中表现较差，而在以老师为主导的教学中表现较好[35]。在第5章中，你将了解到这两种教学类型的更多知识。

研究表明，勤加练习似乎会对学习上有困难的学生产生最显著的积极影响[36]。我们将看到，练习可以通过程序性学习途径不断强化长期记忆中的信息，而程序性学习途径正是学生可以更快捷、更自动地加以运用的一种学习途径。强调自动性，可以让学生的长期记忆促进其工作记忆，从而提升工作记忆容量较小的学生对某一学科的掌握程度。（比如给句子加上正确的标点符号，或者不假思索地把两个简单的数字相加的能力，都涉及了自动性。）随着学生日益熟悉基本概念，他们就能在以学生为主导的教学方式中开始更加独立自主地进行学习了。

同样，阅读式教学（reading instruction）也会因学生的工作记忆容量不同而产生不同的效果[37]。尽管所有学生都可以从教师主导的自然拼读教学中获益，但对于入学时阅读能力较弱的学生而言，这种方法更为重要。与此同时，起初成绩较好的学生可以迅速掌握自然拼读法，然后继续在全语教学法（whole-language instruction）之下出色地学习[38]。随着学生逐渐纯熟起来，老师就可以改用一些更加独立自主的、以学生为主导的教学方法了。

当然，难点就是在课堂上的学生，其工作记忆容量千差万别。许多教师会运用一些典型的混合教学方法，即把以教师为主导的方法与以学生为主导的方法结合起来，它们对工作记忆容量大的学生可能很有效。不过，工作记忆容量较小的学生常常需要更多的练习和老师的指导，才能有所提高。唯有如此，以学生为主导的教学方式才能稳固下来。

学生们在课堂上看着你讲解任何知识时，都会努力地运用工作记忆，来理解自己看到的一切。你或许会问，此时学生长期记忆里的情况又如何呢？答案就是他们没怎么利用！学生试图运用你刚刚教过的内容时，之所以会突然意识到他们不知如何下手，原因就在于此。

这也是经常中断授课、为学生提供多次练习机会的教学方法极其重要的原因所在[39]。这些气氛活跃的课堂时间，能让学生在海马体强化作用的协助下，将概念从工作记忆迁移到长期记忆中，有的时候这种迁移是很难做到的。气氛活跃的练习时间也让学生有时间巩固他们所学的知识。

所谓的巩固，是指大脑"全神贯注"地思考一种观点或一个概念时，形成和强化新神经连接的过程[40]。你可以把巩固想象成一群小鸟。学生转到一个活跃的练习阶段之后，或者甚至只是让大脑稍微休息一下之后，这些"信息小鸟"便能在飞行途中重新排列，再以一种不同但更有条理的队列飞行。我们在第3章中，将更加详细地对"巩固"这一主题进行论述。

现在我们不妨回想一下卡蒂娜与杰瑞德这两位学生。他们花了很多的时间学习老师所教的内容，可一到参加考试却依然问题百出。我们并没有忘记他们，事实上，我们会在第3章中再次提到他们，以便更加充分地理解如何来帮助这种学生。

分析教学：配对与再配对

‹‹‹

为了让班上的赛车型学生放慢学习速度，同时让徒步型学生有机会赶上来，你可以在授课过程中为学生提供多种多样的新颖练习。

教学设定

教学生修改他们所写的作文时，有一种方法可用，那就是在全班同学的面前，通过"错误分析"（error analysis）来更正他们写得不好的句子。学生可以辨识、说明并修改错误。老师通常都应先问一问学生，看哪些地方需要修改。赛车型学生会马上把手举得高高的。接下来，老师可以自言自语，一边改正句子中的其余部分，一边解释用于改正错误的语法规则和标点符号规则。

范例如下：

I and my brother catched the bus at thirty forth street and center bullavard.（我和哥哥在三十四号街和中央大道的路口赶上了那辆公共汽车。）

更正如下：

My brother and I caught the bus at 34th Street and Center Boulevard.（我和哥哥在三十四号街和中央大道的路口赶上了那辆公共汽车。）

学生脑海中的情况

不妨想象一下学生看着老师的时候会发生什么。信息正在源源不断地进入他们的工作记忆当中。也就是说，只要学生没有走神就会如此。不过，老师若是喋喋不休，学生很有可能做白日梦去了。

你可不要误解我们的意思。将某种知识输入工作记忆至少也算是一个开始！然而，老师若是完全放任学生不管，不提供任何东西去引导他们，那就有麻烦了[41]。

应当避免

对最初的错误句子做出更正示范之后，老师们经常还会要求一些学生分享他们的错误，从而与全班同学一起讨论。赛车型学生会迅速做出反应。但徒步型学生和太过难为情的胆小学生却不会积极参与。余下那些学习积极性较低的学生，则只会抓住这样的机会逃避学习。

如何应对

可以让学生独立地去改正错误的句子。学生需要有个人的思考时间，去进行第一次尝试。之后，可以让学生跟同桌比较一下他们的答案。这种协作既可以增强学生的责任感，又可以给通常乏味的修改练习增添调动学生积极性的社交因素。

额外创意

应当为学生提供大量的练习和及时纠正之后的反馈信息。你在教室里到处走动巡察的时候，既要注意已经掌握了规则的学生，也要注意那些遇到了困难的学生。你可以根据学生的不同能力，差异化地设计出将来要用到的句子。例如，已经掌握了逗号连用方法的学生，或许就能够看出同位语前后使用逗号的规则了（或者滥用逗号的错误）。

学生们在费力地自行找出病句中的错误之处时，你也许希望指出，他们以前看着你讲解的时候，是把错误和规则一起储存在工作记忆中①，而不是储存到了长期记忆里。他们在第一次尝试着自行纠正错误的时候很费劲儿，原因就在于此。这一点，与学习领域里一个叫作"必要困难"（desirable difficulty）的重要主题有关，我们将在第6章里对其进行深入探究。若是写作时完全无须再去思考什么规则，那么，学生就会知道，他们已经掌握了写作的规则（也就是说，他们已经获得了自动性）。

随着学生对各种规则日益熟练起来，你就应该让学生进行更多独立自主的练习了。记住，应当把学生在整个学年中遇到的错误类型混合起来设计练习，而不应只针对一个单元中的错误类型进行练习。这样做，可以为学生提供"交叉"练习（interleaving）和"间隔反复"的机会，在第6章里，我们亦将论

---

① 我们将在下一章里看到，他们有可能是将错误和规则储存进了海马体的索引性连接当中，并且模糊地储存进了大脑新皮质中。——作者注

及这两种学习技巧。

原则推广

"错误分析"这种方法，可以应用于各科的教学[42]。老师可以为学生纠正一个错误的例句，同时用语言表达出自己的思考过程。然后，老师应为学生提供一些到处都是错误的例子，并且给出时间，让他们在老师的督导下自行去改正。应当将例子差异化，分别检验赛车型学生和徒步型学生的能力水平。这些活动全都有助于学生将学习内容牢固地储存进长期记忆里。

在上课过程中，老师始终都需要对那些需要额外帮助的学生加以指点。在布置家庭作业之前，应当确保学生已经在你的督导之下达到了熟练掌握的程度。假如学生没有打下坚实的基础，那么对学生和家长来说，家庭作业就会变得令人懊恼。

本章要点

» 工作记忆中的信息，就像是被一条章鱼抛去接来的"小球"。一次抛接的"小球"若是太多，"章鱼"就会变得不堪重负。

» 长期记忆中的神经连接可以激活和拓展工作记忆。

» 在任何一个课堂上，学生的工作记忆容量都会是千差万别的。

» 工作记忆容量上存在差异，可能意味着学生的学习速度也存在差异。反过来，这就有可能要求老师运用不同的教学方法，以便每个学生都能获得成功，让他们既不会不堪重负，也不会毫无学习积极性。

» 针对工作记忆容量较小的学生所采取的教学策略，往往有可能对全体学生都有效。

» 将知识和活动分解成较小的概念性组成部分，可以避免让学生的工作记忆承受过于繁重的学习压力。

» 应当偶尔暂停讲解，给学生一个机会，重新去看一看并且补全他们所做的笔记。对于工作记忆容量较小的学生而言，老师暂停讲解的做法尤为重要。

» 工作记忆容量较小的学生和所有学习新的生疏知识的学生，都能从以老师为主导的教学方法中获益。随着学生逐渐达到熟练掌握的程度，老师就可以转向较为独立自主和以学生为主导的教学方式了。

» 应当用积极活跃的练习将你讲解的新知识进行分解，帮助学生巩固所学的知识，也就是帮助学生的大脑对其中的新神经连接加以强化。

3

主动式学习：

陈述性途径

当你为卡蒂娜和杰瑞德等学生学习努力，可考试成绩总是不佳而大费周章的时候，你或许想知道，究竟有没有一种简单、科学而行之有效的方法，来提高学生的理解能力，增加学生的成功概率。

一项针对大学理工科（STEM）课堂进行的大型元分析（meta-analysis）发现了方法[1]。相较于在课程中运用主动式学习（active learning）的学生，在"讲解加板书"（talk and chalk）这种传统教学授课下，考试不及格的学生是前者数量的1.5倍。而且与传统的学习者相比，主动式学习者的分数也提高了6%——对于不容易的工程学相关科目来说，这一比例令人刮目相看。

真不错！这一定意味着我们老师所做的一切都应当是主动的，对吗？

不，并没有那么绝对。在这篇颇具影响力的研究论文的要点当中，还隐含着一项观察结果，为其中提出的建议带来了一种新的解读。我们稍后就将谈到这一点。但我们首先应当确保的是大家对"主动"一词的定义达成一致意见。

何谓主动式学习

　　老师们有时会犯一种想当然的错误，以为主动式学习就是指学生应当积极主动地学习——也就是说，用有形的方式来学习。比如，在学习关于希腊文化和历史一章时，老师有可能要学生用废纸做一只希腊古瓮。这肯定是一种好的教学方法吗？

　　正如《教学方法崇拜》（*Cult of Pedagogy*）这篇通俗博文的作者詹妮弗·冈萨雷斯（Jennifer Gonzalez）所言：

> 用黏糊糊的湿报纸裹住一只气球，与加深一个人对社会和文化的理解毫无关系……我见过太多的"希腊古瓮"了：它们都是一些看似很有创意的项目，老师们可能称之为实践性学习、跨学科教学、基于项目的教学、艺术或技术的融合，等等。可尽管如此，其中并无可供学生学习的任何实质性知识。更糟糕的是，由于这些活动通常都很耗时间，因此老师们会砍掉其他的学习任务，而后者原本会给学生带来机会，让他们全力去应对更多具有挑战性的东西。[2]

　　那么，究竟什么才是主动式学习呢？由动物学家转行为主动式学习专家的斯科特·弗里曼（Scott Freeman）及其同事（也就是前文提到的那篇元分析研究论文的作者们）对一些大学教师进行了调查，提出了下面这样一种工作定义："主动式学习是指通过课堂活动和/或课堂讨论，让学生参与到学习过程当中，而不是让学生被动地听着专家讲解。它强调更高层次的思考，且常常涉及小组学习。"[3]

如何从神经科学的角度看待主动式学习呢？我们认为：出色的主动式学习有助于在长期记忆中创建神经连接，且尤其有助于巩固其中的神经连接；而这些神经连接，又是学生对所学内容形成基本概念和更高层次概念性理解的基础。主动式学习，尤其是针对难度较大的内容进行主动式学习（第5章将更详细地加以论述），常常对"边学边连"中的"连接"阶段至关重要。你不妨回想一下，"学习"是神经元找到彼此并且开启相互连接的过程。但"连接"却是学生强化和拓展这些神经连接的过程。小组合作可以促进主动式学习，但它并不是进行主动学习的唯一方式。我们将看到，并非所有的学习都属于主动式学习。

我们为什么要强调基本的事实性知识和更高层次的概念如此重要呢？这是因为神经科学表明，要想在学习中获得成功，学生通常需要在长期记忆中储存基本的但看似无关紧要的琐碎知识，其中就包括定义和例子。这些神经连接，既是概念性理解的基础，也是创造性思维的跳板[4]。正如娜塔莉·韦克斯勒在《知识鸿沟》一书中所言：

这并不是说特定的零碎信息本身至关重要（尽管有些信息本

身确实很重要），而是说人们的大脑中必须拥有充足的事实，才能具有一位评论家所称的"知识群"（a knowledge party），即一组逐渐积累而成的联系，让他们能够去吸收、记住和分析新的信息。[5]

为了更好地理解看似最基础的学习为什么很重要，我们不妨来看一看一个主动式学习出了差错的例子。假设你的学生之前已经（主动地）讨论过"美国内战"这一概念。他们的讨论内容丰富，充斥着各种问题、信息和解释。你的感觉很好，以为学生学会了所有的知识。直到……

可以提前想象一下：一件意想不到的世界性事件，引发了一场关于民权运动的即兴讨论。你从这场新的讨论中意识到，学生们把"美国内战"与"民权运动"两个概念混淆了。实际上，他们竟然认为，亚伯拉罕·林肯和小马丁·路德·金是同一个时代的人！

很显然，这就是主动式学习出了问题的一个例子。为什么会出问题呢？因为之前的那场讨论是一场"随大流"式的讨论，意味着学生不一定把什么知识储存进了他们的长期记忆当中。当时，学生既没有做笔记来促进日后的"提取练习"，也没有任何由老师加以督导的讨论，来确保学生把"美国内战"的基本知识储存进他们的长期记忆里[6]。而一些较高层次的概念，比如奴隶制度和各州的权利呢？学生什么都没有记住。

主动式学习通常都会涉及提取过程。正如我们已经提到的那样，提取是指从长期记忆里提取概念的过程。对于这一点，心理学家杰弗里·卡尔匹克（Jeffrey Karpicke）和认知科学家菲利普·格里马尔迪（Phillip Grimaldi）两人所言最为恰当：

提取过程涉及表达知识的所有场合，其中包括学习者必须对一个事实性的问题做出回答，解释一个概念，做出一种推断，运用知识去解决一个新问题，以及产生具有创造性和创新性的想法，等等。在上述所有场合下，学习者都会利用过去来服务于当下，因此，所有场合都涉及了提取。[7]

那么，我们不妨再深入一步，看一看学生在积极主动地学习你刚刚所教的内容时，他们大脑内部的情况。不过，我们还是先了解一下其中涉及的神经布局吧。

两种重要的记忆方式

» 陈述性记忆（Declarative memory）涉及能否有意识地回想起或者有意识地"陈述"出事实和事件。例如，学生可以回想起曾经导致20世纪30年代美国出现尘暴区（Dust

Bowl）的不良耕作方式。或者他们可以记起一个二次方程。陈述性记忆系统与工作记忆、海马体及大脑新皮质中的长期记忆有关，本章将对此进行论述。

» 程序性记忆（Procedural memory）通常涉及做某件事情的方式，比如在键盘上打字、系鞋带，或者解答一道数学题的步骤。程序性记忆系统包括了基底神经节（basal ganglia）和大脑新皮质。我们将在第6章中了解到程序性记忆系统的更多情况。

我们很快就会看到，这两个不同的记忆系统能够用两种不同的方式去学习同一个概念，从而为学生理解所学的内容提供一条更加丰富的途径。

陈述性学习系统：
工作记忆、海马体和新皮质

研究人员早已得知，大脑中有三个基本部分与学习有关，即工作记忆、海马体和新皮质[8]。而在第6章中，你将了解到大脑学习系统最后一个重要的组成部分，即基底神经节。工作记忆、海马体和新皮质一起协作①，就构成了你的陈述性学习系统。你多半知道②自己正在用陈述性系统学习什么（因为你可以将学到的知识"陈述"出来）。它们很像是学生在英语课上学习的那种陈述句，用于陈述事实和事件之类的信息。

顺便说一句，尽管我们说的是"海马体"，好像它只是大脑中的一个结构体似的，可实际上你却拥有两个海马体，大脑两侧各有一个，如下图所示。海马体位于两只耳朵的上方，在大脑内深约1.5英寸（相当于3.81厘米）的地方。两个海马体的体积加起来相当于两颗大青豆，一边一颗。［海马体附近还有一些涉及陈述性学习的皮质区域，但它们并非位于海马体内，称为"海马结构"（hippocampal formation）。为简单起见，我们会把这些附近区域统称为"海马体"。］

新皮质分布在大脑的大部分区域。它只有几毫米厚，就像一张餐巾纸，面积大约为24英寸（相当于60.96厘米）见方。这层"餐巾纸"一样的新皮质，沿着大脑表面的曲线和褶皱伸展，但大部分新皮质都隐藏在褶皱之中。尽管只是薄薄的一层，但新皮质的体积远大于海马体。这种情况得天独厚，因为大脑新皮质正是长期记忆中储存海量信息的地方。

---

① 为了简单起见，我们使用"新皮质"这一术语，指位于大脑皮层外缘那薄薄的一层。但有时候，信息在大脑皮层中的储存范围会更广一些。大脑皮层既包括了含有6层神经元的新皮质，也包括旧皮质（allocortex），后者是大脑皮层中占比很小的一部分，可能有3～5层神经元。——作者注

② 请参见我们在第6章中对"多半知道"的说明。——作者注

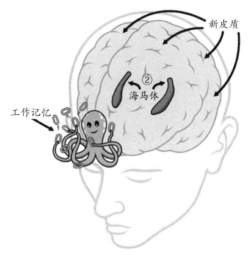

新皮质

海马体

②

工作记忆

大脑中有两种主要的结构体——海马体和新皮质，可以从工作记忆中进行"学习"。

在陈述性学习中，工作记忆会将它收集的新信息不断储存到位于新皮质里的长期记忆之中。不过，新皮质的容量极其巨大！那么，工作记忆究竟又是如何从中再次搜寻并调取出某一条具体信息的呢？

办法是索引[9]！

一本书的所有信息都位于正文当中，索引只是告诉你如何去找到这些信息。

事实证明，海马体就是一种索引。海马体本身不会储存新信息，它只是与新皮质中信息的存储地关联起来。从海马体发送到新皮质的信号，可以提取并将分布在新皮质中的信息关联起来。

因此，每当学生提取信息，海马体就会强化新皮质中储存的信息之间的联系。最终，待记忆在大脑皮层中巩固下来之后（这一过程有可能持续数月之久，并且主要是在你睡觉的时候进行的），工作记忆就能直接从新皮质中提取信息，而无须再用海马体来起到索引的作用了[10]。

补充说明一下。从海马体发送到新皮质的信号，经由长长的轴突（即神经元的"触手"）传递，而轴突就像一根根电报线，将工作记忆、海马体和新皮质连接起来。我们的论述本身已经够复杂了。但如果你想进一步探究，那我们还想指出，轴突周围包裹着一层叫作"髓磷脂"（myelin）的脂肪组织。髓磷脂的作用就像是一种绝缘体，它有助于信号沿着轴突更快、更容易地传递。不知道你是否曾用蜡纸打磨游乐场里的滑梯，以便你能更快地从滑梯上滑下去？髓磷脂就像你所用的那种蜡，它会让轴突变得极其顺滑，从而让信息传播得极其迅速。学生练习所学的内容时，它们不但是在创建和强化突触之间的神经连接，也是在不断增加髓磷脂层的厚度，从而有助于轴突更好地传导信号。

神经科学家有时会说到大脑中与"灰质"（gray matter）相对的"白质"（white matter）。白质区有许多的轴突，后者被脂肪性的髓鞘（myelin sheath）覆盖着，因而呈白色。一束束带有髓鞘的轴突，有助于大脑中相隔很远的部位相互连接起来，让我们可以掌握一些复杂的技能，比如阅读或者做算术题。

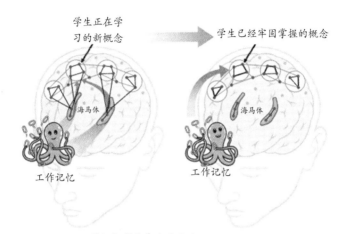

学生正在学习的新概念

学生已经牢固掌握的概念

海马体

海马体

工作记忆

工作记忆

工作记忆须依靠海马体的索引作用，才能接触到长期记忆中建立的神经连接组。

工作记忆能够直接读取长期记忆中已经牢固建立的神经连接组。

请回忆一下第1章"学习会在长期记忆中创建连接"一节中的插图，其中每个圆点都代表了一个神经元。神经连接组（"点状连接"）四周的圆圈，则代表学生正在学习和储存到长期记忆中的不同新概念。（左图中）工作记忆主要借助海马体，将信息发送给长期记忆中的点状连接。（右图中）随着学生更好地掌握所学的内容，工作记忆就能直接到长期记忆中提取信息，无须再利用海马体了。

　　海马体的关联能力有限，充其量只能让我们记起几个月前的事件、情境和经历。这一点与神经连接在大脑皮层中巩固下来所需的时间是一致的。大脑中能够将此种信息长期保留下来的区域，也就是储存长期记忆的部位，则是新皮质。

　　信息从工作记忆传播到海马体、再传到新皮质所涉及的过程有点儿复杂，因此我们用故事更好地说明这一过程。

"合唱队"：
利用陈述性系统让信息进入长期记忆

要想理解信息从工作记忆迁移到长期记忆过程（陈述性学习）中的基本要点，最好的办法就是从一个故事开始。这个故事中有3个角色，每一个角色都各有其天赋与缺陷。3个角色分别代表了工作记忆、大脑中的海马体和新皮质。

在这个故事中，我们可以把工作记忆想象成一支迷你合唱队里的"指挥"。这支合唱队只有两位歌手，分别是"希普"（Hip，即海马体）和"妮奥"（Neo，即大脑新皮质）。

"指挥"自然是不用演唱的。"指挥"只用默不作声地点点头，提示"妮奥"该在何时开始演唱。（换言之，"指挥"会把关于所学知识的神经连接组储存到长期记忆中。）与此同时，"指挥"还会将索引信息（即索引性连接）储存到"希普"身上，告诉后者到"妮奥"身上的哪个地方找到那些长期记忆连接。

"指挥"储存起来的信息可以与任何事物有关，比如努比亚地区最早的历史记载，或者电影《都是戴茜惹的祸》（*Because of Winn-Dixie*）里事情发展的先后次序等。对了，还有唱歌的方法。

　　大脑就像是一支小小的合唱队，由"指挥"（工作记忆）、"希普"（海马体）和"妮奥"（大脑新皮质）组成。图中，"希普"正向"妮奥"吟唱索引性的歌曲。这有助于提醒"妮奥"，在她新形成的众多分散性连接当中，哪些需要强化，哪些又需要加以弱化。

　　我们都知道，工作记忆（即"指挥"）很健忘。即便是身为负责排练的人，"指挥"也很容易忘掉几秒钟之前对"妮奥"和"希普"所说的话。

　　可怜的"妮奥"呢，她的问题在于她很难跟上"指挥"的思路。假如对"妮奥"不是很了解，那么你对她的第一印象就会不太好，以为她是一个笨手笨脚的业余歌手。她简直有点儿心不在焉。"指挥"已经吩咐过，要她把信息储存到大脑新皮质中的不同部位。就算"妮奥"会把自己从"指挥"那里听到的曲子重新唱出来，她的声音也往往非常微弱，除非她已经听过那首歌曲很多次。她一直都在问："请你再唱一遍，好吗？"

另一方面，"希普"却既敏捷又专注。他能记得和唱出"指挥"以信号方式发送给他的那首索引性歌曲的一大部分。可"希普"也有问题。坦率地说，他很肤浅。他唱的歌曲比较短，毕竟那只是一首索引性的歌曲。其索引性歌曲的作用，就是教"妮奥"对学习内容的众多相关神经连接中的一些进行强化，并且弱化其他一些不相关的神经连接。

　　这样，我们就看到了两位按照"指挥"的吩咐来演唱的歌手；实际上，他们代表了两种不同类型的学习者[11]。"希普"有快速学习的本领，可他学习的只是信息中最浅显和具有索引性的一些方面。"妮奥"呢，由于她有大量的连接需要构建，因此学习速度要慢得多，学起来也会较为困难。不过，她能够学习许多的知识，能够学得非常牢靠，并且储存着过去所学的大量歌曲。

　　一旦"希普"与"妮奥"进行了充分的练习，"妮奥"就能响亮而清晰地歌唱，不再需要"希普"的协助了。"妮奥"拥有庞大的曲目库，意味着她能够从异常庞大的长期记忆中提取众多不同的其他音符。

从老师的角度来看，情况变得很有意思。尽管差异巨大，但"希普"和"妮奥"却是朋友，会相互帮助对方学习。不管什么时候，只要不是忙着接收新的索引信息，"希普"就会转过身去，对着"妮奥"唱歌；后者接收的信息，则分散储存在众多的地方。"希普"要求"妮奥"检索并将信息关联起来，然后唱出她正在学习的新曲子。海马体对大脑新皮质的这种"线下教学"（offline teaching），大部分发生在你的睡眠期间，是陈述性学习的一个关键方面。正是这种线下教学，才使得新皮质能够创建出牢固的神经连接。

海马体的反复教学，并不是大脑新皮质唯一的学习途径。其中有些信息，的确直接来自工作记忆。但海马体是陈述性学习中最重要的"老师"，因为大脑新皮质不够敏捷，无法实时跟上工作记忆的步伐。"希普"一遍又一遍地向"妮奥"喃喃低语，帮助后者搞清楚哪些连接需要强化，哪些连接又需要弱化。海马体塑造新皮质中神经连接的过程，可能需要几天、几周或者几个月之久；我们在前文中已经提到，这一过程就是所谓的巩固[12]。

倘若"指挥"不是把新信息教给这支"合唱队"，而是要求"合唱队"唱出一首歌曲，会是什么情况呢？换句话来说，工作记忆试图提取信息而不是传导信息的时候，又会发生什么呢？

那情况就变得更有意思了。假如工作记忆需要提取刚刚学到的知识，而大脑新皮质对已学的那首复杂歌曲掌握得很不牢固，那么"希普"就会加入进来，提醒"妮奥"那首歌曲的各个部分位于哪里，从而让后者可以更加大胆地吟唱。不过，一旦"妮奥"和"希普"协作演唱过某首歌曲多次之后，"希普"的协助就会变得不那么必要了。即便"妮奥"储存的信息极为复杂（比"希普"那种肤浅的索引信息要复杂得多），"妮奥"也会逐渐熟练地掌握所学的材料。于是，她开始能够完全依靠自己，相当优美地唱出那首曲子了。

这就表明，我们已经牢固地习得某种知识，因为我们不再需要海马体，就能提取这种知识了。学生对所学的材料了解得越多，其工作记忆就越能直接进入大脑新皮质去提取这种材料，而不再需要海马体的参与。

事实证明，海马体有点儿像一根拐杖。还记得有些学生会在考试前夜"临时抱佛脚"，在考试中也考得不错，可过后却会忘掉大部分知识的情形吗？那是因为除了大脑新皮质中通常都很不牢固的连接，他们的工作记忆还在海马体中创建了大量的索引性连接。海马体中的索引性连接刚刚形成，还很鲜明，足以让学生通过考试。可是，那些索引性连接很快就会消失；假如大脑新皮质没有通过反复练习而将知识巩固下来，那就什么都别想了！学生若想一两个月之后再去提取大脑新皮质中的知识，那么由于海马体中的索引信息已经没有了，所以他们根本就没有办法找到少量有可能仍然留存在长期记忆中的微弱连接。

　　打个比方说，"希普"只能处于两种姿势中的一种。处于第一种姿势时，"希普"是面向"指挥"，学习某种新的东西（获得索引性连接）。在第二种姿势下，"希普"则是趁着大脑休息时，面向"妮奥"。这是在敦促"妮奥"将歌曲的各个部分关联起来，比如音符的顺序、音高、歌词的抑扬顿挫、潜在的情感，以便能够做到融会贯通，形成一次壮观的爆发。"希普"无法同时做到既学习又复述。

　　"妮奥"必须反复加以练习，才能将任何歌曲正确地吟唱出来。其长处在于，若是听到一首曲子之后进行过多次练习，"妮奥"就会长久地记住那首曲子，并且能够响亮而优美地将曲子唱出来。最了不起的是，"妮奥"能够记住大量的歌曲。她能够存储长达一生的记忆，而不会出现空间不够、无法记住更多的问题。事实证明，"妮奥"极具天赋，只是其所用方式与流于表面、"我只负责索引"的"希普"大相径庭罢了。

那么，这一切与你作为课堂上的老师有什么关系呢？

利用教学中的短暂休息帮助"希普"（海马体）

"妮奥"和"希普"揭示了一种很重要的观点，那就是：在教学过程中留出短暂的"大脑休息"时间，让学生有机会放松一下精神，具有十分重要的作用。这种休息就像一首首无声的精神插曲，是海马体喃喃低语，向大脑新皮质复述所学新知识。从海马体传向新皮质的这一声声低语，让后者既乐于复述所学的知识，还能慢慢地清除掉来自海马体的那些索引性连接[13]。

大脑休息的时间该有多久呢？大脑会在我们晚上入睡之后休息8个小时。在此期间，记忆会得到全面的巩固[1]。不过，这一过

---

① 睡眠是大脑进行修复、恢复活力和大规模重组的时间。构建新的突触和拓展其他突触，都需要蛋白质和其他合成成分。其中还涉及在突触中形成细胞骨架和大量大分子复合物的生物化学反应。翻修房子的时候，你是愿意搬出去住呢，还是愿意继续住在屋里，任由翻修工作就在你的身边进行呢？——作者注

程中的大部分准备工作，却是在白天较为短暂的休息中完成的。一项研究表明，学习之后闭上眼睛休息15分钟，可以促进我们对刚刚所学知识的记忆，其效果要比研究者参与另一项学习任务强得多[14]。不过，在如今的课堂上，要闭着眼睛休息15分钟，根本就做不到！

幸好有证据表明，短暂得多的间歇时间也对学习很有好处。哪怕是不到1分钟的暂停亦能创造奇迹，让学生开始更好地理解所学的内容。休息为什么会有这种作用呢？因为休息会给神经元创造一个巩固所学知识的机会。诚如认知神经科学家艾琳·瓦姆斯利（Erin Wamsley）所言：

> 巩固是在我们白天的活动之间，以及活动中的众多较为短暂的休息时间里进行的。事实上，研究已经表明，学习期间，即便是短短数秒钟的休息也能触发与记忆有关、可以预示日后考试成绩的活动。因此，清醒状态下的"休息"绝对不是浪费时间，反而有可能最终成为我们在日常生活中长期记忆的形成中一个关键却被广泛低估了的因素。[15]

大脑的休息时间可以短至20～40秒：比如在一项协作性的学习活动中，学生停下来向别人求助；又如待学生完成活动之后，又过20～40秒的时间，你再让全班同学把注意力重新回到你的身上。当然，协作活动本身确实有作用；这不仅是因为学生在协作活动中可以进行社交联系，而且是因为它们往往能够带来一些至关重要的提取活动。比如一名学生有可能自言自语："嗯，我们究竟应该怎样来做这道题来着？"

假如持续讲解知识的时间太久，你能感受到学生的精神会逐渐涣散，感到无聊了。一条很好的经验法则就是：学生集中注意力的持续时间，大致相当于他们的年龄加上1分钟。比如一名7岁的学生能够集中注意力听你讲课8分钟，然后就需要短暂地穿插点儿较为轻松的事情，或者进行一次气氛活跃的休息。不过，这一点当然取决于学生的年龄和他们注意力的持续时间（幼儿园里的孩子若是能够集中注意力听你讲5分钟的课，可能就算万幸了）以及所学内容的难度。

暂时停止学习并转向协作性的学习活动，对学生具有重要的意义。然而，在协作活动期间，老师必须保持警惕。你应当在教室里走动，以便能够听清学生们在讨论什么，并且在必要的时候向他们做出解释。可惜的是，老师很容易掉入一种陷阱，想要利用小组活动的间隙，迅速查看一下自己的电子邮件，或者为这节课的下一部分做好准备工作。殊不知，这也正是学生偷偷开始与学习任务无关的行为，导致他们的注意力不再集中的时候。毕竟，你若是没有把注意力一直放于学生身上，就会在无意中发出一个信号，即学生也可以做与学习任务无关的事情。更严重的后果是，假如你没有专心致志，学生们就有可能带着错误的知识进入下一堂课。

学生首次学习一个概念的时候，长期记忆中的神经连接处于无序状态，而其布局也不像我们以为的那样简单。

长期记忆中的神经元会随着时间的流逝而巩固下来，因为海马体会帮助它们重新排列成更简单、有效的连接。

大脑新皮质中巩固下来的长期记忆，最终可以在没有海马体协助的情况下为我们所获取。

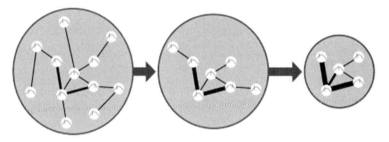

巩固过程：学生首次学习某种知识的时候，大脑中的神经连接组还很不牢固，处于无序状态，如左图所示。那些连接，可能需要几天才能稳定下来和增强。慢慢地，通过若干个小时、若干天和若干个月的巩固过程，神经连接会不断地自行调整和重新排列。含有索引信息的海马体，则会对这一过程加以引导[1]。

请注意，学习者刚开始时的神经连接组（最大的圆圈）最终会经过筛选，变成核心连接组（最小的圆圈）。你可能会感到奇怪，既然不是学生最终所学知识的一部分，那么刚开始时，老师为什么要把这些额外的知识添加进去呢？然而，我们需要记住的是，老师并不会把这些连接塞入学生的大脑。只有学生才能在自己的大脑当中形成连接，但老师无疑促进了这一过程。跟所有人一样，学生也不是完人。他

---

[1] 海马体的作用是强化大脑新皮质中的一些长期记忆连接并弱化其他连接，也就是对记忆进行巩固。这与我们在本书第1章尾注2中提到的"穗时序依赖型可塑性"（spike-time dependent plasticity）有关。这幅巩固过程图圆点内部的正弦波及其垂线，说明的是海马体与大脑新皮质之间的交流方式。到达峰值之前的阶段（即垂线突起所示的时间位置），决定了某种连接究竟是得到强化还是受到弱化。这种情况主要发生在睡眠期间。此时，一波又一波频率为10～14赫兹的睡眠梭状波绕着大脑旋转，并且不断地以这样一种方式来回，目的就是强化一些神经连接，同时弱化其他的神经连接［参见穆勒（Muller）等，2016］。——作者注

们不可能第一次就把知识正确地置入大脑之中。他们会不正确地理解、过度解读和误解概念，或者完全用一种毫无必要的复杂方式去学习。那样就形成了一些冗余的连接，过后必须在巩固阶段加以消除。

记忆往往会随着时间的推移而变得"语义化"（semanticize）。也就是说，它们会在记忆形成的时候抹除其原始背景，只保留其意义。所以，你可能知道自己有一只手镯（语义性知识），却忘掉了自己得到这只手镯时的周围环境。这种语义化的记忆剥离了背景，只留下了意义或者事实，通常都深嵌于大脑新皮质的长期记忆当中。

总而言之，如今你可以看到，主动式学习提供了一种极其重要的间歇，其间学生既可以提取所学的新知识，也可以努力吸收新知识。既可以独自进行提取与吸收，也可以与他人一起进行。换句话说，主动式学习中也含有短暂的脑力休息，以便大脑可以巩固所学的知识。而且，它既非"希腊古瓮"这样华而不实的东西，也非对"美国内战"或"民权运动"这样重大的主题进行肤浅的触及。难怪明智地将主动式学习纳入教学当中之后，能够带来如此强大的效果！

请你一试：思考能让学生精神大振的简短活动

学生在这些协作性学习活动之间来回转换时所花的时间，能够帮助他们的海马体在陈述性学习期间减轻负担。不过，实际的协作性活动本身也有助于减轻海马体的负担，让学生能够以一种更加放松、以团队为导向，并且能强化所学主题的方式去思考。由于时间仓促，需要教授的内容越来越多，因此我们往往会牺牲掉那些能够提供机会、让"希普"把负担转移到"妮奥"身上的策略。既然你已明白，这些策略有效的原因在于其背后的神经科学，那我们就希望，你能够经常抽出时间去加以运用。

> 思考—结对—分享。让学生思考一两分钟，然后结成小组，分享他们的想法。"思考—结对—分享"中那种无声的思索时间，可能对减轻海马体的负担特别有益。尤其是在学生可以让大脑短暂地休息片刻后。

> 1分钟总结。让学生针对你刚才所讲知识，写下他们的理解。

> 1分钟难点。让学生将他们感到困惑的问题写下来。

> 同学互教。让学生把你刚刚讲解过的知识"教给"其他学生或者同桌，然后互换角色，确保每一名学生都与另一名学生一起完成。

> 简短的角色扮演。例如小学生可以用角色扮演的方式，展示地球绕着太阳公转或者电子围绕原子核旋转的状态。

出色的主动式学习让"希普"靠边站

全世界的教师一直都在发牢骚，说学生似乎记不住老师所教的知识。上个月教的，甚至是上个星期所教的内容，他们都记不住。为什么会这样呢？原因可以归结于"希普"，即海马体流于表面的行为。假如"希普"不向"妮奥"反复吟唱其索引性曲调，不告诉后者应当增强哪些连接、削弱哪些连接，进入大脑的新信息就有可能逐渐消失。

学生若是喜欢拖延，试图到考试前夜再"临时抱佛脚"，他们就没有时间在新皮质里进行练习了。（下一章将更加详细地论述拖延的问题。）喜欢拖延的徒步型学习者，可能会因为他们本已超负荷运转的工作记忆而不堪重负。这种情况下，只有极少的知识能够进入海马体和新皮质中，且困难重重。而喜欢拖延的赛车型学习者，却能在他们的海马体中填满索引性的信息，并且提供初始连接，与新皮质中那些很不牢固的知识关联起来。这种本领可以让他们在第二天上午的考试中取得很好的成绩。不过，这种看似成功的填鸭式方法，却会导致两个问题。

第一，假如在接下来的几天里，新皮质中的新知识没有得到海马体强化，那么大脑新皮质中的信息和海马体中的索引性连接都会逐渐消失。赛车型学习者也好，徒步型学习者也罢，都是如此。

第二个问题更加严重。事实证明，由于睡眠时大脑释放的一系列神经化学物质及其活跃水平上的变化都不同于醒着的时候，故睡眠对长期记忆中刚形成的连接会发挥一种密封剂的作用[16]。熬夜通宵死记硬背，不怎么睡觉或者根本没有睡觉，就可能让匆匆进入大脑新皮质长期记忆里的信息不会牢固留存。

睡觉之前：

睡觉之后：

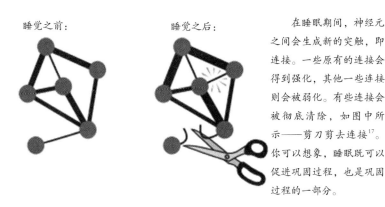

在睡眠期间，神经元之间会生成新的突触，即连接。一些原有的连接会得到强化，其他一些连接则会被弱化。有些连接会被彻底清除，如图中所示——剪刀剪去连接[17]。你可以想象，睡眠既可以促进巩固过程，也是巩固过程的一部分。

身为老师，你应当尽你所能，促使学生在大脑新皮质中创建牢固的连接，让他们不必再依赖海马体那种持续时间很短的索引性连接。

如何才能做到这一点呢？经常进行形成性评估（formative assessment checks），比如低风险测试、家庭作业和练习，能让学生所学的知识长久留存。这种检验可以促使学生对所学的内容进行"提取练习"[18]。大量研究证据表明，"提取练习"会加速大脑新皮质内神经连接的巩固过程，并且让海马体不再参与进来。学生学习复杂的知识时，若是接连多日积极主动地去学习，就会有很大可能形成长期记忆连接，并且使之得到强化。此外，我们很快就会在第6章中看到，大量的练习还会经由强大的程序性学习系统逐渐巩固知识，从而促进学习。

正如普嘉·阿加瓦尔和帕特里斯·贝恩两个人在《强力教学》一书中所言：

我们通常都把注意力集中于往学生的大脑中输入信息这个方面。可与之相反，认知科学研究最有力的发现之一，却是从学生头脑中输出信息很重要。根据长达一个世纪的研究来看，为了改变学习，我们必须将注意力集中在用"提取练习"来提取知识这个方面。事实上，研究表明，"提取练习"比师生们通常所用的其他任何一种学习方法（比如讲授、再读或者做笔记）都更加有效。[19]

出色的主动式学习中就包括了"提取练习"。它可以让学生思考，并且迫使他们检验自己是否已经在大脑新皮质的长期记忆中创建连接。学生越能在不需要依赖海马体的情况下将所学的内容牢固地输入大脑新皮质中，他们就越是真正掌握了所学的知识。而且，他们可以跳过海马体去学习新的知识了。真不错！

不过，学生记住的必须是有意义的信息。正如教育记者娜塔莉·韦克斯勒指出的那样："标准的小学识字课程在很大程度上侧重于虚无缥缈的理解技能，像找出阅读材料的主旨大意，而不是侧重于内容。举例来说，让四年级学生记住'推论'一词的定义，并不足以让他们能够做出推断或者解释推论。"[20]

假设所学的内容有意义，那么像卡蒂娜与杰瑞德这种成绩不佳的学生在学习上所欠缺的，就是"提取练习"了。他们不是在积极主动地处理所学的内容，并将知识从大脑中提取出来。相反，他们只是在照抄眼前的一切，以为这样做就足以把所学的内容置入长期记忆当中。

　　能够有助于树突棘向外伸展，并且促使树突棘与轴突之间创建连接与强化连接的，是主动处理所学的内容，比如努力记住一个关键概念，或者在不看答案的情况下逐步解答一道棘手的题目[①]。在各种各样的情况下反复进行练习，不仅有助于强化神经连接，而且有助于将神经连接拓展至其他的神经元组。

请你一试：快速循环（Whip-around）

　　你可以试一试"快速循环"策略，帮助"希普"和"妮奥"整理并记住关键信息。"快速循环"的实施方法如下：

　　1. 向全班提出一个开放性的问题，即一个可以引出学生各种各样的回答而不只是用简单的"对/错"或者一个词就能回答的问

---

① 从记忆中主动提取关键概念，也有助于将那些记忆与其他的相关记忆区分开来。有助于巩固那些长期记忆连接的是主动提取（active retrieval），而不仅仅是重新学习所学的内容。正如安东尼（Antony）等，在2017年研究中指出的那样："由于再学习触发的相关记忆激活作用（coactivation）较小，故它不会像主动提取那样具有适应性地去塑造海马体–大脑新皮质的记忆景观"。——作者注

题。（假如学生说出的答案千篇一律，那么这种策略带来的兴奋感就会迅速消失。）

2. 给学生1分钟的时间，让他们在心中想出一个答案，或者写出一个答案。应当确保所有学生都有答案，并在做好了分享准备的时候竖起大拇指向你示意。若是上网课，你就可以让学生取消静音，告诉你他们已经准备好参与分享了。

3. 点名让一个学生回答问题，之后按顺序以循环的方式，让后面的学生一一回答。例如：你可以让每排学生从头到尾进行回答；若是上网课，那就按照花名册上的顺序进行回答。不要允许任何人（其中也包括你自己）评论，以免打断这一流程。

对于一个由30名学生组成的班级而言，一次典型的"快速循环"可以在不到4分钟的时间内完成。据我们的经验，只分享寥寥几个词或者一句话，对学生而言是很有意思的，能让他们在同龄人面前用一种无后顾之忧的方式发言。在此期间，老师不能打断学生的话来纠正他们的回答。假如你提出的问题有绝对正确或者绝对错误的答案，可以在学生说完之后立即做出非语言反应，例如向上竖起大拇指，或者将大拇指朝下。一旦所有学生都轮流回答完毕，你就可以纠正错误的回答了。"快速循环"可以强化学习，确保所有学生都"懂了"。要想让"快速循环"更具挑战性，你可以要求学生不得"借用"——也就是说，不能用别人说过的答案来进行回答。就算必须重复一种答案，他们也应当提供一种独特的新意，或者一种不同的阐释。

范例如下：

» 在现实环境下，人们是如何运用角度、平行线和垂线的？

» 说出体内一块骨头的名称及其所属的类型（扁平、长、短、不规则或者籽形），并且额外增加难度，指出这块骨头的功能。

» 说出一件家居用品的名称，以及有可能在哪个房间里看到这件用品。（这种提示，对年龄最小的学生以及学习第二语言的学生效果颇佳。）

» 生物体是如何随着时间演变的？

» 举例说明一种文学手法（拟人、明喻、隐喻、拟声、夸张），以及这种手法在小说中是如何运用的。

» 地理曾经对殖民时期美国的发展产生了怎样的影响？

优质教学让大脑交替工作与休息

你可能已经注意到，我们的朋友"希普"，即海马体，给教师提出了两项相互矛盾的任务。

1. 让大脑工作：为了直接在学生的大脑新皮质中创建和强化连接，可以运用"提取练习"。这是一个紧张且要求很高的心理过程。

2. 让大脑休息：为了让海马体减轻负担，将信息迁移到大脑新皮质中，学生不应当参与紧张的心理活动。

那么，究竟应选哪种做法呢？是慢慢来呢，还是进行紧张的心理训练？

答案是两者都要！或许，最佳答案就是把教学看成是一种体育训练形式。优秀的运动员都是通过艰苦的体能训练结合放松与恢复才成长起来的。这一原则适用于间歇性的训练，即在短时间的高强度训练中间穿插时间较长的适度训练。〔肌肉和神经元都属于易兴奋组织，故可以将它们进行类比。人们有时还会大不敬地把这一原则称为"大脑功能的傻瓜理论"（the meathead theory of brain function）呢。〕学生正在变成"脑力运动员"，故应当用一种类似的难易交替的精神活动去训练他们。

锻炼至关重要

我们之所以谈到体育锻炼，是希望指出体育锻炼在学习中的重要性。锻炼可以让大脑产生一种像肥料一样的化学物质，即"脑源性神经营养因子"（brain-derived neurotrophic factor）。脑源性神经营养因子（BDNF）有助于生成新的树突棘；有了这些已经可以派上用场的树突棘，就更容易创建新的神经连接了。这种情况，有点儿像是获得了一点儿纱线之后，就可以等着将其编织成某种布料了。只需一次锻炼，就会提高学生脑源性神经营养因子（BDNF）的水平，但经常锻炼可以更大幅度地提高这些因子的水平[21]。

锻炼也有助于神经发生（neurogenesis），也就是说，新神经元的生成也在新的学习和情绪改善方面发挥着一种重要的作用[22]。通过各种各样的效应，体育锻炼还有助于缓解压力对学生认知上产生的负面影响。为了达到这种缓解效果，专家建议学生每天至少进行1个小时的锻炼，从适度到剧烈运动都要有[23]。剥夺学生的休息时间以便有更多的课堂教学时间之所以是一个很糟糕的主意，原因就在于此。实际上，锻炼有助于学生在上课时集中注意力和提高学习效率，并且有助于让他们在各方面都感觉更好。

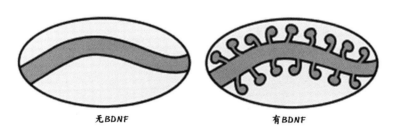

无BDNF　　　　　　　　　　有BDNF

睡眠能够强化原有的神经连接，锻炼却可以产生一种叫作BDNF的物质，这种物质有助于生成新的树突棘。换言之，锻炼有助于神经元上生出重要的分支，它们很容易与其他神经元连接起来，这就是锻炼对学习具有极其重要的促进作用的原因[24]。

主动式学习应占的比重

事实上，研究人员并不清楚，相对于听讲，学生究竟应当投入多少时间进行主动式学习。主动式学习的最佳时间，会因学生的年龄、学习内容、学生原有水平及其他许多因素而异。

在本章的开头，我们提到过一项范围广泛的元分析。那项研究发现，实行主动式学习的课堂与用"讲解加板书"这种传统方式教学的课堂相比，学生的成绩显著，且更加优异。但重要的一点是，"主动式学习"时间在课堂总时间里所占的比例，竟然从10%到100%不等，因为研究人员当时根本就没有测量实际的"主动式学习"时间！[25]

换句话说，那篇研究论文的标题若是改成"在上课过程中穿插几次主动式学习，学生会学得更好"，或许同样合理。这是一项意义重大的研究成果，得到了神经科学的有力证明。而且我们全都可以利用这一发现，去改进自己的教学。

分析教学：思考—结对—分享

教学设定

我们可以选定任何一个主题，这里不妨假设，你正在讲授一堂关于人类有可能破坏环境中各种自然循环的课。你会从解释我们的地球是一个封闭的系统开始。这个系统中，有水、氧、碳、氮以及其他的元素。质量守恒定律称，尽管物质（在这个例子中，物质就是指地球上的资源①）的形式可以重组或者改变，但物质既不能被创造出来，也不能被毁灭。

身为一名崇尚脑科学学习法的老师，你懂得利用学生的先验性知识。你也很清楚，应当让学习变成主动式学习，以便学生可以在大脑中形成神经连接并加以强化。你一开始就会提出下面这个开放式问题：

地球上的水资源只有不到1%的淡水可供我们饮用、做饭和种植粮食。那么，我们为什么没有耗尽淡水资源呢？

马上就有同学举起了手。你点到詹娜答时，她突然答不上来了。雷伊说了一句俏皮话，全班便哄堂大笑起来。你意识到局面有可能很快偏离正轨，所以为了继续顺利讲课，你便说出了答案。"大自然，"你说，"是个循环利用的高手，其中典型的例子就是水循环。"接下来，你讲解了水循环的四大组成部分：降水、蒸发、蒸腾和凝结。当你把目光从黑板转向学生时，你会注意到，他们一个个目光呆滞。全班都在听讲，可他们没有理解和吸收。

那么，你应该采用什么方式才能起到不一样的效果呢？

---

① 当然，其中忽略了宇宙尘埃和陨石。——作者注

如何对待学生

先来说一说"思考—结对—分享"[26]。这种方法是美国马里兰大学（University of Maryland）的弗兰克·莱曼（Frank Lyman）教授在1981年开发出来的。

我们不妨快速回顾一下。"思考—结对—分享"是一种协作性的方法，让学生结成对子或者小组协作，回答一个问题或解决一个问题。老师会提出一个开放性的问题，让学生默默地思考片刻，想出一种回答。在这个阶段，学生都会查看自己的笔记，组织自己的想法。其中还可以增加一层责任，那就是让学生快速将他们的初始回答记下来，使之变成一个"思考—写下—结对—分享"的过程。接下来，学生会结成对子，与同伴分享他们的想法，并且判断谁的回答最好，或许还可以想出一个更好的回答，最后再与全班同学分享他们的最终回答。进行面对面的教学时，让学生与同桌结成对子协作是一件很容易做到的事情。上网课的时候，你用鼠标快速地点击几下，就可以让学生进入分组讨论室。

在此回顾一下"思考—结对—分享"方法之所以很有必要，是因为我们现在能够理解其中经常被人们忽视的"思考"这一关键的组成部分了。在"思考"阶段，学生不但可以仔细思考你所说的话，而且能给他们大脑中那两颗小小的海马体提供一次"脑力休息"，以便它们能够开始减轻负担，理解你一直在讲解的内容。你甚至有可能想用一个计时器设定专门用于思考的时间。计时器鸣响之后，学生就可以结成对子，然后分享他们的想法了[①]。

学生与同伴分享他们的想法时，会发生两件事情。第一，学生是在相互学习，比如获得另一种视角、努力克服障碍以及进行练习，以便将他们的回答用语言更好地表达出来。第二，与全班同学分享他们的回答或者寻求别人帮助时，他们也会变得越来越自信。（寻求别人的帮助，哪怕是一对一的帮助，许多学生都难以做到。连我们这些成年人，也有可能很难做到！）为了进一步增强学生的自信，你可以在结对的学生分享回答的时候，到他们中间走动走动，或者加入他们所在的分组讨论室，时不时地检查一下，看他们是否走对了路子。为了让全班讨论的气氛变得更加轻松，你可以问问一对显然得出了正确答案的学生，看他们是否乐意与全班分享。可以考虑选择一名最腼腆或者经常不愿与全班分享其回答的学生，因为知道自己的答案是正确的并且获得老师的个人邀请，会让这种学生勇气倍增。

有的时候，问一问答案中存在细微错误的学生，看他们是否愿意与全班同学分享答案，也是很有好处的[27]。一起纠正学生的错误，既可以让你示范一些解决问题的策略，也会给学生片刻的时间，让他们可以回顾和评估自己的思维方式。最重要的是，允许

---

① 语言教学中的"思考—结对—分享"有一种常见的变化形式，那就是"思考—结对—方形—分享"。这种形式，在学生发现与之结对的同伴没有多少内容可说的时候，可能有所帮助。由4名学生组成的大组（他们就形成了一个"方形"），可以开拓他们所用语言的类型、种类和数量。——作者注

学生展示错误会为你提供一个机会向全班表明：犯错没有什么大不了的，就算学生犯了错误，你的课堂也仍然是一个温暖而友好的学习环境。

老师碰到错误的回答时，重要的是问一问全班同学的想法，而不要急不可耐地自己去纠正。虽然听到学生说出想法之前那无声的几秒钟可能看似很漫长，但这个时候可能就是学生真正进行学习的时候。

应当避免

应当注意，学生们分享答案的时候，老师不能回到讲台上去查看自己的电子邮件或者整理教学材料。在学生当中走动走动，不但能让他们不脱离正轨，还会表明你真的关注他们对所学内容的理解，从而增进师生之间的融洽关系。

原则推广

"思考—结对—分享"法可以与任何一种能够促使学生思考的提示一起运用。这种方法被广泛应用于从人文科学到社会科学，再到理工科（STEM）的各种知识性学科领域。

不知道要从哪里开始吗？下面就是一些句子形式的开场白，你可以试一试。

» 用你的弟弟妹妹或者朋友能够理解的话，解释一下_____。

» 在1分钟的时间里，开动脑筋，尽量想出制作_____的众多例子或者方法。

» 如果_____，说明哪些方面会出问题。

» 用一个词描述某个故事中的主角，然后用主角在故事中的
具体想法和行动，证明这个词是恰当的。

本章要点

»   "主动式学习"有一种普遍理解的定义，那就是通过课堂活动和/或课堂讨论，让学生专注于学习过程。其中常常包括某种形式的"提取练习"，而不是让学生被动地聆听一位专业人士的讲解。主动式学习强调更高层次的思考，并且经常涉及与搭档协作或者小组讨论。

»   从神经科学的角度来看，主动式学习有助于在长期记忆中神经连接的创建与巩固，而这些神经连接又是对所学内容进行基本的和更高层次的概念性理解的基础。它常常是"边连边学"中"连接"阶段的组成部分，并非所有学习都属于主动式学习。

»   陈述性学习途径会把信息从工作记忆发送到海马体（为信息编制索引）和大脑新皮质（将信息储存进长期记忆）。

»   从工作记忆传送到海马体的信息流中断之后，海马体可以转向大脑新皮质，通过一遍又一遍地告诉后者应当分别强化和弱化哪些连接，来巩固所学的知识。

»   学生转向像"思考—结对—分享"之类的协作性练习，或者自行对所学内容进行适度思考时，大脑就会自然而然地得到休息。就像进行体育活动时需要把剧烈运动与休息结合起来一样，学习也须结合艰苦的脑力活动与精神休息，才能取得进步。

» 鼓励多做"提取练习"，因为它可以加速大脑新皮质内
神经连接的巩固速度。"提取练习"让我们能够在不用
经由海马体的情况下，通过工作记忆更直接地提取储存
于长期记忆中的信息。

告别拖延症

你几乎嗅得出教室里弥漫着的紧张气氛。艾丽西娅拿出笔记，最后看了一眼。她手中的铅笔紧张地敲击着，让坐在旁边的迈克尔很恼火。迪亚哥把指关节捏得噼啪作响，而学霸塔米卡则带着紧张而自信的表情，理了理自己的头发。

山姆呢？啊，山姆！他满脸疲惫。考试之前，山姆一向都会显得昏昏欲睡。有一次，他竟然在考试期间睡着了，还把口水淌到了好不容易做出的寥寥几道题的答案上。（你还记得给他的试卷评分时，你是多么地小心翼翼呢。）

有的时候，班上的学生之所以显得疲惫，是因为他们的家庭生活很不顺。可山姆不属于这一类。的确，他的父母都是忙忙碌碌的职业人士，但他们很爱自己的儿子，与儿子之间以及夫妻之间的关系都很融洽。事实上，山姆也是一个聪明的孩子，可他只喜欢干自己认为有实用价值的事情。数学课上学到的交换律和结合律？忘记吧。不过，想要请人改装一下你的汽车引擎？13岁的山姆就是你要找的人。

所以，让山姆去参加考试，还会有什么结果呢？

拖延症：学生的首要问题

你或许已经猜到，山姆是个拖延重度患者。可与此同时，他又不想让父母感到失望。这种动机上的两面性，就意味着他往往会拖到最后一刻才去学习，比方说在考试之前开夜车。他会尽力死记硬背，直到天亮前才睡上几个小时。就算他是个聪明的孩子，可在如此紧张的最后时刻，很少有人能够学到什么东西。

你可能认识许多拖延习气比山姆更加严重的学生。尽管有的时候他们是真心想要学习，却还是会把什么事情都拖到最后一刻。然后，他们就会意识到自己陷入了多么绝望的境地，可为时已经太晚。到了那时，连"临时抱佛脚"也无济于事，他们只有放弃了。

假如你想为学生找出他们的主要问题，那么拖延症就是个不二之选。据心理学家皮尔斯·斯蒂尔（Piers Steel）估计，"80%~95%的大学生都有拖延症，约有75%的大学生认为自己是拖延者，而差不多有50%的人因为拖延成性而产生了问题"。[1]大学生之所以如此，是因为他们在幼儿园到12年级这期间，有很多能养成拖延习气的时间。你可以通过尽早解决他们的拖延倾向，让学生的生活出现重大的改观。

拖延的时候，大脑中会发生什么

首先，我们必须了解拖延症产生的原因。心理学家已经为我们指出了无数种成因。或许，其中最根本的一点就在于，山姆和其他喜欢拖延的学生（甚至包括你！）一想到自己不喜欢或者不想去做的事情，就会让大脑中的岛叶皮层（insular cortex）产生疼痛感。岛叶皮层是大脑中处理疼痛信号的一个部位。[2]像山姆这样的人，又会如何去应对这些不适感呢？很简单。他只要想着其他的事情就行了，想着其他任何事情都行。逃避具有魔法一般的作用，可以带走当下的痛苦。可问题在于，他不过是在拖延罢了。这样做会让他付出长期的痛苦代价，比如在半夜里紧张得睡不着，然后在考试过程中却呼呼大睡。

更加糟糕的是，山姆还会让"边学边连"这一过程发生"短路"。他的大脑需要时间来巩固知识和创建新的神经连接。倘若山姆在重大考试的前夜睡眠不足，他的大脑就完全无法把跟他熬夜学习的内容相关的新生树突棘封存到位[3]。新学的知识就像倒进滤网的水一样，会径直再次漏掉。

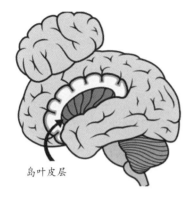

学生：一想到他们不喜欢或者不想去做的事情时，岛叶皮层就会迅速产生不适感和痛苦感，它是大脑中处理痛苦感的中枢。

岛叶皮层

赛车型学生的拖延症

令人惊讶的是，赛车型学生可能是最严重的拖延者之一。他们之所以会养成这种习惯，是因为小时候学习非常轻松。最后时刻快速瞥一眼所学的内容，就足以让他们应付考试了。只不过，思维敏捷的赛车型学生一旦开始学习难度较大的课程，就有可能面临成绩大幅下滑的严重问题。他们从初中升到高中，或者从高中升入大学时，有可能特别难以转变过来，因为这种学生完全没有学会与课堂同步的方式学习。

徒步型学生的拖延症

尽管徒步型学生的工作记忆容量较小，但他们仍然可以轻而易举地胜过赛车型学生。他们可以通过在长期记忆中创建大量经过了充分练习且范围广泛的神经连接组，来实现这种骄人的壮举。就算他们的工作记忆可能无法记住太多知识，但由于他们置入长期记忆中的神经连接组会大量工作，因此会将工作记忆的负担降至最低程度，从而弥补这种不足。徒步型学生能够像赛车型学生一样进行难度很大的思维处理，只不过徒步型学生主要是在长期记忆中进行这种思维处理，而不是在工作记忆中进行。

需要注意的是，徒步型学习者需要的练习比赛车型学习者多，因为徒步型学习者需要时间来构建其长期记忆中的那些神经连接。这也是拖延会给徒步型学习者带来诸多挑战的原因所在[4]。幸好，学习积极性较强的一些徒步型学生很早就懂得了拖延症很危险的道理。而赛车型学习者却可能要到很久以后——当拖延变成了一种难以改掉的恶习，才会明白拖延的危险性。

如何保持学生的积极性

此时，你可能正在想：对于积极性，神经科学肯定能够为我们提供一些有用的知识！是的，确实有。事实上，神经科学表明，仅仅让学习变得更有意思的"常识性"（因而也是靠不住的！）激励方法，有可能带来适得其反的作用。我们将在第7章更加详细地讨论积极性的问题。

目前，我们先从学骑自行车的角度来看待学习积极性。学骑自行车可能很困难，因为你有可能摔落、划伤和擦伤。不过，渴望自己能像社区里所有快乐、成功的自行车骑手一样去骑自行车的心态，会激励初学骑车者克服刚开始时的跌撞和疼痛。

优秀的老师会通过提供过渡性的激励措施，让学习回报显得更加直接，让每天的学习成果显得更有价值，来帮助学生掌握所学知识中一些较难的方面。最重要的是，学生可以看到希望，会产生一种掌握了所学知识的快乐感。优秀的教学方式能够让学生爆发出来的灵感与积极性，并不是我们能够加以遏制的东西，起码到目前为止是无法遏制的。

请你一试：用"番茄工作法"解决拖延问题

克服拖延症，让学生集中注意力、避免一心多用的最佳办法之一，或许就是"番茄工作法"（Pomodoro Technique）。它是意大利的弗朗西斯科·西里洛（Francesco Cirillo）在20世纪80年代开发出来的。（Pomodoro就是意大利语中的"番茄"，因为西里洛当时用到了一个漂亮的番茄形计时器。）如今我们知道，西里洛的方法与神经科学中关于调节注意力的最佳办法是完全一致的。

"番茄工作法"非常简单。一项学习任务很重要、完成起来却很容易拖延的时候，学生（以及你）需要做的就是：

　　1．将所有让人分神的东西都拿走或者关掉，尤其是要关掉智能手机的提示音。

　　2．用定时器设定25分钟，并在这25分钟里尽量把注意力集中到学习任务上。

　　3．让精神放松5分钟。

　　4．必要的时候再来一次。完成第三遍或第四遍"番茄工作法"后，休息半个小时。

　　这种效果强大的方法，全部内容不过如此。但它既可以教会学生在短时间内集中精力学习，同时还可以让他们得到训练，躲开社交媒体那种令人成瘾的召唤。

　　"番茄工作法"中的放松部分尤为重要。我们这些老师往往认为，学生只有在集中注意力的时候才能学习。不过，正如我们在"合唱队的比喻"（"指挥""妮奥"和"希普"）中所言，海马体需要经常性的短暂休息，才能去教导大脑新皮质。大脑把新信息调整到位的同时，也在进行大量有价值的学习。即便你看上去完全是在休息也会如此。

　　学生处理放松休息时间的方式也特别重要。如果他们利用休息时间抓起手机阅读信息、浏览社交媒体，这种干扰就有可能覆盖他们刚刚输入海马体中的信息，而不是让海马体能够转移信息、减轻负担[5]。（这种情况，有点儿像是新来的乘客不断拥入一节地铁车厢，把其他乘客从车厢的另一边挤下去，导致后者下错了站。）最佳的休息方式就是让精神放松下来，可以闭上双眼、沿着走廊散散步、喝点水、去趟洗手间、抚弄一条狗、画画、听一首最喜欢的歌曲（或许，你还可以随着音乐起舞！）或者做其他类似的活动。

　　尽管我们提醒你不要使用手机，但我们也承认，网上有许多的"番茄工作法"应用程序，（"Forest专注森林"就是其中特别流行的一款），它们可以把"番茄工作法"游戏化，使之变得更加有趣[6]。虽说"番茄工作法"最好是学生在家里进行，但你也可以在教学时创造性地加以运用，其间你还可以趁机示范这种方法。运用"番茄工作法"时，你应当让学生在课堂上安安静静地完成一项学习任务，等到做完之后，就让他们享受一段放松而短暂的休息时间。当然你必须根据一节课的时长和学生独立学习的能力，对这种方法的运用时间加以调整。在前文中我们提到过一条经验法则，可用于判断典型的注意力持续时间；这条法则，也适用于"番茄工作法"。假如你觉得学生的年龄可能太小，还不足以完整地运用时长为25分钟的"番茄工作法"，那就可以给他们进行时长为"学生岁数+1分钟"的"番茄工作法"。比如，9岁的学生就可以进行10分钟的"番茄工作法"。

学生为何会拖延

我会拖延，你会拖延，大家都会拖延，我们的学生尤其如此。下面就是上语言艺术课的七年级学生在回答"你为什么会拖延？"和"拖延的后果是什么？"两个问题时给出的一些答案，以及我们为克服拖延习气而提出的一些建议。

- 我在课堂上会拖延，也不知道怎么写作业。我考试不及格，还被别人取笑。
- 我喜欢先做简单的功课，把难的功课往后拖。要是太难的话，我就干脆告诉老师，说我尽力了。

懂得如何开始，对一些学生来说有可能是一大障碍。刚开始的时候进行一对一的指导或者以小组为单位进行指导，可以让这些学生走上正确的道路。对许多学生而言，坚持完成一项具有挑战性的学习任务，则是另一件普遍难以做到的事情。你应当在学习任务难度变大的时候回到那些学生身边，查看他们的进步情况。然后，必要的时候你还应当帮助他们。

- 我做家庭作业的时候会拖延。我会经常开小差，注意力不集中。意识到自己是在拖延之后，我就会回过神来，赶紧写作业。

- 我会坐在那里，一边盯着自己必须完成的功课，一边想着我原本可以干多少其他的事情。老师一般都会厉声斥责我，然后我就会继续学习。

无论是在家里还是在学校里，"番茄工作法"都非常适用于那种知道自己要干什么却无法集中注意力的学生。当学生有获得短暂休息的盼头，比如可以利用休息时间去跟朋友聊聊天、炫耀一下他们刚学的舞蹈动作、吃点儿零食，或者到社交网站上看一则短视频时，他们就更有可能坚持完成学习任务了。

对有些学生而言，光靠"番茄工作法"可能还不够。你应当更经常地回去查看，确保他们是在完成学习任务。你可能需要给他们设定一些较小的目标，比如告诉学生说："你有2分钟的时间做完第一题。"然后，你一定要转回这位学生的身边，让其心怀责任感，取得进步。

- 我拖延的时候，通常都是学校布置了学习任务的时候。我会拖到要交作业的前一天晚上，然后妈妈就会冲我大吼大叫，但她还是会确保我按时完成。

这位学生已经深知家长会帮助她摆脱困境，因而强化了其拖延习气。老师可以帮助学生定好他们在整个任务截止日期之前每天必须在家里或自习室里完成的目标。到了小学高年级和中学，老师通过作业手册或者电子邮件与学生的家长沟通整个学习任务和每日的目标，会让学生变得有责任心。

学生们有一大堆的理由来说明他们拖延的原因。有些人说"我在压力之下学习得更好"这样的话时，连自己都信以为真了。但老师知道真相，因为你已经见过他们那种匆匆忙忙、毫无章法的学习效果了。

如今的学生的确很忙，因此他们说"我有太多的事情要做"时，并不是在瞎编。除了繁重的课程安排，他们经常还要参加课余体育活动、俱乐部、舞会、小组旅游，用社交媒体，打工以及参加更多的活动。这种活动繁多的现象，正在蔓延到年龄越来越小的学生群体当中。难怪学生们会不堪重负，要拖到最后一刻才去完成你布置的作业了。他们是在优先处理当下摆在自己眼前的事情，而不会提前考虑到接下来的几天或未来数周里的事情。

拖延症尤其有害于学生

你会看到，在重大考试之前的最后几个小时里，食堂、自习室甚至是在走廊里排着队的学生，都在拼命地背诵摘记卡上的知识。比如说，假设学生们正在为参加一场考试而学习，他们需要知道美国《宪法》那27条修正案的所有内容。一些学生在考试前的几天里，甚至是到了考前的最后时刻，都把时间花在学习和自我测验上。其他一些看似学霸的学生则会拖延到考试前夜才花几个小时去背记知识，却会在第二天的考试中拿高分。

不过，同样是这些学霸型学生，最终却有可能在一场涉及深入理解民主或者深入理解最高法院职能的考试中不及格。为什么会这样呢？因为尽管优质的学习效果往往包括在长期记忆中创建连接，可它通常都没有背记术语那么简单。深度学习（deep learning）常常还涉及理解一些难懂的概念。无论学生上的是幼儿园、中学、高中还是大学，这种知识都需要时间才能掌握。

为什么深度学习需要时间呢？因为它涉及创建具有创造性的新的神经连接。这不是一个沉闷乏味的过程，不只是某个随机的神经元与紧密相邻的另一个神经元进行连接。它更像是一个不同寻常地考验新神经连接的过程。假如那些连接无助于理解概念，大脑就会去尝试一组不同的连接。然后，再去尝试其他不同的神经连接。有时，为了理解一些复杂难懂的概念，大脑还需要运用到截然不同的神经连接组！学生学习具有挑战性的新知识时，他们的神经系统也在无意识地进行大量的深层分类拣选。

大脑找到和创建出那些显著的新连接时的最佳方式，就是从专注模式（focused mode）转入发散模式（diffused mode）[7]。你或许已经猜到，专注模式就是你努力解决一个问题时把注意力集中于问题之上的状态。（或者是好动的学生一旦发现手里拿着一台平板电脑，马上就会一心一意开始玩时的那种状态！）

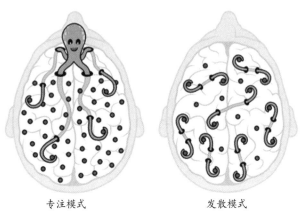

专注模式   发散模式

在专注模式（接触长期记忆中的神经连接组时，工作记忆会集中注意
力）和发散模式（此时可以形成随机连接）之间转换，有助于学生在心理上
去努力应对难以理解的新概念。

在专注模式下，工作记忆是在海马体和大脑新皮质的神经元
当中创建连接。从上面中的左侧小图中，你就可以看出这一过
程。另一方面，发散模式则是大脑从对外部事物的专注中稍事休
息时的状态，如上面的右侧小图所示。在发散模式下，工作记忆
将不再发挥作用，大脑则会下意识地开始创建随机连接。发散思
维就是你在做白日梦时，或者沿着走廊散步、洗澡、入睡时胡思
乱想的那种思维状态。

重要的是，你应当告诉学生，第一次尝试时理解不了某种难
懂的知识，是一件相当正常的事情。学生在学习中开始陷入困境
后，有些人往往是首先更加努力地去尝试。毕竟，我们这些老师

经常强调不半途而废极其重要。不过，就像只要稍微多加一丁点儿重量就会垮塌的纸牌屋一样，一些学生最终还是有可能心怀厌恶之情地放弃，说一些像"我完全不擅长数学"或"我不能……"，或者更严重的，"我讨厌……"之类的话。老师有没有把成长型思维（growth mindset）的相关知识教给学生，这一点并不重要，因为他们的情感会无情地践踏理智。沮丧感会让他们彻底放弃，去做任何能够让他们逃避岛叶皮层中突然出现的痛苦感的事情。

不过，当一名学生开始陷入沮丧的时候，也正是他应该后退一步，把注意力从这个概念上移开的时候。只有把注意力从概念上移开，学生才能进入发散模式。发散思维能让学生的大脑转入幕后运作，从而在他们休息、吃午餐或者课后玩耍时随机地去探索一些新的神经连接。过后，等学生回到之前受挫的地方后，情况就有可能像变魔术一样。之前学生完全搞不懂的东西，有可能突然之间就看似简单得很了！

学习常常涉及在专注模式和发散模式之间来回切换。（有意思的是，研究最终有可能找到方法，让我们可以运用某些呼吸技巧来进入一种状态或者另一种状态。）假如你在学生陷入沮丧之前就把专注与发散过程的知识教给他们，那么，这种预先提醒就能发挥出预防医学的作用。你应当鼓励学生，如果学习过程中发现自己变得越来越沮丧，那他们就应该休息一下了。过上几个小时，或者睡上一夜到第二天之后，学生再回过头去，解决之前让他们受挫的问题。要记住，睡眠就是大脑中的大量神经化学物质助力学习过程的时候。

你可以想见，在这两种模式之间转换也需要时间。可学生若是拖延成性，要等到最后一刻才去做作业，那么，他们缺少的恰恰就是时间。

你可以教导学生，应当努力去理解一个难懂的概念，直到他们开始觉得难以继续下去为止。到了此时，他们就该放下那个概念，在学习不同的知识或者进行休息的同时，用发散模式去"放任连接"。待学生回过头再去理解那个概念时，他们就能取得令人惊讶的进展了。这种情况有点儿像是发射一架纸飞机。你必须努力将纸飞机送入空中，它才会开始自行翱翔。

清楚什么时候受挫感已经达到了顶点，故应把注意力转向其他东西或者休息一下，是一种非常重要的学习元技能。这种技能在考试时尤其有用，因为在考试中，学生一旦被某个问题卡住，他们常常都无法做到自行脱身。

"由难开始"的考试方法

对于在学习上耗费了大量时间的学生而言，有一个很不错的方法可以让他们在考试中取得好成绩，那就是运用"由难开始"法（hard-start approach）。要想运用这种方法，试卷一拿到手，学生就应当快速地浏览一遍，找出其中最难的题目。它就是学生首先应当试着去解答的题目。不过，一旦觉得自己被那道难题卡住了，学生就应尽快放手。这种情况通常都出现在考试开始之后的一两分钟内。

运用"由难开始"法的时候，学生被难题卡住之后，就应当强迫自己转而去做一些比较简单的题目。做一阵子较为简单的题目，可以让发散模式在后台同时处理那道较难的题目。过后，等学生把注意力重新集中到难题之上，他们常常就能做出那道题目，或者起码也会取得较大的进展了。

相比于从最简单的题目开始、到考试结束前再去解答最难的题目，"由难开始"法的效果要好得多。若是等到考试结束前再去解答难题，由于此时学生的精神早已疲惫不堪，剩下的时间也太少，故他们会倍感压力。"由难开始"法则是利用发散模式，把大脑当成一种"双核处理器"，从而让它在后台解决难题。

当然，如果学生没有为考试做好充分的准备，那么他们最好还是从容易的题目开始做起，能得多少分就得多少分了。

请你一试：帮助学生克服拖延的更多方法

1. 跟学生一起创建任务清单。将他们已经完成的任务从清单上划掉，会给学生带来一种自豪感和成就感。有些学生还需要老师去协助他们确定学习任务的优先顺序，并且制定一个时间表。

2．帮助学生解决他们的混乱状态。倘若他们的日常生活乱成一团，那么他们就很难在学习上取得效果。就算是在学生做了功课的情况下，他们可能也无法交上来，因为他们有可能找不到作业。井井有条，是学生获得成功的关键。一项通常可能只需10分钟就能完成的作业，假如学生需要在乱糟糟的抽屉里、笔记本堆里或者桌面上才能找到的话，他们可能就要耗上一个多小时才能完成。

3．培养学生的责任感。假如你不经常检查，学生就不会去做作业。开始上课时，可以让学生跟同桌相互出示他们的作业并进行讨论，或者以小组为单位进行，而你则在教室里四下走动，亲自检查。如果你和同学会检查作业，那么完成你布置的作业就会变成学生的一项优先任务。检查作业还有一个附带的好处：以这种方式开始一堂课，会在讲课之前刷新学生的记忆。对作业完成得好的同学进行分数奖励，也很有效果。

分析教学：分解——应对艰巨任务的方法

教学设定

你刚刚结束了紧张的一周，给学生讲完了第二次世界大战中的重大战役。你布置给学生的作业又是什么呢？他们有两个星期的时间写一篇论文，论述对这场战争的结果产生了影响的两桩事件。（注意，这项作业极具开放性。过后，你可以提供具体的范例性作业供学生去进行评估，而不用担心学生唯一的办法就是照抄你所给的范例。）

你希望收到的是一篇篇含有多个段落的论文，其中还应包括对一些军事战略的详细阐释，以及说明文化与技术如何对关键事件产生了影响的例子。毕竟，你耗费了数天的时间讲解这些复杂的概念，而学生也做了大量的笔记。

可等到坐下来批阅学生所写的论文时，你却会震惊不已。学生所写的文章都属泛泛而谈，都是随机地复述他们记得的零碎知识。你是在费劲儿地批阅学生们匆匆完成、杂乱无章且毫无价值的作业。

斯大林格勒战役（Battle of Stalingrad）中正在发起进攻的苏联（Soviet）士兵。有的时候，仅仅是试图传达这些重要的历史事件，并让它们留在学生的脑海里，就像是一场战斗。

学生脑海中的情况

大多数学生都会心想：我的时间充裕得很——尤其是因为上交作业的日子不会马上到期。可对那些喜欢拖延的学生来说，时间却总有流逝的一天。他们会等到作业截止时间的前一天晚上，或者更糟糕的是，要等到上课前进了自习室的时候，才从笔记里找出一些不连贯的片段，匆匆忙忙地赶完作业。

如何预防拖延

喜欢拖延，是学生成绩不佳背后的一个主要原因。如何预防这种问题呢？你可以为学生完成作业搭建支架，把他们要写的论文分解成一些中间步骤，并且为其中的每个步骤分别规定截止的期限，而不要任由学生自行去决定。（是的，我们在此是有意使用了双关①，因为查看社交媒体要比撰写一篇论述第二次世界大战的文章有吸引力得多。）

你的目标就是通过在中间阶段给学生提供反馈意见，从而指导他们在此过程中写出一篇高质量的论文。要知道，你最不愿意看到的就是学生把批阅过了的论文拿回去时才意识到你对高质量的要求是认真的，可为时已晚。

下面就是一个运用"中间任务"法来撰写论文的范例。应当

---

① 英文中"任由某人自行决定"是leave sb. to one's own devices，其中的device一词又有"（电子）设备，终端"的意思，对应于后文中的"社交媒体"，故作者才有"双关"一说。——译者注

检查学生是否在每个截止时间之前完成任务，并在整个过程中为他们提供关键性的反馈意见。每天在学生中间走动和查阅他们的作业时，你都应该让他们与同桌协作，分享当天完成的任务。班上其他同学都在写作业或者评阅彼此的作业时，你就可以去帮助那些遇到了困难的同学。

用"中间任务"法来撰写论文的范例			
截止日期	任务	该任务可帮助学生	学生与同桌可以
3月6日	拟好论文主旨的草稿，并以2个设想加以支撑。	可帮助学生尽早选定他们想要研究的两桩事件。	为学生提供一个与同桌一起开动脑筋的机会。过后可以组织一次"快速循环"，听一听每个学生的论点。
3月7日	提供3份参考文献。每份文献都有一个要点，说明参考文献所支持的观点。	可帮助学生查找和阅读与他们选定的两桩事件相关的参考资料，亦有助于学生获得格式正确的参考资料。	学生可与同桌分享参考资料。调查研究做得越多越好。如此一来，学生就有可能获得6种不同的参考资料，而不只是3种了。
3月10日	列出论文提纲。	促使学生把每桩事件的参考资料组织成一个合乎逻辑的论点。你的自言自语会帮助学生学会如何组织他们的材料。向学生展示一篇不同主题的论文提纲作为范例。完成大纲时，大声说出你的思维过程。	让学生按照你的方式，向同桌大声说出自己的提纲。同桌可以提供建议，并对论文每一部分做出的逻辑论证加以讨论。
3月12日	拟定引言的草稿。	有助于学生想出激发听众兴趣的方法。一桩历史逸事？令人震惊的统计数据？影像资料？学生可以选择不止一种吸引注意力的技巧，结合运用。	可以把这一过程变成4人小组之间的友好竞争，然后将他们最有说服力的一份引言分享给全班，让全班进行投票。

3月14日	打好草稿：将第一件对战争结果产生了影响的事件论述组织成正文段落。	学生此时已经做好了准备工作，会更加容易撰写出内容丰富的正文段落。可以提醒学生，应把参考资料和提纲当成指南。这样做，可以迫使学生超越他们的个人观点，并去研究他们的证据来源。要求学生在论文中把源自参考资料的内容加以突出，从而让他们直观地意识到，自己是否有可能存在抄袭的问题。	为了防止出现言之无物、似是而非的观点（比方说："第二次世界大战是一场屠杀了很多人的大型战争"），应当让学生的同桌分享其所用资源的背景材料，其中至少应当包含2个没有在课堂上讲解过的、具有挑战性的原创观点。在这一阶段，还要鼓励同桌留意对方可能在无意中出现的抄袭问题。学生往往会过度依赖参考资料中的词句。
3月17日	打好草稿：将第二件对战争结果产生了影响的事件论述组织成正文段落。	重复之前的做法，让学生按部就班、跟上进度，并且允许他们考虑多种观点。	学生通常都很难以做到详细论述相关的细节。你可以让学生的同桌回答这样一个问题：你想要了解哪个方面的更多内容？
3月19日	小结。	学生应回过头去看一看他们用来吸引听众注意力的方法，再次检查它是否仍然中肯，并且考虑如何将其融入论文的小结中去。这项任务，也会迫使学生去检查自己的论证流程，并且找到要点，将它们纳入到小结当中。	让同桌强调过渡词、过渡短语和过渡性的句子，从而让学生注意所写论文的流畅性。此时，学生还应注意CUPS 4个方面的错误（即大写、用法、标点符号与拼写）。
3月21日	终稿截止日期。	花5分钟的时间，确保学生按照你想要的格式提交作业。比如学生的名字应当注在论文前面、提纲应附在文后，等等。没有什么事情会比批阅一堆杂乱无章的论文更糟心的了。	让学生的同桌再次仔细检查一遍，确定作业可以提交了。

学生通常都不具备将一项大型任务分解开来并且逐步完成的时间管理技能，而在他们不断受到电子游戏、体育活动、收发短信和其他社交活动的吸引时，就尤其如此了。通过创建一些具体的、时间较短的任务，将它们作为整个学习任务的构建模块，你就会向学生示范出那些能够预防拖延习气的有效策略。在这个例子中，你不但让学生了解到了一些重大战役对第二次世界大战的影响，也教给了他们如何在不拖延的情况下去应对一项重大的任务。在这一过程中，你给学生示范了一项他们将终生受用的技能。尽情庆祝他们取得的成就吧！（记住，有些学生需要看到你多次示范过这种方法，才能牢牢记住。）

为了让学生在完成每个阶段的任务时都能集中注意力，你可以试着让他们运用"番茄工作法"。一旦所有学生都做好了准备，即他们已经削好铅笔，或者打开了"谷歌文档"，你就用定时器设定25分钟，然后按下开始键。时间到了之后，你可以给学生3～5分钟的"自由时间"作为奖励；也就是说，你可以让全班做做瑜伽动作，让学生跟同桌聊聊天，或者迅速去一趟洗手间。假如学生知道自己集中精力学习一段合理的时间之后会有一次休息，他们就会控制住要去洗手间的冲动，会减少其他的干扰，一直集中注意力，并且在学习期间变得效率十足。

本章的主题就是防止学生拖延。将作业分解成一些中间步骤并且做出时间安排，就是防止学生要等到最后一刻才去完成任务的必要之举。但是，如果不把优质教学的两个基本要素（即评价标准和范例）纳入其中，我们就是不负责任了。

如果从开始布置每一项重要作业的时候起，就向学生讲清楚评分指南（即评价标准），概括和说明你要评估的一些关键属性和技能，这种做法是很有好处的。如此一来，学生就会知道，他们在完成作业时应当把精力集中到哪些方面。我们建议，你应当在构思作业范例的时候就制定好评价标准。在创建范例的过程中，你既能明晰自己对学生的期望，又能针对学生可能碰到的一些陷阱设计出相应的微型课程。

评分标准的3个组成部分以及得分的指导原则[8]

1．你的评估标准。权衡哪个方面最为重要。这就意味着，你应当把注意力集中到学习效果，即作业要考查的基本知识和技能上。我们很容易把一些与作业的考查目的不相符的附带条件也纳入进去。（尽管讲究美观和强调及时完成任务都很不错，但一名学生真的应该因为使用了11磅的字体、没有用12磅的字体而失分吗？）举例来说，在一项典型的写作任务当中，评分标准可以包括中心思想、内容、条理、结论，以及CUPS问题（即大写、用法、标点符号与拼写）。你的心里可能很清楚中心思想是个什么样子，可学生却无法看出你的心思，并且很可能不会跟你抱有同一种观点。因此，你应当把评估标准表述清楚。这一点就会引出评分标准的第二个组成部分。

2．明确描述出每条标准要达到的期望。例如，对于"中心思想"，你有可能是指学生的论文引言中应当含有一个主旨句，并在整篇论文中用多个论据去加以证明。"内容"部分有可能包括论据的逻辑性、信息的准确性，以及引述参考文献的地方很少。学生需要这些明确的描述。那样的话，在提交最终的作业之前，学生就能轻松地去回顾自己所写的论文，并且进行自我评价。你把期望表述得越具体，学生的成绩就会越好。

3．分值或评分等级。武断地规定每条标准为10分之前，你还应当考虑一下每条标准对学生的认知要求。通过整合多种资源来为一个论点提供支撑的难度，要比发现语法错误大得多。（只不过，语法规则也很重要。）与其直接给每条标准赋予一个分值，倒不如考虑一种稍微不那么直接的方法，为每条标准采用一种具有不同层级的评价量表呢。如此，你就可以将超出预期定为4分，达到预期定为3分，接近预期定为2分，而离预期尚有一定距离定为1分了。使用评价量表的时候，应当明确说明每个等级应当达到的期望值。

有一个具有争议性的问题，那就是评分标准常常有助于老师去评估学生对所学材料进行的陈述性阐释。但我们在第6章将看到，学生能够写下或者说出你想要的那些话语，并不一定说明他们理解了那些话语的意思。研究已经表明，评分标准有时可能会让我们对评分决定的准确性产生一种虚假的安全感[9]。

提升分析的层次

通常情况下，学生自己阅读评分标准时，并不明白你对他们的要求是什么[10]。在学生动笔或者用电脑开始撰写论文之前，向他们展示你即将评估的具体标准的样例并且展开讨论，是一种很有好处的做法。仅举一个例子可能不够，你还会面临学生抄袭所给例子的风险。实例和非实例结合起来，则可以让学生展望他们成功的前景。

1. 给每位学生分发一份质量平平、与全班将要完成的作业相类似的范例论文或专题论文副本。应当确保范例中含有学生容易出现的错误种类。让学生运用你的评分标准，将这篇论文评为二等[11]。

2. 让学生与另一名同学结成对子，将他们的评分标准协调一致。让全班学生就他们的总体印象展开讨论。

3. 向学生出示你给同一份论文的评分结果，并且组织讨论。

一旦你开始这样做，那么，假如看到初次尝试的效果就要比以前采用的任何做法都更好，你也不必感到惊讶了；当然，这种方法对那些经常超出老师期望的尖子生的效果除外。你的所有学生将开始明白，你希望的结果究竟是什么，又有哪些错误必须避免。

应当避免

老师在布置写作任务时，往往会大声向学生读出写作提示，然后问他们有没有什么问题。学生则有可能像谚语中那头在汽车前灯下惊慌失措的小鹿一样[①]，因为大感震惊和全然困惑而根本想不到要举手提问。由于没有问题需要回答，老师就会错误地以为学生明白任务是什么，然后就去讲解下一个单元了。

原则推广

上述做法，可以推广到众多的科目和各种类型的作业上去。例如，在数学课上，经过老师的指导练习之后，学生通常都会利用一节课最后的部分时间，独立解答老师布置的题目。用计时器定时、允许学生有两三分钟的休息时间，会让学生一直集中注意力和完成学习任务，而不会让他们拖拖拉拉，直到这节课结束。

随着学生日益熟悉你的期望，你可以给他们布置作业，并且让他们自己把作业分解成若干项中间性的任务。其间学生还应当给自己定下最终完成任务的期限。对于你希望学生在课外完成的学习任务而言，自我责任感尤其重要。

像拖延这样的习惯，有如一种慢性毒药。它们有可能逐渐蔓

[①] 原文为deer in the headlights。这是一句谚语，因为鹿在黑夜里看到一辆开着前灯的汽车驶来时，会站在原地一动不动，所以这句谚语常用于指"惊慌失措"。——译者注

延到中学期间，并且会给学生上大学时的成绩和长期的职业生涯拖后腿。学会把较大的任务分解成一项项易于管理的小任务，就是你希望学生能够掌握的一项生活技能。

防止拖延的方法

说到给学生评分，老师们（其中也包括芭芭拉、贝丝和特伦斯）常常也会拖延。然而，说到批阅论文，由于你在学生撰写的过程中已经检查过他们论文的部分内容，因此评分工作就有可能变得不那么繁重了。你可能认为，把论文分解成多个较小的部分，会增加你评分时的工作量。从一定程度上来看，确实如此。不过，学生收到你的第一次反馈意见之后，就会开始认识到，你对待优质作业的态度是很严肃的。于是，他们就会开始提高作业的质量了。

不过，我们还是应该面对现实，因为批改书面作业既费时间，也需要你集中注意力。我们这些老师其实跟学生差不多，也有可能因为其他一些与工作有关的职责、家庭义务和娱乐活动而分心。

要想克服自身的拖延倾向，不妨采用你针对学生所运用的那些方法。例如，若是全班有60份作文，那么你可以在批改每一份作文之前，先浏览一下所有的作文而不进行评分，以便了解学生作文的整体情况。在刚开始的这一步，你的手中不应当拿着笔，以防你忍不住要去批改，从而拖慢这一步的速度。

接下来，你可以根据学生作文需要加以注意的不同程度而将它们分成数堆。下班离开学校之前，你应当批改一堆。将另一堆带回家，趁着电视上放广告的时候（假如你看电视的话）、与家人或者独自度过了一段愉快的时光之后进行批改。至于最后的一堆，你可以在第二天早上稍微比平时早起一点儿进行批改。

假如坐在整整一大摞、数量多达60篇的作文前面，你就会把更多的时间花在畏惧这一任务上，而不是开始动手去完成批改。最重要的是，这就意味着那只亲切的"番茄"计时器不只是学生才需要的东西了！你同样应当给自己设定25分钟，过后再给自己3～5分钟的休息时间放松一下，去叠一叠衣服，喝一杯茶或者别的饮料犒劳犒劳自己。

本章要点

» 拖延是学生面临的最大挑战之一。为学生提供具体的方法来让他们克服拖延的问题，可能是老师能够给予学生最重要的礼物之一。

» 哪怕你只是想到自己不喜欢或者不想去做的事情，都有可能导致你产生痛苦感，从而促使你去想别的事情。这样做的结果，就是拖延。

» 学生的年龄越大，其拖延习惯就会变得越根深蒂固，可能也就越难改变。

» 在教给学生如何开始做任务、坚持完成任务以及避免分心等方面，"番茄工作法"尤其有效。

» 学习的时候，大脑会在专注模式和发散模式之间来回转换。专注模式是指高度集中注意力，发散模式则涉及精神上的放松。

» 学生往往会在完成难度较大的作业时拖延。你应当建议学生先学习（专注模式）到开始感到沮丧的时候，然后休息一下（发散模式）；必要时他们可以在这两种模式之间转换，以便取得进展，并且减少学习困难科目时产生的焦虑感。

» 考试时的"由难开始"法，是指从解答最难的题目开始，然后，一旦产生"卡住了"的感觉，就不再理会那道难题，转而去做那些比较容易的题目。如此一来，发散模式就可以在后台运行，从而能让学生在过后再去做那道难题的时候取得进展。

» 纠正学生的拖延习气至关重要。你可以采取下述措施来做到这一点：

1. 创建有待完成的任务清单。

2. 清理杂乱无章的环境。

3. 增强学生的责任感。

5

人类大脑的进化

及其对教学的影响

保罗是一个天生的运动员。对他来说，做后空翻就像呼吸一样自然，只需起身一跃，双腿在胸前蜷起。他很轻松就做了个后空翻，干净利落地双脚着地了。棒球？足球？都没问题。他就是一个明星。

就连骑自行车，对保罗来说也易如反掌。5年前，他曾看到哥哥罗伯特骑着妈妈用东拼西凑的钱买来的自行车，从一开始的摇摇晃晃，到最后骑得稳稳当当了。接下来，等罗伯特回家吃午饭的时候，保罗便跳上那辆自行车（相比于他的身形，自行车简直太大了！），飞快地找他的朋友们去了，仿佛他已经骑了一辈子自行车似的。

不过，重要的一点就在于：保罗和罗伯特都学会了骑自行车。至于罗伯特，就算学得比较慢，在学习过程中摔跤的次数比较多，他却从来没有诸如"我完全没有骑自行车的天赋"这类的想法。实际上，哪怕他的膝盖和肘部擦破了皮，也有过很多让他神经紧张的时刻，可罗伯特还是忍着疼痛坚持了下来，直到学会为止。

对于骑自行车来说，就算学习的速度不同，有时还会带来痛苦，可孩子们似乎都相信自己能够学会。而在学校里，当学生在某些科目上的学习速度比别人慢、遇到的困难也比别人多的时候，他们却会放弃，认为自己没有学好某一科目的天赋，这是为什么呢？

除此之外，学习当中还有其他谜团。照顾婴儿的人以何种语言为母语，婴儿就会轻而易举地学会那种语言。把婴儿放到一堆书边上，婴儿会咬书角和封面，却依然不知道如何阅读。为什么许多学生似乎能够像海绵一样吸收、理解他们的母语，而在阅读时却困难重重？而且，为什么学习数学的时候，学生常常会遇到困难呢？

要想回答这些疑问，我们需要深入探究两个不同的问题。第一，为什么对几乎所有的学生来说，有些知识（比如辨识人脸或说第一语言）要比其他知识更容易学习？第二，为什么对有些学生而言，有些科目（比如阅读和数学）要比其他科目更难学习？为什么一个没有接触过任何教育体系的6岁孩童可以轻而易举地学会说母语，但若是没有接受充分的引导式教学，就无法学会阅读或者进行数学计算呢？

大脑发育的时间表

要想理解学习是如何进行的，我们首先应当让你了解到，人类大脑是怎样随着婴儿逐渐长大成人而变化、发展的。在婴幼儿早期，大脑里的神经元就像是一群候鸟。它们逐渐生成，然后转移到神经元的最终家园，轴突则会向外伸展，找到它们的目标，即其他的神经元。于是，一个叫作"神经毡"①的稠密"鸟巢"形成了，其中充斥着相互交织的轴突和树突棘。不断生长的神经毡，为神经元之间提供了大量的新连接（即突触）。这种生长和活跃的状态，在我们2岁左右的时候达到了顶峰。

可接下来，就像进入了冬季一样，神经系统开始进行"修剪"了。随着孩子进入青春期，轴突会被"剪掉"，从而减少突触的数量。在这一过程中，孩子所处的环境十分重要。健康而具有多样性的环境，会让更多的神经连接保持完整性。而一种处处受限、压力重重的环境，则有可能导致神经系统进行过度"修剪"，就像植物被剪掉大部分叶子一样。

视觉和听觉都是在大脑后部进行处理的。这个位于大多数部位之后的大脑区域，会在童年早期率先发育成熟。接下来，心理成熟（意味着"修剪"和丧失灵活性）过程则会逐渐转向大脑的前部。最后发育成熟的部位，则是负责计划和判断的前额叶皮质（prefrontal cortex）。（这就解释了初中生和高中生的行为有时会出人意料地幼稚的原因。）然而，调整大脑中神经连接的能力，却不会止步于心理成熟。人们的一生当中，会继续形成新的神经连接、继续进行这种"修剪"。

---

① 神经毡（neuropil），即神经纤维网，指中枢神经系统中由相互交织的神经纤维及其分支、突触与神经胶质组成的一个密集网络。——译者注

学习时易时难

我们已经指出，婴儿能够很快学会辨识人脸，即便这种本领极难掌握，以至于人们花了几十年的时间进行大力研究，才开发出了人脸识别算法。事实上，很少有人无法辨识人脸〔这种情况称为"人面失认症"（prosopagnosia）〕。有些患了"人面失认症"的人，连自己的面孔也认不出来。

同样，婴儿也能很快、很自然地学会第一语言。他们的小脑瓜子能够毫不费力地吸收、理解第一语言中的词汇。到了1岁左右，词汇学习就会通过一种快速映射过程而加快速度了；在此过程中，蹒跚学步的孩子只需重复听到一个词，就能学会那个词[1]。据研究人员估计，在20个月到2岁之间，孩子的有效词汇量会突然增至原来的3倍。与此同时，他们还能吸收句法结构！

辨识人脸和学会说第一语言（我们可以称之为"易学的东西"），被称为"生物学初级材料"（biologically primary material）[2]。我们的大脑天生就能习得这一类信息。神经元仿佛是被魔法连接起来了，只不过，这种魔法是经过了成千上万代的进化选择磨砺而成的。具备辨识周围的人并能与之进行交流的神经结构的婴儿就存活下来，而那些无法做到这一点的婴儿都活不长久。

易学的东西与难学的东西

我们的大脑，天生具有轻松习得某一类信息的本领。其他类型的信息，即我们这个物种在进化过程中并不需要的东西，则较难习得。尽管最简单的方法是将其分成两种类型，即易学的东西与难学的东西，可实际情况却是，这两个看似截然不同的类别之间也有重叠的部分。

易学的东西（生物学初级材料）
- 辨识人脸
- 学会第一语言

难学的东西（生物学次级材料）
- 学会读写
- 数学运算

与"易学的东西"相对的是我们称之为"难学的东西"，即生物学次级材料（biologically secondary material）。它们属于我们这个物种并未进化出来的技能和本领。即便是已经成年，经过了充分的练习，这种信息看似很容易掌握，也是如此。我们无疑并未进化出随手拿起笔记本电脑去浏览新闻标题，或者用复杂的数学程序去计算税额的本领。我们的学生也不会天生就知道如何解出未知数x，或者正确地使用分号。要做到这些方面，完成一个有责任感的成年人理应去做的其他种种活动，我们就必须在阅读、写作和复杂的数学方面历经多年的专门训练，更不用说还有地理、政治、经济和历史了。

进化还是一个不断开发工具的过程，其中包括牙齿、鱼鳍、蹄子和鸟喙。这一过程有点儿像是赌博。每到新的一代，生物都会随机掷出一个基因骰子。那些工具出现了细微改进的生物则更有可能获胜——这就意味着，它们可以把自己的基因遗传给下一代。大脑当然也是这些工具中的一种。进化已经选择并且塑造了大脑，就像进化选择和塑造其他所有事物一样。

在进化对工具和大脑进行筛选的同时，有一种大脑（即人类的大脑）进化出了一种特别灵活的多功能认知处理能力。这种广泛的灵活性，与其他物种的认知能力之间具有惊人的差异[1]。事实上，通过给原本为其他用途开发出来的神经回路赋予新的用途，人类的大脑就能实现以前各个进化时代做梦也想不到的种种壮举。比方说，我们即将看到，大脑中的"人脸识别"区域可以被赋予新的用途，去帮助我们学会阅读。

换言之就是说，要想学习难学的东西（即次级材料），我们的大脑就必须用人类在以前各个进化时代无须用到的方式

---

[1] 这并不是说动物就不能拥有相当卓越的能力，比如鹦鹉能够像碧昂丝一样唱歌，而黑猩猩、大象、海豚甚至是昆虫也都能使用工具。——作者注

进行拓展与重新连接。（但请记住，我们所说的"难学的东西"，指人类并非天生就会去做的事情。还有许多知识，介乎"难学"与"易学"之间；就连学会从杯子里喝水都不一定容易呢！）

由著名的神经科学家斯坦尼斯拉斯·德阿纳（Stanislas Dehaene）提出的神经元循环假说（neuronal recycling hypothesis），也独立地得出了类似的结论[3]。像阅读和算术这样的能力，涉及对大脑中通常用于其他目的的部位进行重新配置。不过，德阿纳所得出的结论却更进了一步。大脑进行重新配置时选择的部位，其具备的功能从进化的角度来看，往往与一个人试图习得的新能力最为相似。字母文字以及像汉语之类的表意文字，似乎往往会侵入枕颞皮质（occipitotemporal cortex），这是大脑中通常用于感知物体和场景的一个部位。无论一个人是在世界上的哪个地方或者哪种文化中学习阅读，这种枕颞入侵的现象都会发生。数字表述则会入侵双侧顶内皮质（bilateral intraparietal cortex），这是大脑中对基本的数量感进行编码的部位；同样，不管是在哪种文化中，都有这种入侵现象。

换句话来说，诚如德阿纳的结论所言，虽然大脑具有可塑性，但它并不具有超级可塑性：新技能不可能在大脑中的任意部位被开发出来，而是受制于原有的神经连接和大脑结构，具有一定程度的局限性。可塑性有限，就是一些脑损伤可以通过将功能转移到其他相关部位来修复，而其他脑损伤需要进行大量的重新连接才有可能修复的原因所在[1]。

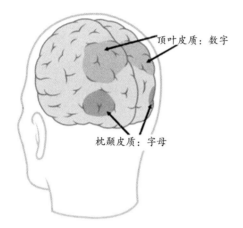

顶叶皮质：数字

枕颞皮质：字母

字母似乎始终都是入侵枕颞皮质，后者的功能通常是感知物体与场景的特征。数字表述则是入侵双侧顶叶皮质，它是大脑中对基本的数量感进行编码的部位。不管一个人是在哪种文化中长大的，这种入侵现象都会发生，就像候鸟始终都会回到同一个地区一样。

掌握较难的知识：直接教学法

为神经回路赋予新的用途并不是一件容易做到的事情。一个新概念或一项新技巧，常常需要进行数天或者数周的刻意练习，

---

① 即便如此，在治理中风患者方面也已出现了一场革命。以前，医生会吩咐这种患者卧床直到康复，但如今的最佳做法则成了尽早开始对患者进行物理治疗，因为理疗会让患者恢复得更快，恢复效果也更好。治疗需要患者进行大量的训练。这种训练一点都不有趣，但效果很好。之所以有效，是因为受损的神经元若是被尽快激活就有可能得救。请参见大卫·伊格曼（David Eagleman）的《生龙活虎》（*Livewired*）［万神殿图书公司（Pantheon），2020］，这是一部引人入胜的作品，论述了各种类型的脑损伤如何获得康复，以及我们怎样才能超越康复，获得一些新的感官。——作者注

再结合纠正性的反馈意见，方能习得。而且，成为某些科目（比如数学、教学或者医学领域）的专业人士，则有可能需要多年的时间。这是教育体系在世界各国发展起来的原因——为神经回路赋予新用途。遗憾的是，一旦孩子们度过了学前班和幼儿园那段较为愉快的学习期，一旦功课开始变得较为困难起来，他们就有可能失去对学习的内在兴趣。于是，老师就会背负骂名。

无法在优质的教育体系下接受教育的儿童，或者因为家庭和文化原因而无法利用优质教育体系提供的那种学习类型的儿童，在现代世界中处于劣势。他们的大脑没有得到"赋予新用途"这种训练，而"赋予新用途"却是优质教育的核心所在。结果是什么呢？到学生年龄渐长或者成年之后，他们就有可能发现，自己

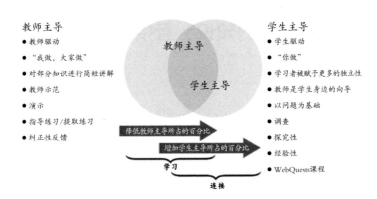

人们常常将教师主导的教学与学生主导的教学看成相互对立的两种方法。但在实践中，教师主导的教学为学生奠定了基础，使之能在学生主导的学习中获得成功。所学的知识越难（即生物学次级材料），学生就越需要指导（即教师主导的方法），才能让他们开始走向独立（即学生主导的方法）。随着学生逐渐强化其神经连接，他们就会在学习中获得自主性。

很难掌握其他受过良好教育者觉得非常简单的一些概念和技能。

学生开始面临难度日益增大的知识时，最有效地重组其大脑的方法又是什么呢？有证据表明，知识越是属于生物学次级材料（也就是说越难学会），我们就越需要对学生进行直接教学[4]。为什么呢？或许，我们应该从"直接教学"（Direct Instruction）的含义开始论述。

以学生为主导的教学方法

何谓直接教学法

在教师主导的学习中，老师讲课并在过程中"搭建脚手架"，直到学生掌握了所教的内容。你可以把老师看成导演，会利用剧本给演员提供台词和旁白，向演员发出情节安排的提示，有时还会给出感人的示范，来激发演员的情感。最好的老师就像最优秀的导演一样，会亲身实践、直截了当、时时关注且清晰明确。不过，优质的学习当然不仅仅是一部剧本那样简单，它最终还会涉及学生自己能够进行"即兴表演"。教师的辅助支持应随着学生取得越来越多的成功而逐渐减少。

人们经常把直接教学①当成"以教师为主导的学习"（teacher-directed learning）的同义词[5]。广大教师则经常"我做，大家做，你做"。老师会讲解新的内容或技能，并且为学生提供专业的指导。新的或难懂的知识会被分解成较为简单和较易理解的部分，以免学生负担过大，而老师则会在学生逐渐熟练掌握知识或技能的过程中加以督导。

直接教学会利用"边学边连"的方法来进行教学。在"学习"阶段，老师会讲解新的概念或者技能（即"我做"），散布的神经元则会进行搜寻，以创建连接。但是，直接教学并不会止步于老师对概念进行讲解。那样就成了一种简单的讲述式教学，不会在学生的神经元之间形成持久的连接。相反，在直接教学当中，老师会用不同的例子和示范去解释新内容，学生则会跟着老师的思路循序渐进，得到大量的练习机会。在练习过程中，老师还会谨慎地提供纠正性的反馈意见（这就是"大家做"的阶段）。所以，"学习"阶段就包括了直接教学法中的"我做"和"大家做"两步。

---

① 我们在此必须澄清一下，"直接教学法"（Direct Instruction）与"直接教学"（direct instruction）之间是有区别的。首字母大写的"直接教学法"，是指美国教育家塞格弗里德·英格尔曼（Siegfried Engelmann）在20世纪60年代开发出来的一种新颖的教学方法。这是一种经过了精心排序和脚本化了的教学模式，要求我们通过概念来组织课程，用明确而精心挑选的例子来说明那些概念，而讲解例子所用的方法则应遵循英格尔曼关于如何讲解例子的指导。因此，"直接教学法"是指一种具有商业利用价值的脚本式课程，例如"精熟阅读"（Reading Mastery）、"算术和阅读直接教学系统"（DISTAR）。而首字母小写的"直接教学"，则是指负责课堂教学的老师较为宽松地根据"直接教学法"中的方法而开发出来的那种教学。——作者注

在"你做"阶段，学生会自行练习多次，并且能够独立地证明他们的理解。"连接"阶段始于直接教学法中的"你做"这一步，但并不会止步于此。我们不但希望学生能够强化他们的神经连接，而且希望他们能够更进一步，拓展其学习。学生在各种各样的条件之下进行练习时，他们就会增添新的知识，并且从不同的角度去进行思考[6]。在这样做的过程中，他们就是在利用额外的神经连接，强化和拓展他们的神经通路。诚如大卫·吉尔里（David Geary）所言："其中的许多连接并非天生就很牢固，故对于大部分的次级学习（secondary learning）而言，学生需要进行大量的、随着时间分布的练习，才能确保新的神经连接一直保持连接状态（也就是说，确保学生能够长期记住新学的知识）。"[7]

这种"我做，大家做，你做"的教学方法，既可以为一些较难内容的教学提供支架，也可以逐渐将掌握所学内容的责任转移到学生身上。一开始，老师会肩负起成功解决问题、掌握概念或技能的责任。在指导练习（即"大家做"）期间，老师会慢慢地把这种责任转交给学生。关于"脚手架"，有一点我们需要注意：假如过早地移除"脚手架"，新学的知识就不会在"妮奥"（即大脑新皮质中的长期记忆）身上确立并且牢牢巩固下来。这就是学生在厨房餐桌上写家庭作业时有可能变得沮丧不已，或者在考试中突然呆住的原因所在。他们需要更多的时间，在直接教学的"大家做"这一阶段接受老师的引导。

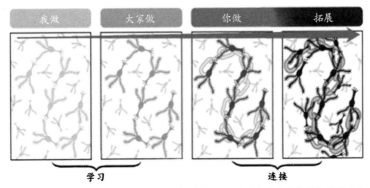

我做　　　　大家做　　　　你做　　　　拓展

学习　　　　　　　　　　　　　　　连接

在此图中，大家就能看出我们在第1章中说明的"边学边连"神经连接组与直接教学中的"我做，大家做，你做，拓展"各个阶段的相关性。

一旦学生在老师的监督之下熟练掌握了课堂上所学的概念，那么布置一些具有代表性的问题作为家庭作业，就是一个不错的办法了。理想的情况是，学生会在放学之后或者第二天在学校的自习室里完成家庭作业，此时距上课已经过去了数个小时。家庭作业会中断遗忘的过程，从而巩固新学的知识。

直接教学法当中是否含有主动式学习呢？当然有，而且含有大量的主动式学习！直接教学法对所有类型的学习都有效，但对初学者或工作记忆容量较小者尤其有效[8]。这种方法能够让那些难以集中注意力的学生专注于课程中的基本概念。想教学生如何解化学方程式？运用直接教学法吧。想要解释导致"冷战"结束的因素？还是可以运用直接教学法。在这两堂课上，老师都会讲解大量的知识，并将它们分解成容易理解的部分，供学生去尝试和实践，或者进行提取和演练。要记住，教学的最终目的是我们可以从学生的头脑中获得什么，而不是我们努力灌输给他们的东西。

范例：在1个小时的课堂时间内进行直接教学

直接教学把讲解（或演示）和大量的主动式学习结合起来：如图所示。主动式学习与讲解的最优结合比例是多少呢？虽说研究并未得出明确的结论，但无疑二者结合起来很重要！稍后我们将看到，弹性地将讲解与主动式学习结合起来，可以提高你的教学效率。

高效教学的原则

下面几点由教育心理学家巴拉克·罗森斯海因（Barak Rosenshine）提出[9]，它很好地概述了高效的教师主导式教学中包含的一些原则。（你多半早已经常性地使用这些策略了。）

- 开始上课之前，简短复习一下之前的学习内容。
- 一小步一小步地讲解新内容，每一步之后学生都要进行练习。
- 限定学生一次所学的知识量。
- 给出清晰、详细的指令和解释。
- 提出众多的问题，检验学生的理解情况。
- 为所有学生提供高水平的主动式练习以及众多的例子。
- 学生开始练习时，对他们进行指导。

- 自言自语，示范步骤。

- 提供解决问题的模式。

- 要求学生解释他们所学的知识。

- 检查所有学生的回答。

- 提供系统性的反馈和纠正意见。

- 必要时，重新讲解材料。

- 让学生做好独立练习的准备。

- 学生开始进行独立练习后，对其进行督导。

直接教学与被动式教学

一部关于史努比和主人公查理·布朗（Charlie Brown）的连环漫画，证明了讲述式教学的无效性。查理的老师正在给学生讲授大量的知识，可所有学生听到的却是一阵"哇啦哇啦哇啦……"。当然，这并不是说"听和看"在学习中是毫无用处的。听讲有可能涉及高强度的认知处理。事实上，这种处理还有可能太过集中，以至于学生们用不了多久就会感到疲倦，从而不再听讲。听讲述式教学课（有时被描述为"讲解加板书"）之所以被称为一种被动的学习活动，原因就在于此。学生们可能看似专心致志，其实却根本没有听讲。

讲述式教学如何才能转变成直接教学呢？老师应当把教学

内容的关键思想慎重地分成若干个短小的片段。然后，在这些简短的黄金信息块中穿插大量的提取、练习、小组讨论，以及其他能让学生更加主动参与，而不是仅仅听和看老师讲解的学习方式。

现实情况是，学习复杂的生物学次级材料并不像是观看大型体育运动，而是需要学生积极主动地去应对所学的内容。这种应对可以很简单，比如在老师讲解5～7分钟之后，与同桌一起复习所做的笔记。

老师还应避免让学生观看冗长的视频或聆听冗长的音频内容，以免延长被动式学习的时间①。尽管对于学生而言，阅读和分析过剧本之后再去观看《哈姆雷特》，似乎是一种很好的放松(同时还给了学生一个复习的机会)，但这可能会浪费宝贵的教学时间。家长询问孩子今天在学校干了些什么的时候，最不愿意听到的就是孩子回答说"我们看了一场电影"——他们完全可以在家里看。同样，学生们被动地看视频、听音频的时候，他们也会偷偷去干一些与学习无关的事情。

---

① 你可能想知道这种"冗长"究竟有多长。在K-12各个年级水平上，这一点差异巨大。经验丰富的老师通常会从教室一侧或者教室后面观察学生，从而对"太长"有所感觉：学生过度坐立不安或者睡着了，无疑都是观看或聆听的内容"太长"的标志。同样，记住学生集中注意力的时间大致相当于他们的年龄加1分钟很有帮助。——作者注

轮流念读（"Round Robin" Reading）的弊端

对于许多学生来说，必须在全班同学面前朗读，就像是学会去抓住一条不断扭动翻滚的爬虫一样。老师在课堂上普遍使用的轮流念读方法，即让学生一个一个地念读段落的做法，并不会让他们的心里更加轻松。相反，随着念读这条"爬虫"越来越近，还会增加学生的焦虑感。

轮流念读模仿了讲述式教学中最糟糕的一面，迫使学生长时间听人诵读并不会让他们更聪明。

假如把视频片段作为优质直接教学的组成部分在课堂上播放，那么定下观看目的并且向学生提出一些引导性的问题（比如填空题、多项选择题和简短回答题），就是一个不错的办法[10]。学生应在观看视频的过程中，完成这些引导性的题目。间歇性地停止播放，额外评论一番，对学生觉得困惑的部分进行解答，并且问一问学生的观感和印象，也是一种很好的做法。随后，你还可以让学生做一些与视频相关的事情。

我们还想强调一下，讲述式教学与直接教学不是一回事，因为很多人都会把这二者混为一谈。例如，本书的合著者贝丝对一位同事说到"直接教学"一词的时候，会听到对方回答说："对，就是讲述式教学嘛。"或者，一位老师有可能这样回答："是的，我会运用直接教学法——我在大部分课堂时间里都会讲解内容，然后让学生去做家庭作业进行练习。"这种长时间的讲课并不属于直接教学。相反，它们只是一次次令人沮丧的独白，过后却任由学生们努力去自行做练习。学生们（尤其是徒步型的学生）认为学习太令他们感到沮丧，也就不足为奇了！

直接教学法与以学生为主导的方法

直接教学或者教师主导的学习位于一个教学方法连续统一体的一侧。那么，学生主导的学习就位于另一侧，它是我们对那些要求老师提供的指导最少的教学方法的总称，其中包括发现、探究、基于问题的学习、实验性学习以及建构式学习①。我们之所以更倾向于使用"学生主导的学习"，而不是更主流的"以学生为中心的学习"，是因为"学生主导"一词更能说明实际情况。大多数情况下，学生都是在主导着自己的学习。

在学生主导的方法中，学生会被当成从事调查研究、发现和构建其自身意义的专业人士一样对待。在这种情况下，老师虽然会为学生提供必要的学习材料，却不会提供具体的指导、信息或者答案[11]。

直接教学和学生主导的学习都需要主动式学习。直接教学

---

① 有些进行探究和基于问题的学习方法更加微妙，其中会包含教师主导方法的一些方面。——作者注

要求老师带领学生慢慢地、一段一段地学习所教的内容，并且让学生在此过程中证明他们已经掌握了所学的内容，而学生主导的学习则会赋予学习者更多的自主性。教师在一旁充当专业的向导，而学生则会从自身的经历或者进行的尝试中，得出自己的意义。

不过，在进行具体材料的教学时，学生主导的方法却往往开始得太早。如此一来，初学者有可能发现自己很容易受挫，因为他们被置于这样的境地：他们必须努力去自学一些复杂的知识，可对于这些知识，他们仅仅是稍微有点儿熟悉。事实上，倘若涉及用陈述性系统习得的概念，那么，学生只有理解了"道路规则"、可以正确地运用"驾驶"技术之后，他们才能接过"方向盘"，去驾驭自己的学习。

直接教学和学生主导的学习，都有时间和地点方面的要求。在直接教学中的"我做"和"大家做"两个阶段，学生进行的是"学习"。学生证明他们已经靠自己的力量熟练掌握之后，就适于进行学生主导的学习了，因为所学的内容已经储存到了学生的大脑新皮质当中，即便此时储存得还不是十分牢固。此时，学生就具备了进行"连接"的能力；也就是说，他们具有了独立自主地强化和拓展神经连接的能力。这样一来，教学方法连续统一体的两侧就会通力协作。毕竟，教育的目标就是把新的知识和技能教给学生，使之能够变成独立自主的学习者。老师还可以采取一种奖励措施，允许已经掌握了所教内容的学生转向学生主导的学习方法，比如进行网络探索①。如此老师就有了额外的时间，可以大力去指导那些在掌握所学内容方面可能仍有困难的徒步型学生了。

请你一试：让学生保持学习劲头

一旦学生流露出困惑的表情，或者去看电子设备的次数多于跟老师目光交流的次数，那就说明我们讲课讲得太久了。应当在直接教学过程中，用我们在此前几章里介绍过的经常性和形成性的评估检查，让徒步型学生和赛车型学生都保持学习的劲头：

- 暂停与回想
- 配对与再配对
- 1分钟小结
- 1分钟难点
- 快速循环
- 思考—结对—分享

或者，可以尝试一次"状态改变"（state change），来重新激

---

① 在网络探索中，当学生在互联网上搜索特定信息和现实问题的解决办法时，老师应当提供一个网站体系和关键词供学生所用。——作者注

发学生的学习兴趣：

- 讲述一个简短而有相关性的故事
- 提出一个能够激发学生好奇心的问题
- 添加幽默的内容
- 播放一段音乐
- 添加运动，如打篮球
- 站起来伸个懒腰
- 到户外学习

为什么需要直接教学法

较为容易的生物学初级材料具有一个令人觉得有意思的方面，那就是：学习不仅是一件轻而易举的事情，还是一种乐趣。比如说，结识新朋友这种基本的初级活动，就是大多数学生天生都喜欢做的事情。同样，与朋友聊天、玩玩具或者一起玩耍，都是我们天生就会的活动。不过，这些初级活动轻松和有趣的性质，却有可能误导老师、学生、家长和整个社会，使他们以为所有的学习都应当是轻松而有趣的。

实际情况并非如此。就其本质而言，次级材料更难学习[12]。这种知识可能需要专心致志地努力和进行大量的学习。"必要难度"（Desirable difficulties）是美国加州大学洛杉矶分校（UCLA）的认知神经科学家罗伯特·比约克（Robert Bjork）率先开展的一个重要的研究领域，其中就涉及了"学习良好需要付出极大努力"的观点[13]。刻意练习的理念也是如此。这种观点认为，在学习中快速进步的最佳办法之一，就是努力去学习材料当中最难的方面[14]。

对老师而言，学习次级材料有可能看似很容易，可对于新学者来说却没有那么容易了。这就是过去的数千年里，连简单

你可以把初级学习看成是一种自发形成的神经通路的学习。如左图所示，在美丽明亮的环境中，你很容易看出这些小径通往哪里。但次级学习却像是努力在一片茂密的神经"丛林"中开辟出一条通道来。你不仅很难爬过丛生的藤蔓和杂乱的树突状"树木"，甚至也难以知道自己应该朝着哪个方向前进。每走一步，都会让你更有可能感到困惑和犯错。只需走上几步，你就有可能发现，自己是在原地转圈。

的算术也极少有人懂得的部分原因[15]。学习这种次级知识的障碍，在于学生的工作记忆容量有限。学生第一次看到一个问题时，是很难懂得如何去解决的。一个问题常常有成千上万种错误选项，却只会有寥寥数种正确的解决办法。然而，工作记忆一次只能容纳少数几个选项。假如过早地采用学生主导的方法，那么学生可能需要耗费很长的时间，才能找到所有可能通往正确答案的道路。如此一来，他们就有可能在挫折感中干脆放弃了[16]。

最重要的是，确立一系列新的、涉及次级材料的神经连接（例如理解一项议案变成法律的过程、理解消化系统的运作机理，或者理解代数的平方），就意味着要去除、拓展神经连接，以及为神经连接赋予新的用途。这可不容易做到。直接教学之所以至关重要，原因就在于此。学生们必须经历"学习"阶段，创建出最初那些微弱的神经连接，接下来才能更加牢固地进行"连接"。因此，主要采用直接教学法的国家中学生的学习成绩普遍较高，这一点是不足为奇的[17]。学生掌握了一些难懂的概念和技能之后，再去进行以发现为基础的学习，可能就很有益处了。但在讲解较难的材料时，倘若没有老师的精心指导，学生就有可能迷失方向。工作记忆容量较小的徒步型学生受到的影响，通常都会最为严重。

然而，在此我们应当澄清一下。工作记忆容量较小并不是一种弊端。它不过是一种差异，意味着这种学生需要采用其他的教学方法和学习方法罢了。例如，本书的合著者芭芭拉的工作记忆容量虽然较小，却为她提供了动力，支持她取得了创造性的成就。有的时候她是不是需要更加努力，才能掌握新的知识呢？是的。但她觉得，自己那颗徒步型的大脑让她能够以全新的视角去看待世界，而她那些工作记忆容量较大的同事，却有可能忽视这些视角。

老师是不是有可能提供过多的指导呢？是的。假如我们任由学生逃避学习，他们就会深受其害。关于指导的灵活性，有一种需要谨慎处理的情况。假如父母或者老师过度提供帮助，学生可能会发现，承认失败的话，就有其他人来帮他们完成功课——要么是父母，要么是老师，因为父母或老师都会这样说："没关系。至少你努力了。"同样，用直接教学法为学生搭建支架，让他们自己去找出答案而不是简单地告诉他们答案之所以意义重大，原因就在于此。

分析教学：直接教学法

教学设定

假设你教的是八年级生物。今天要上的是关于"遗传"的一堂后续课，你将为学生讲解"庞氏表"（Punnett square）——这是预测基因型（genotypes）与表现型（phenotypes）的一种方法。

（实际上，这可以视为任何年级水平所上的一堂课，教的也可以是任何内容，只要学生学习的是事实、概念或者规程就行。）

如何对待学生

开始上课之前，你可以问问学生，能不能摆动两只耳朵或者能不能卷起舌头，以此来吸引他们的注意力。这些古怪的能力，连同像头发的颜色和身高之类的特点，都是遗传特征的例子。在激发学生兴趣的过程中，你同时也将新的知识与他们已经学过的知识联系起来了。

你可以通过一次"思考—写下—结对—分享"来让学生回想起昨天的那堂课。你不妨要求学生解释生物学特征是怎样一代一代地遗传下去的。学生若是回答得出，就说明他们已经做好了继续学习的准备。不过，假如他们记不起一些关键的概念了，那么，此时你就应该为他们提供弥补的办法，例如先复习一下那些基本的细节。

你要求学生卷起舌头的时候，不但让这堂课变得具有了个性化特征，而且让课堂具有了一种吸引力。你要求学生回顾昨天所学的内容时，则是在利用学生的先验性知识。一堂课的这些开场部分，都属于直接教学以及其他教学方法中的组成部分。

然而，在埋头去学习这堂课的主体内容之前，学生们还需要知道他们的最终目标是什么。换言之，假如明白自己的学习方向，学生就更有可能实现他们的目标[18]。你应当向学生说明，他们在今天这堂课上将学习如何完成自己的庞氏表。接下来，学生就会做好准备，开始用一种具有系统性的方式去听讲、应用、练习，以及进行更多的练习，不会因为一次所学的知识太多而变得不堪重负。

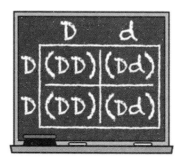

庞氏表。表中最左边一列显示的是母亲的基因型，最上方一行则是父亲的基因型。大写字母表示显性等位基因（alleles），小写字母表示隐性等位基因。

值得指出的是，在"现代遗传学之父"格雷戈·孟德尔之前，科学家对特征的遗传性一无所知。这就说明，次级知识有时可能需要耗费数百年的时间才能形成[19]。

第一部分：制作庞氏表

"我做"

在这一阶段，你应当是讲解事实和例子。所用的例子越复杂，你的讲解速度也应当越慢。学生听讲时，你会巩固他们已经学过的词汇，只不过这次是在新的语境中进行运用。你可以讲解一个例子，说明子女若是遗传了酒窝的显性等位基因和没有酒窝的隐性等位基因，就会是一个脸上带有酒窝的后代。你可以告诉学生，显性等位基因会打败隐性等位基因。这就是我们的一些特征（比如酒窝），会与我们的生物学母亲的特征相匹配，而其他一些特征则与我们的生物学父亲相匹配的原因。

此时，学生就会好奇心大增，想知道你如何能够预测出哪些特征最有可能遗传、哪些特征又最不可能遗传。你可以向他们保证说，这并不是什么魔法；他们也可以用一个庞氏表来解决这个问题。现在，他们就会看出知识与自己生活的相关性，更不用说拿着庞氏表玩耍可能很有趣了！

你可以在白板上画出一个2行2列的庞氏表。在指导学生填写庞氏表的时候，你还应当把用言语讲解的各个步骤板书出来。应当预见到学生有可能在哪个方面卡住，从而增加额外的解释和一些有用的建议。

"大家做"

看着你讲解了各个步骤之后，学生还需要进行练习。让学生与同桌协作，以便他们能够用语言表述各自的思考过程，并且轻松地说出他们正在学习的那些新词汇，比如杂合（heterozygous）和纯合（homozygous）[1]、显性和隐性。学生们完成各自的庞氏表时，你应在教室里来回巡查，俯身看一看他们的情况，即听听他们如何运用新学的术语，并且注意他们有没有出现错误。假如学生们没有掌握所教的概念，那就应当花时间指出他们的错误，并

---

① 亦译"异型结合"与"同型结合"。——译者注

156

在必要的时候重新讲解。

"你做"

你应当向学生提出几个新问题，让他们自己去解决。这种独立自主的练习，有助于巩固所学的知识，并且增强学生的自主性。要遏制住冲动，不要过早地去讲解较难的内容。只有等学生表明他们已经掌握了，你才能准备接着去讲这堂课的下一部分内容，把知识的难度提高。

第二部分：解释庞氏表

"我做"

往其中添加概率和比例之后，庞氏表有可能变得更加复杂。父母的等位基因，有不同的组合方式。利用玛氏巧克力豆（M&M's）或者彩虹糖（Skittles），就可以让学生把基因遗传给后代的过程可视化。

表现型	基因型	彩虹糖图例
有酒窝	纯合显性（DD）	D=深灰色
无酒窝	纯合隐性（dd）	d=浅灰色
有酒窝	杂合（Dd）	

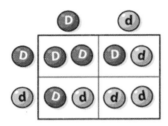

基因型表明，纯合显性的概率是25%，杂合的概率是50%，纯合隐性的概率是25%，从而形成了一种1：2：1的比例。表现型是由基因型推断出来的，使得后代有酒窝的概率为75%，而没有酒窝的概率为25%。

可以讲解四种不同且难度逐渐增加的情形。把讲解完的例子留在黑板上，好让学生在即将进行的"大家做"练习阶段可以参考。

"大家做"

应为学生提供充足的练习。在这个阶段，你就能够根据学生的准备情况，来进行差异化教学了。在统计学方面有更多先验性知识的学生，会迅速掌握课程中的这一层知识。对于此种学生，你可以马上将练习混合起来进行。或许你还可以给他们一些预习性的问题，以便他们可以提前学习。其他学生则需要你去进行查验，而在有些情况下，还需要你重新讲解。这种学生所做的练习，起初应当与你直接讲解的题型非常相似才行。

"你做"

等到判断出学生都已进行了充分的练习之后，你就应移除所有的支持性措施。应当确保，学生看不到各种模式留下的任何痕迹。此时，学生不应当完全慌成一团。他们仍然可以依靠你的反馈意见，来帮助他们发现错误。

特征越多，变化形式也就越多，也就越会让学生感到糊涂。

继续带领学生完成"我做，大家做，你做"这种直接教学模式，同时确保让学生开始"大家做"这一步之前，不会进行太多的"我做"示范。一旦学生多次表明他们已经掌握了各种概念，你就可以将这堂课转向更多地进行学生主导的探究或者基于问题的学习了。如此一来，你就会有更多的时间对那些没有完全理解的学生进行一对一或者小组形式的指导。你还可以在接下来的几个星期里向他们提出一些与这些概念相关的问题，从而给那些没有记住的学生一个复习的机会。

应当避免

注意，不要在"我做"这一阶段喋喋不休地进行讲解。学生在全神贯注地听讲时，我们这些老师很容易陷入讲述式教学的模式中去。不过，学生的工作记忆容量是有限的。这个方面的一条经验法则是：对于工作记忆容量较小的学生，你每次讲解的知识片段必须较短（"我做"），并且必须提供更多的机会，让他们练习提取这些知识（"大家做"）。

注意，讲解的时候语速不要太快。学生需要时间来处理新的信息。想一想"希普"把你所说的话传达给"妮奥"需要多久吧。那样，就理应会让你把语速放慢了。

专业知识的教学

"边际革命大学"（Marginal Revolution University）学习设计

系的主任（Head of Learning Design）罗曼·哈德格雷夫（Roman Hardgrave）曾经指出[20]：

教师必须做到：（1）首先认识到他们的专业知识会如何对教学构成阻碍；（2）构建一个系统，努力主动找出他们不能有效进行传达的领域，并且加以纠正。

跟一些教师一起制作视频资料的时候，我经常看到这种情况：教师们所说的东西，对他们而言似乎一目了然，却会让初学者感到困惑。这是因为他们常常使用一些还没有妥善地讲解过的术语。

要想纠正这种现象，第一步就是想一想，你以前学习那些知识的时候，哪些方面很难学。第二步就是留意学生身上的迹象，看你是不是在讲解较难的知识时有所敷衍。比如说，一群学生都在犯相同的错误，就是这样一种迹象。或者，假如你让学生解释某种东西，那么，他们的解释与你的讲解有什么不同呢？你应当接收这些信号，然后回过头去纠正自己的教学方式。

原则推广

直接教学法适用于范围广泛的概念和技能教学。无论你是向学生教授特定内容的词汇、求一条通过两点的直线斜率的过程、北半球的天气模式，还是写论文主题句的基本知识，从直接教学开始都会为所有学生提供一个公平竞争的环境。

在备课的时候，你应当努力想一想，自己首次学习这种知识的时候，最困难的内容究竟有哪些[21]。很有可能，你并不是天生就会配平化学方程式，或者天生就能找出《杀死一只知更鸟》中运用讽刺手法的例子。学生都想要取得成功。把难学的内容分解成较小的部分，以免认知负担过重，就能让学生在学习更具挑战性的材料时，体验到一次次小胜利的滋味。

对于长期记忆知识而言，每天都在课堂上进行5~10分钟的练习与复习并持续数天、数周的做法，与我们把相同的单调内容集中起来让学生去做1个小时的练习相比，效果会更好。一次集中练习（死记硬背）在短期内效果不错，可短期学习并不是我们的最终目标。一旦学生开始遗忘，他们就必须更加努力，才能唤醒自己的记忆。额外的努力会中断遗忘的过程并且强化学习，从而让学生更容易记住和利用长期记忆中的知识[22]。长期记住的知识和技能，能让学生做好更加独立地去学习的准备，为他们打好进入学生主导的学习的良好基础。假如学生没有首先扎实地理解牛顿（Newton）诸定律以及垂直力、水平力的工作原理，他们就不会懂得如何才能成功地修建一座桥梁。

本章要点

» 生物学初级材料（即"易学的东西"）指的是我们的大脑天生就能学习的知识，其中包括了像辨识人脸和学说母语这样的能力。

» 生物学次级材料涉及"难学的东西"，比如数学和阅读。要想学习这些类型的知识，我们的大脑必须用人类在过去各个进化时代并不需要的方式进行重组。

» 在直接教学中，老师会把讲解的新内容分解成小的知识块，然后让学生主动提取，或者进行练习。讲述式教学和直接教学并不是一回事。讲述式教学通常都属于被动式学习，直接教学则会在整个课程中嵌入主动式学习。

» 由于学生的工作记忆容量有限，因此生物学次级材料学习起来很难。证据表明，直接教学法更适合用于教授生物学次级材料，因为直接教学会提供指导性的和有支架的主动式学习；学生们需要这种学习，才能掌握较难的概念。

» 学生已经证明他们靠自己的努力达到了熟练掌握的程度（"学习"）之后，他们所学的内容就已进入了大脑新皮质，即便这种知识还不是十分稳固，也是这样。到了此时，学生就做好了"连接"的准备——他们可以通过学生主导的学习，独立自主地去强化和拓展自己的神经连接了。

6

主动式学习:

程序性途径

今天是星期五，正值美好的暮春时节，你刚刚带着一袋子的论文，随着大家穿过停车场，准备在这个周末进行批改。你开车离开停车场的时候，看到一个挺着大肚子的年轻孕妇朝你挥了挥手。她叫贝娜，是学校里刚来的老师。你突然记起，贝娜举行"迎婴派对"的日子就定在明天。哎呀！你不但忘了要参加她的这场派对，甚至完全忘掉了她这个人！

你的注意力马上集中到自己要给贝娜送什么礼物上：让我想想，她喜欢滑雪吗？可是，用滑雪用品做礼物，适合"迎婴派对"吗？哦，对了，你还得重新安排明天跟丈夫一起去看女儿打垒球比赛的计划。

20分钟之后，你回到了家里，可还在一门心思想着贝娜和她的"迎婴派对"。一路开车回家的情况，你完全不记得了。

你是怎么回到家里的呢？

当你意识到这一点时，你是能够轻而易举地回想出自己的回家路线的：在第一个红绿灯左拐，接着是一段很长的高速公路，直到在24号出口驶离，最后是几个熟悉的拐弯，就驶入了自家的车道。可你开车的时候，却完全没有注意到这一切。那么，这种无意识思维，跟学习有没有关系呢？

是的，大有关系！在本章中，我们将探究一个经常被人们忽视的领域，即非意识的程序性学习。①在开始探讨程序性学习之前，

---

① 从神经科学研究的角度来看，"无意识"（unconscious）一词指我们没有意识到却仍在进行处理的信息（比如屏蔽物当中闪过的一个词）。"非意识"（nonconscious）的定义则没有那么明确。它一般是指我们没有意识到的东西。欧洲的一些研究人员倾向于使用"非意识"一词，来绕开弗洛伊德的"无意识"概念。——作者注

我们首先要把它与第3章中业已讨论过的陈述性学习进行比较。

陈述性记忆通路与程序性记忆通路

新皮质中有两条主要的路径供信息输入和输出，以形成长期记忆。每条途径都构成了一个单独的学习系统，即陈述性学习和程序性学习。

我们已经在第3章中探究过陈述性学习系统。在那一章里，我们明白了陈述性思维是怎样从工作记忆转移到海马体，然后进入大脑新皮质的长期记忆当中的。当我们一步一步地向学生展示或直接告诉学生应该做什么，或者讲解各种事实、关系的时候，我们就是通过学生的陈述性系统向他们传授知识。陈述性系统，就是学生（大多数时候[①]）会意识到他们正在思考或者学习什么时候的那个学习系统[1]。

不过，大脑像是一艘火箭，其中还有多余的系统来执行基本任务。它有第二种通路让信息进入长期记忆，这是一个我们甚至

[①] 我们在这里说"大多数时候"，是为了让问题讨论起来更加容易。事实上，对于陈述性记忆主要是支持显性知识的基础这一点，研究人员并不是很确定。它也可以是一个部分隐性的系统，即我们在不知不觉中执行一个过程的系统。——作者注

无须有意识地去想起的备份系统。在后者，也就是程序性学习系统，信息被筛选，并通过基底神经节及其关联结构，把我们看到、听到或者感受到的东西转移到长期记忆当中 ①②。

程序性系统是习惯性行为的基础。人们常常认为，这种类型的知识与我们在学校里学到的知识大不一样。事实上，从20世纪60年代的认知革命开始，与习惯有关的程序性学习很重要的观点就基本上不再为人们所崇尚了。直到近来，对程序性学习的研究才重新兴起3。也就是说，这是一种回归，只不过教育领域除外。本章的目的，就是要帮助纠正这种情况。

基底神经节会接收大脑新皮质各个区域所输入的信息，然后将信息投射回新皮质②，从而形成一个巨大的回路。沿着这个回路绕上一圈，需要100毫秒的时间。这个回路，让你能够学习众多连续的行为和思想，而你则会把这些行为和思想以神经连接组的方式，储存在长期记忆里。反过来，这些连接又会生成与思维、语言和歌曲等有关的大脑状态和行为。比方说，假如伸手去摸炽热的火炉，你获得的反馈就是"好烫"。于是，你就学会了不去摸炽热的炉子。或者，尝过一种甜美的浆果之后，你那种基于多巴胺的强化学习系统（我们将在第8章了解到这种系统的更多知识）就会帮助你重组大脑，从而让你去留意这些美味的浆果。

---

① 请注意，我们在本书中遵循的是神经科学的传统，认为陈述性通路、程序性通路都与大脑的某些生理系统相关，而不是与显性或隐性思维相关。——作者注
② 严格说来是整个大脑皮质。不过，"妮奥"照例在其中发挥了最重大的作用！——作者注

工作记忆并不会创建程序性的神经连接组[4]。不过，一旦连接被创建出来，工作记忆却能抓住它们。而一旦工作记忆抓住了程序性连接，你就能够意识到它们，或者就算不知道其中的微小细节，至少也能察觉到一些基本方面（例如，你骑自行车的时候能够有意识地右转，却不会想到骑在自行车上右转时肌肉方面的细节情况）。经由工作记忆而变得更加有意识地去感受，似乎会让你转向陈述性学习系统。或许，这就是你在篮球运动中罚球、在高尔夫球运动中挥杆或者拉弓引箭射向一个目标时，若是有意识地感受到了自己的动作，就有可能瞄不准目标的原因。"人箭合一"可能是一种很简单的口号，却需要你坚持处于程序性系统而非陈述性系统中，以便你的思绪能够流转得更加快捷、顺畅。

这种情况，与演讲相类似。本书的合著者贝丝曾经指导过一个演讲团队，她的学生由于进行过多次演讲，故他们甚至无须考虑自己在说些什么。不过，若是有什么东西让他们分神，将他们从那种"恍惚"状态中拉了出来，学生们就会彻底抓瞎。贝丝几乎可以看出，学生的神经通路是从程序性系统切换到了陈述性系统；在程序性系统中，演讲词会不假思索地脱口而出，可到了陈述性系统中，他们却会变得磕磕巴巴，试图搞清楚自己讲到了哪个地方，以及需要说什么才能接着往下演讲。

然而，经验丰富的老师却有一大优势，那就是他们对自己所教的内容能够做到烂熟于心，故讲解时能够无意识地处于程序性模式而滔滔不绝，他们的陈述性工作记忆则会迅速跑在前面，观察学生的面部表情和预测学生出现的问题（还能看出坐在教室后面角落里的麦迪逊似乎正在搞恶作剧的情况）。对他们而言，在两种模式之间切换以及同时运用这两种模式，似乎都变得较为容易了。实际上，这就是一个新手编织工只能用陈述性系统集中注意力学习处理纱线，可专业的编织工却能一边编织、一边愉快地聊天的原因所在。

这种程序性系统极其隐蔽，甚至无须利用工作记忆或者海马体——起码在大多数情况下如此。相反，程序性学习是一天一天逐渐进行的，并且主要发生于大脑皮质的神经通路与基底神经节之间那个回路的神经元网络当中。

通过程序性系统来教学，意味着要让学生进行大量的练习。练习需要时间，这就是程序性学习的速度会比陈述性学习慢的原因。但我们会看到，一旦通过程序性系统学会了某种知识，那么相比于经由陈述性系统形成的知识，我们就能更加迅速和自动地对其进行处理和加以执行了。

自主性和程序性学习的重要性

据说，做一次典型的、时长为20分钟的TED演讲，需要进行70个小时的练习。所以，芭芭拉兢兢业业，为她那场即将到来的TED演讲练习了好几个星期。结果呢？尽管芭芭拉是个极易神经紧张的人，演讲词却流畅而无意识地脱口而出。就算你把她倒挂起来，她也依然会滔滔不绝地说个不停。在演讲期间，芭芭拉曾经有意识地感受到了自己嘴唇的动作。但她不必去想自己正在说些什么，而这一点也完全无妨，因为她当时紧张得根本就没有时间去想！

如今，芭芭拉在镜头和观众面前已经非常老练，因此能够轻而易举地就一个熟悉的话题进行演讲，同时还能抛出一些新颖而具有相关性的见解或者笑话了。（她面临的真正挑战，就是回答由两个部分所组成的问题。回答问题的第一部分时，会有太多相关的想法涌入她的大脑，可她的工作记忆容量有限，故她经常不得不要求对方重复一下问题的第二部分。）

即便是经历了12个小时的时区变化，或者遇上演讲者必然会碰到的噩梦一般的场合（比如，由于全州突然停电，故不得不在没有幻灯片的情况下，在黑暗中面对一大群看不到面孔、隔着遥远的社交距离的听众做3个小时的演讲），芭芭拉的状态也仍会很好。她似乎非常沉着，但这不过是因为以前的大量练习让她能够极其迅速地思考与话题有关的东西，以至于外界似乎是放慢了脚步，让她有了足够的时间去思考或者做出反应。这种状态可能与专业的网球运动员、棒球运动员和板球运动员的快速反应时间惊人相似。与她以前哪怕是在一小群听众面前也紧张不安、发现自己呼吸都很困难，更别说去演讲的表现相比，这是多大的差别啊！

有意思的是，正是这种对演讲内容基于程序性系统的自如感，才使得芭芭拉能够在听众面前放松下来。这一点极其重要，因为能够给芭芭拉及其合著者在这一领域进行的研究提供最强大和最具创造性的动力的，就是听众提出的问题。例如，瑞士巴塞尔诺华制药公司（Novartis）的听众曾经提出过一个关于学习体育与学习学术性科目之间有何关联的问题，就激发了她的好奇心，从而导致她惊讶地发现了迈克尔·乌尔曼（Michael Ullman）的重要研究成果。（后文中将有更多关于迈克尔·乌尔曼以及好奇心的内容！）我们已经明白，学习并不是一条"单行道"。演讲者和观众可以相互学习。

但毫无疑问的是，无论如何，不管是在奥克兰大学那一场场气氛轻松的院系会议上，在网上参加本书合著者特伦斯的神经科学高级课程中，还是在家里、在奥克利一家子那种令人愉快的混乱当中，芭芭拉也仍然必须停下来，去思考自己想要说的话。

我们已经提到，赛车型学习者（即那些在新的学习领域拥有先验性知识或者技能，或工作记忆容量较大的人）可能更加依赖于他们那种能够快速学习的陈述性学习系统。而另一方面，不熟悉所学主题或者工作记忆容量有限的徒步型学习者，则会更多地依赖于他们那种学习速度较慢（但运用起来更快！）的程序性学习系统。

他们对这两种系统的选择，并不是有意识的。例如，像注意力缺陷多动症（ADHD）和阅读障碍（dyslexia）这样的疾病，似乎能让学生倾向于主要依赖他们的陈述性系统；而工作记忆容量若是较小，则有可能让学生更多地依赖他们的程序性系统[5]。这些情况下，真正的挑战就在于尽可能耐心地引导学生去充分运用这两个系统。

阅读障碍和程序性系统

阅读障碍是一个有力的例子，说明了程序性学习系统没有正常运作时的情况。阅读障碍似乎不仅仅是阅读方面的问题。它源于自主化技能过程中一个更具根本性的问题，而技能自主化又是程序性系统的职责[6]。例如，患有阅读障碍的幼童常常很难学会系鞋带，字也写得极差。有些患有阅读障碍的儿童，则会通过培养一些出色的陈述性记忆技能，来弥补程序性学习系统的问题。

程序性系统与陈述性系统一起协作，共同构成了大多数儿童的学习基础。例如，阅读和做算术题通常都须同时运用到陈述性系统和程序性系统。若是其中的一个系统在学习过程中停滞不前，或者老师重视的只是某一个学习系统，就有可能导致学生较难成为一个成功的、全面发展的学习者。

陈述性和程序性系统学习都很重要

运用程序性系统来学习，根本不是精神上的懈怠。人类之所以如此聪明，一个原因就在于他们拥有独特的基因，使得他们运用自身的程序性系统时，能够比像老鼠这样的动物更加容易[7]。尽管程序性学习需要时间，可一旦人们用程序性系统习得某种知识，就能在眨眼之间迅速运用那种知识了。

乔治敦大学的神经科学家迈克尔·乌尔曼提出了突破性的陈述性—程序性语言学习理论；他指出，认识到每个学习系统都有各自特别擅长于习得的知识类型，这一点十分重要。不过，两个学习系统都能够学习同一主题的相关知识，事实也常常如此。本节后面的表格，就说明了这两个不同的体系之间众多不同的特点和影响。关键在于：除非一种特定的学习途径有困难，否则的话，学生既可以用陈述性系统，也可以用程序性系统来习得知识。通过陈述性系统习得的知识具有灵活性，但回想起这种知识的速度却较慢。通过程序性途径学到的知识，几乎能够以不可思议的速度为学生所运用，却不具有灵活性。（你可以想一想，重新学会在按键配置不同的键盘上打字究竟会有多难。）

与之相关的是，从个人观察和"常识"中逐渐积累而得的"非学习性"（unlearning）知识，或许属于众多不同领域的学习中最具挑战性的一个方面；这些领域，包括物理学、心理学、法律和商业。之所以困难，很可能是因为"非学习"涉及了利用程序性系统习得的（错误）知识。专家针对"非学习"推荐的常见办法，就是对新的概念进行大量练习；当然，练习正是程序性学习的基础。

你可以把这两个记忆系统看成一种跷跷板。所以，强调其中的一个系统，自然就会弱化另一个系统[8]。但是，一旦每个系统都习得了所学的知识，这种知识就会变得具有互补性了：每一种认识方式，都会提高你对所学知识的理解和运用能力。

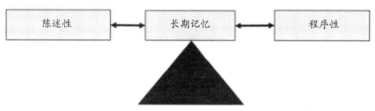

你可以把陈述性学习和程序性学习看成一个跷跷板的两端。用其中的一个系统学习时，另一个系统就会处于备用状态。但最重要的是，用两种系统一起习得的知识，是力量最强大和最具灵活性的知识。

通常情况下，老师会首先通过逐步讲解，向学生解释一个概念。这恰恰就是学生陈述性系统的最佳学习方式[①]。因此，当学生从老师那里学习，或者在以学生为主导的方法中相互学习时，他

---

① 我们不禁会想，在搞清楚如何使用一种新设备时，人们似乎都喜欢这么干：要么是阅读说明书，要么就是胡乱摆弄，直到他们搞清楚。这种情况，会奇妙地让人联想到陈述性学习和程序性学习。——作者注

们会通过自己的陈述性途径，把神经连接储存到长期记忆里。那种陈述性连接，可以通过提取练习来加以强化。不过，你又怎样来让学生也开始创建他们的程序性神经连接组呢？通常情况下，练习都是创建程序性连接和陈述性连接的最佳选择。（可惜的是，我们并没有能够打开或者关闭陈述性系统和程序性系统的神奇开关。）

一般而言，教科书里各个章节传授的都是陈述性知识。但另一方面，各章节末尾所附的题目，都是旨在将学生的程序性系统调动起来。老师的讲解和布置的题目，对帮助一名学生掌握所学的内容来说都是必不可少的。

当特伦斯在大学里主修物理专业、学习电学和磁场学时，他曾记住了用电池和磁铁经过大量试验而得出的麦克斯韦方程组（Maxwell's equations）。当时，他理解电力与磁力了吗？没有，因为直到不得不应用这个方程组去解决像设计无线电天线这样的问题，他才理解了二者的重要性。通过运用程序性学习来解决电学和磁学当中诸多不同的问题，对于这个方程组的真正意义、对于如何运用麦克斯韦方程组以及如何快速解决新问题，特伦斯便形成了种种直觉。

我们不妨再举一个例子。在生物课上，老师向同学们讲解了显微镜。学生可能会画出一幅显微镜的简图，并且记下显微镜有哪些部件，以及使用显微镜的方法。这种知识会通过陈述性途径，到达大脑新皮质。不过，一旦学生们在显微镜下对细胞和培养物进行了一段时间的研究，那么，使用显微镜的步骤和指出各个部件的名称就会变成第二天性（即程序性），学生甚至不必去思考，就能做到了。倘若老师增添更多的标本供学生去学习，并且进行讲解，学生就会回到陈述性的学习途径上。

陈述性学习较易理解，因为我们会察觉到它，起码也会在一定程度上察觉到。但我们多半不会意识到程序性系统，这有可能就是涉及这种学习的研究不如关于陈述性学习的研究那样发达的原因。在你几乎没有意识到一个系统存在的情况下，要去努力理解这个系统，可有点儿困难呢①！

研究人员曾断定，程序性系统涉及的是像学习打棒球或者使用手锯这样的运动技能。他们还把程序性系统看成形成习惯的关键，例如，有人向你挥手时，你也会自动向对方挥手回应。简而言之，程序性途径似乎只涉及一些简单的例行性任务。

不过，近期的研究却表明，即便在学习异常复杂的概念和活动时，程序性系统也有可能发挥着至关重要的作用，比如从系鞋带到掌握复杂的数学模式，再到能够快速而自然地讲一整种语言，莫不如此。程序性系统观察着你的所做、所见和所闻并从中

---

① 一种复杂的情况是，当学生首次通过一个系统去学习一个概念或者一种方法时，该系统有可能主导学生对那个概念的学习，从而放缓它转到与另一个系统共享依赖关系的速度。例如，若是通过陈述性系统，利用动词时态和句法结构的讲解来学习一门新语言的语法，你就有可能较难用程序性系统去学习这门语言了。（等到自己能够毫不费力地说出结构正确的句子，你就会得知，语言学习已经转到了程序性途径上。）然而，通过程序性途径来习得语法的速度要慢得多，因此人们常常认为，用陈述性系统开始学习一门新语言是很有好处的。——作者注

学习，以便吸收各种模式并将它们进行内化，就像你小时候看到以各种形状呈现的字母结构一样。或者像一些固有的数学模式，当你学习如何迅速解开魔方时，就会无意识地去运用那些模式。既然业已习得的知识不需要经过工作记忆（这就是你意识不到此种思维的原因），你就能够更快地解开魔方了[9]。但这也有可能意味着，即便知道如何解开魔方（你会利用程序性系统），你也无法轻而易举地把解开的过程解释清楚（你必须利用陈述性系统，才能做到这一点）。

我们的意思，可以这样来理解。不妨假设你正在骑自行车，却突然看到路上有一块石头。在自己甚至没有意识到的情况下，你就已经转动把手，绕着石头骑了过去。

直到从石头旁边骑过去之后，你才有意识地察觉到刚才的情况。意识上之所以出现这种延迟，是因为信息先进入的是大脑后部的视觉中枢，由基底神经节周围数层灵敏的神经元加以处理，然后便直接进入了大脑新皮质的长期记忆连接当中。处理速度慢得多的工作记忆中，什么信息也没有经过。无须由你发出指令，你的身体就做出了反应！

大脑还有一种甚至更加巧妙的招数。随着骑自行车的本领越来越好，你的思维过程甚至无须经由基底神经节发送信号了。相反，你可以从视觉中枢直接向运动皮层神经元发送信号，从而激活动作[10]。掌握了充足的专业技巧之后，你骑着自行车在林中沿着一条小径下山时，就能以不可思议的敏捷，对有可能突然出现在你前面的石头、坑洞、车辙和树根做出反应了。可以想见，除了一种大概的感觉，你根本就无法说清骑行过程中大脑一直在向身体发出的那些复杂指令。不过，就算你解释不清自己是怎样做的，你还是做到了。在其他生活领域里不假思索地做出反应和采取行动时，你极有可能也是利用了自己的程序性途径。（正如我们在后文中即将探讨的那样，程序性途径异常可能就是导致青少年出现某些冲动性行为的原因。）

我们不妨再来看一看你在不知不觉中驾车回到家里时的情况。刚搬入新家的头几个星期里，你能做到这一点吗？不能。那时你能够回到家里，但同时必须关注自己一路上的所作所为，因为你正在运用有意识的陈述性系统。只有等你开车回家过多次之后，你的程序性学习系统才会掌握这种信息。不过，一旦如此，你就能够在不知不觉、没有察觉的情况下驾车回家了[11]。但是，假如前面的汽车突然停下来，你的程序性系统就会迅速让你刹住汽车，同时向工作记忆发出信号，将其注意力转向你的四周，以便你能够有意识地判断接下来要采取什么措施。

陈述性系统具有学习速度快的特点，它通常都是率先获取信息的系统。程序性系统会慢慢地跟在其后学习材料，但所用的学习方式大不相同，是通过练习来进行的。（是的，这就是主动式学习中的练习极其可贵的一个重要原因。）程序性系统的神奇之处，并不在于其学习速度有多快（常常都慢得可怜！），而在于一旦掌握了所学的知识，它就能够迅速运用那种知识。不管你是

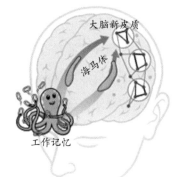

陈述性系统

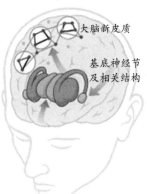

程序性系统

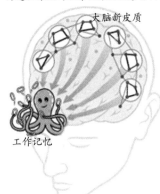

陈述性系统与程序性系统能够协同工作

左上：陈述性系统主要是通过工作记忆经由海马体，最终在大脑新皮质中形成长期记忆。

右上：程序性系统会接收来自整个大脑皮层的输入信息，其中包括感官输入区（例如，程序性系统中的习惯部分始于靠近大脑后部的视觉或听觉系统），以及前额皮质（它是程序性系统中的目标导向部分），经由基底神经节及相关结构，最终在长期记忆中创建神经连接组[12]。工作记忆能够读取程序性系统储存下来的神经连接。

下图：工作记忆能够抓取由陈述性或程序性系统创建的、业已固定下来的神经连接组。

在骑着自行车避开一处坑洼、立即看出10/5可以简化为2，凭直觉认出一种形状表示的是字母d，还是正确地使用了母语中一个动词的过去式，程序性学习系统都会帮助你毫不费力地做到这些方面。加以练习，你（还有你的学生！）就可以较少利用由陈述性系统存储下来的神经连接，而更多地去利用由程序性系统存储的神经连接了。只不过，这种向程序性系统的切换，并不会删除仍然留存于陈述性系统中的信息。

学生若是通过他们的陈述性系统和程序性系统交替进行学习，这就意味着知识会进入大脑新皮质长期记忆中的两个不同地方[13]。这种情况有点儿像是两条腿。假如只有一条腿，你也能够站立。不过，若是有两条腿的话，你就不但会站立得更加稳当，而且会更容易向前移动了。

陈述性学习可以让学生起步较快，但整体表现却会较差。经由陈述性和程序性两个系统来学习，就意味着学生可以快速而灵活地运用他们所学的知识。明示性教学，连同其中一系列连续、清晰和循序渐进的做法，可以增强陈述性记忆中的学习。缺乏明示性教学，则可以通过程序性记忆来促进学习。例如，孩子能够在没有明示性正规教育的情况下，通过程序性系统学会说其母语[14]。

一些建构主义的教学方法①，或许会通过允许学生自行选择学

---

① 人们对建构主义具有多种不同的诠释。不过，建构主义方法的核心观点在于，知识是由学习者自身主动构建的。根据这种方法，老师不应向学生灌输知识，而应当为学生提供机会和激励因素，让学生自行去积累知识。参见福斯诺特（Fosnot），2013。——作者注

习模式，促进他们的程序性学习。这种类型的"沉浸式学习"是一种值得称颂的方法，若是谨慎运用，就可以在儿童年龄尚幼、拥有较强的程序性学习系统时，发挥出良好的作用。但是，随着儿童年龄渐长，他们的陈述性系统一般都会有所改善，而其程序性系统却会逐渐退化。一个蹒跚学步的孩子尚且能够不假思索地掌握母语中的复杂语法（这样说，可谓是毫不夸张！），老师当然能够通过陈述性的教学，再结合程序性的练习（即通过主动式练习），帮助青少年更快地学会一门新的语言了。

了解程序性系统

假设有一条陌生的狗在你的面前游荡。你可能对这条狗怀有一种直觉，比如一种明确的快乐感、恐惧感或者害怕感。这些感觉源于你过去跟小狗打交道的经历。你的大脑已经了解到，态度友好的小狗通常是个什么样子，而凶狠好斗或者危险的小狗通常又是个什么样子。你可能无法准确地说明，那条小狗为什么会让你觉得快乐或者紧张。你甚至有可能不记得，过去究竟是什么样的经历，才让你形成了现在的感受。然而，有的时候，假如努力去搞清楚自己对这条狗为什么会怀有某种感受，你的脑海中可能会出现一种清晰鲜明的记忆。然而，说来也怪，那种记忆也有可能是一种合理的借口，而非你脑海中真实情况的反映。为什么会那样呢？这是因为，我们的程序性系统中有一只神秘的"黑匣子"。我们并不知道"匣子"里面有些什么，但它是我们海量思维的基础。

我们可以这样来看待程序性学习系统：它拥有一扇针对以目标为导向的活动的"前门"，还有一扇针对习惯性行为的"后门"。前面的那条通路，主要接收来自大脑前部的工作记忆当中的指令。例如，当你告诉自己去做一次拜日式瑜伽（yoga sun salutation）时，你的意图就会从人脑前部的工作记忆发送到基底神经节里。接下来，这条信息会由基底神经节进行处理，最终发送至大脑皮层。结果是什么呢？你会发现，自己正在转为拜日式瑜伽的姿势。

程序性系统

"后门"：
习惯系统

"前门"：
基于目标的
系统

程序性记忆系统有一扇"前门"，针对的是以目标为导向的活动，还有一扇针对习惯性行为的"后门"。

你在说自己的母语或者说一门非常精通的外语时，以目标为导向的程序性系统也会发挥作用。例如，你若是想喝土豆汤，那么程序性系统就会帮助你不假思索地向讲英语的朋友说出英文中的"土豆汤"（potato soup）一词；然而，若是跟朋友待在匈牙利，而你的匈牙利语说得也很好，那么，想喝土豆汤的同一种愿望就会让你脱口说出匈牙利语中的"土豆汤"（krumpli leves）一词。

吉姆·奈特负责着一个针对教师的一流教学指导计划。他指出，选择了教师希望为其教学而努力的一个目标之后，辅导人员的教学指导效率最高。他如此说道：

我们发现，人们把一些策略应用到现实工作中去之后，就会持续使用这些策略。一名教师可以参加1,000个讲习班、听取1,000种观点，可实际上，只有当他们开始真正将这些观点应用到课堂之上，他们才会开始内化和记住所学的知识。

有一点就是，我们不会要求老师去做任何事情。我们的指导以教师的目标为导向，而且我们发现，以学生为中心的目标才是最佳的目标。比方说，假如老师设定的目标是至少有90%的学生能够写出有条有理的正确句子，然后老师开始学习新的策略，来帮助自己实现这一目标，那么，这位老师就是将自己学到的知识加以内化和记住了。我们试图通过指导来确立的，就是这样一种局面。不过，对于那个重要的目标，必须由老师来选择。以我们的经验来看，人们是不会受到别人的目标所激励的。

吉姆的教学指导体系之所以如此有效，可能是因为通过借鉴教师自身所定的目标，它也能够让教师的程序性系统参与进来。

属于"后门"的习惯性入口，与众多的后门一样，较为隐蔽。它被用于进行无须思考的感官运动型学习与活动，比如骑自行车、休息时把双脚搁到矮凳上、写信，或者用耸耸肩膀表示自己不知道。习惯性入口会把感官输入与运动输出连接起来，形成所谓的"条件反射"（conditioned responses）。这个"后门"起源于大脑后部（这是毫无疑问的），包括你的所见、所闻或者其他感官信息。这种信息随后会进入基底神经节的后部，再返回到大脑皮层中。

你或许会猜想，基底神经节属于习惯性的（即不假思索的）活动与以目标为导向的（即有意识地开始的）活动之间那个切换系统中的组成部分。假如我们把习惯了写字的手换成另一只，就能极其清楚地看出这一点。比方说，假如习惯于用右手，那么，我们就能利用大脑中的习惯性部位，不假思索地去写字。不过，假如我们习惯于用右手，却试图用左手来写字，那就要当心了！我们会在突然之间无法运用程序性系统的那个习惯性入口，反而必须运用以目标为导向的那个"前门"入口，而后者却须由我们有意识的（即陈述性的）思维去开启。由于我们的程序性系统还没有真正学会如何用左手写字，因此我们写字时会显得非常笨拙。此时，我们必须一直把有意识的思维集中于我们要干的事情上。

以目标为导向的程序性系统，就是陈述性系统与程序性系统能够协同工作的地方。你能够意识到的陈述性系统，会"装满"程序性系统中的那个"黑匣子"。不过，从那个"黑匣子"里会输出什么却是一个谜团，至少就你的陈述性系统来看如此。这有点儿像是随机拨动开关，看哪个开关能够开灯似的。学习任何知识时，不管学习的是书写、演讲还是瑜伽姿势，你过去所犯的错误和获得的成功，都会对你的反应进行塑造。你完全清楚自己所犯的错误，却不知道程序性系统是如何从那些错误中吸取教训，然后逐渐能够做到流畅而自动地进行书写的。这一点，就说明了有意识的控制不但速度缓慢而且效率低下的原因。慢慢地，经过大量的重复，程序性系统就会从陈述性系统中学习并且取而代之，使得你的书写或者其他任何一种程序性行为变得流畅和自然而然了。

顺便说一句，陈述性系统与程序性系统之间的交互作用并不像一条单行道。陈述性系统中有意识的目标，能够不自觉地受到基底神经节中程序性系统的驱动。程序性学习可以利用一种价值功能来发挥作用，它是程序性系统在应对世间复杂而不确定的情况的多年经验中逐渐确立下来的。这种价值功能有助于程序性系统把未来的回报最大化。回报通常都是天生所需的（比如食物和水），或者涉及遥远的收益（比如在美国历史这一科目的评分阶段获得一个A）。假如你问问别人为什么会做出一个决定，他们有可能编造出一个与程序性系统的价值功能几乎毫无关系的说法来；可实际上呢，他们的决定正是根据这种价值功能做出的。这是因为，意识触及基于目标的程序性学习的价值功能，与骑自行车触及以习惯为基础的程序性价值功能一样困难。坦率地说，对于程序性系统中的那个"黑匣子"，陈述性系统可以说是一无所知。

这一点，不仅是我们很难用言语表达出自己为何会对一条狗产生某种直觉的原因，也是交流过程中某些话题（其中包括多年来导致人们在餐桌上经常产生争吵的话题）有可能造成紧张气氛的原因。我们的思维在一定程度上是由源自程序性系统的一些非意识动机所驱动的。这就意味着，有意识的陈述性讨论有时（或许还经常）不可能由真正的动机所驱动。

程序性系统和陈述性系统协同工作，形成了大多数儿童的学习基础。例如，阅读和做算术题通常都需要同时运用陈述性系统和程序性系统。倘若其中的一个系统在学习过程中停止发挥作用，倘若老师只强调了其中的一个学习系统，就有可能导致学生更难成为一个成功的全面型学习者。

陈述性系统与程序性系统的对比	
陈述性系统与程序性系统形成了两种截然不同的学习方式，它们可以把自身的诸多优势结合起来，能让学生获得成功[15]。此表对这两个系统进行了比较。请注意，每个系统都可以执行另一个系统的某些任务或者功能。	
陈述性学习系统	**程序性学习系统**
主要是利用工作记忆和海马体来配合长期记忆。	主要利用额叶/基底神经节回路来配合长期记忆，还会结合小脑。
通常是有意识的。（你会明确察知自己的思维和学习，比如为了申请一份新工作，你会注意到表格填写说明。）	主要是非意识的。（你只会隐性地察觉到自己的思维和学习，比如你会不假思索地开车回家。）

将源自不同领域、形式各异的点滴知识迅速地连接和关联起来，其中包括： ⊙何人（比如一位朋友、一名当红演员）。 ⊙何事（比如事实、意义）。 ⊙何地（比如标志性建筑）。 ⊙何时（即事件发生的时间）。	经由感知运动系统和认知系统，形成非意识学习和处理的基础，其中包括： ⊙如何（例如技能、任务和功能）。 ⊙习惯（例如在你所处的文化中用点头表示肯定）。

主要是学习、陈述和运用下述知识的基础

⊙事实［亦称"语义记忆"（semantic memory）。例如，铜的元素符号为Cu］。 ⊙事件［亦称"情节记忆"（episodic memory）。它们属于你个人经历方面的记忆，比如昨天放学后与校长见了面］。	⊙无须明确告知的直觉性规则（例如击打棒球时预测出球棒的运动方向，或者说"一个苹果"而不会说"一苹果"）。 ⊙确定类别及其差异（例如生物体与非生物体、分数与小数）。

两个系统能够用不同方式学习同一种知识

⊙陈述性系统可以让你利用一种地标（比如一栋高楼）找到一家本地咖啡店。 ⊙把英语当成第二语言的学生可以习得动词的变化规则，例如I walk和he walks。到运用其中的一个时，学生可能需要过上片刻才能回想起用哪种形式合适。但学生能够解释自己运用那种形式的原因。 ⊙学习乘法表的学生可能会对自己说，5乘以3等于3个5相加，结果是15。或者看看一个含有3列的表格，其中每一列里都有5颗豆子，然后数出表格中总共有15颗豆子。	⊙程序性系统能让你沿着一条熟悉的路线（在街角左拐，然后右拐），前往你经常光顾的一家咖啡馆；即便你没有意识到自己的行为，也是如此。 ⊙以英语为母语的学生，会在无须接受语法规则教学的情况下，首先习得这门语言。学生可以利用那些规则，在讲话时不假思索地说得很快。不过，学生可能难以解释自己运用某些动词形式的原因。 ⊙学生已经计算过5×3=15很多次，并且用多种方式计算过，因此他们可以凭直觉马上得出5×3=15。

学习情境也有可能对学生倾向于依赖哪一种系统产生影响。不同形式的教学，可以帮助学生将知识输入每个系统当中	
学生在受到下述方式的"教学"时，会运用陈述性系统。例如： ⊙明确描述规则和事实，比如解释用PEMDAS[1]这样的首字母缩写来记住算术运算的顺序，或者解释拼写规则，如there、their和they're之间的区别。	学生在"未经指导"的情况下会运用陈述性系统。例如： ⊙没有显性教学，就像语言学习中的沉浸型语境一样。 ⊙有干扰因素降低了我们对信息的关注程度（比如开车回家的时候，想着一位新来的老师的迎婴派对）。 ⊙规则或者模式很复杂，所以并不明显，就像解开魔方时一样。 ⊙学生有大量的机会通过主动式练习来进行训练，要么是练习一项身体技能（例如弹钢琴或打篮球），要么就是练习一项心理技能（比如心算）。课堂上的主动式学习之所以效果强大，部分原因就在于这种方法似乎可以快速启动程序性学习。
⊙让学生寻找一种特定的规则或者模式。 ⊙提供慢反馈或者不给反馈。对于涉及加法或乘法表的练习，若是给予慢反馈或者不给反馈意见，就意味着学生几乎没有机会用程序性系统来将那些算术结果加以内化。接下来，即便是对于像7+5=12这样简单的题目，学生也会诉诸较为缓慢的陈述性记忆，或者用数手指的方式来计算。	⊙对于涉及预测的学习任务，学生会获得迅速的反馈。例如，与母语为德语的人形影不离，能够让一名学生预知如何用德语正确地说出一个句子。新交的德国朋友会在学生说出句子之后提供反馈，从而迅速证实或者否定学生的预测。这尤其有利于把一门新语言程序化，并且最终将其自动化。

---

① 为了按照"运算顺序"（Order of Operations）来解方程，老师经常会把运算时括号（Parentheses）、指数（Exponents）、乘法（Multiplication）和除法（Division）、加法（Addition）和减法（Subtraction）的先后顺序教给学生。这种次序有时会被缩写为PEMDAS，然后说成是"请原谅我亲爱的萨莉阿姨"（Please Excuse My Dear Aunt Sally），以方便学生记忆。——作者注

一般特征	
⊙起初学习速度快。用陈述性系统学习时，速度相对较快。即便只接触过所学的知识一次，也有可能学会，但多接触这种知识能强化学习者的记忆。 ⊙运用起来较慢。尽管利用陈述性系统可以较快地学习，但学生运用知识的时候，这个系统的速度却较慢。初学语言的人有时会很难说一门新语言，是因为他们太过依赖于自己的陈述性系统，而没有进行充足的程序性练习（即没有进行充足的主动式提取练习）。学习数学的学生若是没有获得自主性，就有可能陷入困境，因为他们很难看出能够极大地简化学习的关系。 ⊙灵活。一旦经由陈述性系统习得了某种知识，学生就能对其加以归纳和灵活运用了，进行跨领域的思想迁移也会更容易。（例如，学过热传导的理工科学生有可能想到，在家里把一根金属钎子插进土豆里会更快将土豆煮熟。）	⊙起初学习速度较慢。程序性系统中的学习通常都需要进行训练，因而学习速度常常慢于陈述性记忆中的学习。 ⊙运用速度较快。与陈述性系统相比，利用程序性系统运用知识的速度最终会更快。程序性系统能让学生达到流利和自主的程度，比如快速而不假思索地说母语或者学得很好的一门外语、无须思考就能写出以大写字母开头且以恰当的标点符号结尾的句子，或者把像1/4这样经常碰到的分数化成小数0.25之类的能力。 ⊙不灵活。程序性系统还涉及习惯，即我们通过多次反复而已经习得的一些不假思索的行为。由于我们常常不会意识到其中涉及的过程，故较难归纳或者灵活地运用这个系统中习得的知识。这种知识很像是一堵砖墙，虽然牢固、可靠，却是难以改变的！
陈述性记忆会在整个童年时期逐渐发展完善，在青春期末期和成年初期稳定下来，然后随着年龄渐增而缓慢衰退。	程序性系统在童年时期就已牢固地确立下来，这就是幼儿能够轻而易举地学会一门语言，尤其学会其中的语法规则（它主要经由程序性系统习得）的原因①。但随着儿童年龄渐长，这一系统似乎会逐渐衰退[16]。

① 这一点，有可能产生一种奇怪的效应：基底神经节产生受损的人不能语法流利地说母语（他们是在幼时程序性系统占优势的情况下习得母语的），却仍然能够说成年之后习得的一种语言（他们更多地通过陈述性系统习得了这门语言）（参见乌尔曼，2020）。——作者注

工作记忆容量较大者身上的陈述性记忆学习系统，通常都较为强大。	程序性记忆学习系统在工作记忆容量较小的人身上更强大，也更有可能被这种人优先运用。
陈述性学习会因额叶控制过程的参与而得到增强。正念（mindfulness）训练可以促进前额叶的控制过程，故似乎能够促进陈述性学习[17]。	前额叶的参与（即集中注意力）非但无益，在很多情况下还会有损于程序性学习。正念训练似乎会因为排除了基底神经节的参与和增加了大脑额叶区域的大力控制而阻遏程序性学习[18]。
较高的雌性激素水平与改善陈述性学习有关，左撇子的情况就是如此。一些因人而异的特定基因可以改善陈述性学习。	较低的雌性激素水平与改善程序性学习有关。有些基因可以加快陈述性学习向程序性学习的转换，还有些基因则只能促进程序性学习[19]。
陈述性系统可能有助弥补患有下述疾病者的缺陷，甚至有可能在这种患者身上得到增强[20]： ⊙阅读障碍。 ⊙注意力缺陷多动症（ADHD）。 ⊙计算障碍（Dyscalculia）。 ⊙发育性语言障碍。 ⊙发音障碍和发育性口吃。 ⊙强迫症。	程序性系统可能有助于弥补患有下述疾病者的缺陷，甚至有可能在这种患者身上得到增强[21]： ⊙自闭症谱系障碍（Autism spectrum disorders）。 ⊙图雷特秽语抽动综合征（Tourette's syndrome）。

两个系统之间的相似之处，也很重要：
⊙每个系统似乎都会执行巩固过程，从而改善记忆。
⊙睡眠和锻炼在两个记忆系统中的效果相似，都能改善学习。
⊙一个系统若是出现功能障碍，有可能导致学习者对另一个系统的依赖性增加，并且增强另一个系统的功能。

⊙两个系统经常协同工作。例如，"机灵点儿"（get your act together）这个习语，是通过陈述性系统习得的。不过，假如这句话要用到过去时态，比方说"你当时应该机灵点儿"，又会怎么样呢？事实证明，程序性系统会迅速而不假思索地对动词形式方面的这些变化进行处理。由于程序性系统能够快速、便捷地获取陈述性系统也在利用的基本信息，故发音以及最终的写作和算术都有可能变得较为容易。

⊙一个系统习得的信息，不会迁移或者转化成另一个系统中的知识。每个系统都会独立地获取知识。例如，学习者练习写作和获得反馈信息时，他们就会逐渐降低对陈述性系统习得的语法知识的依赖。相反，他们会逐渐转向更多地依赖于程序性系统习得的语法知识。经由一种途径习得的知识，会被储存到该系统自身在大脑新皮质中的存储区。尽管两个系统各有自己的存储区，但程序性系统储存的知识也可为陈述性系统所用，比如看书、把一个球扔向朋友、倒车，或者把陈述性系统刚学到的一个单词（如"新词"，neologism）插进一个由程序性系统构造的、语法正确的句子时，都是如此。两个系统究竟是怎样如此完美地协同工作的，是一个复杂的问题，人们迄今还所知甚少。

⊙随着时间的推移，两个系统对"中转结构"（即海马体或基底神经节）的依赖程度都会降低，而直接去依赖大脑新皮质中的长期记忆。

优秀教师的教学目标

优秀教师会确保学生尽可能地利用陈述性与程序性这两个不同的系统去学习。例如数学学习，学生可以通过陈述性学习系统有意识地察觉到如何去解决一个问题。不过，他们也应做大量的练习题，即进行大量的主动式学习，以便培养出对相关模式的一种无意识感觉。这一点就涉及程序性学习系统。

事实证明，数学学习中的一些关键方面，比如加、减法，很有可能涉及程序性记忆。大脑中负责处理算术的区域，与处理程序性记忆的大脑部位有相当程度的重叠[22]。研究人员过去认为，从掰手指计算转变到更具即时性地掌握2+3=5，只是一个死记硬背的过程。然而，如今我们越发清楚，做加法的速度之所以变快，是因为它通过程序性系统变得自动化了。对数学结论进行过练习的儿童，运用那些结论时似乎能像他们运用母语的语法一样快速、有效，因为他们用于数学的系统与用于语言的系统有一部分是相同的[23]。

在语言学习中，学生可以坐在课堂上，通过陈述性系统学习西班牙语动词变位的正式规则。但是，通过口语训练、练习册或者与母语者交谈（这是最好的一种！）去练习西班牙语的语法规则时，学生就是在经由他们的程序性系统进行学习，至少在一定程度上如此。许多学生主要都是通过自身的陈述性系统去学习一门外语，而这就是他们被叫起来即兴发言时往往会脑袋里一片空白的原因所在。并不是因为他们没有习得相关的知识，他们其实已经学会了。原因不过就在于，他们是依靠陈述性系统习得知识罢了。他们还没有把充足的知识置入记忆中的程序性组成部分当中。

有的时候，少对学生进行指导反倒会更好，就像你在婴儿时期开始学习母语时一样。在这种情况下，学习会绕过陈述性途径，转而进入程序性系统。幼儿具有强大的程序性学习系统；为儿童提供更多实验性体验的蒙台梭利（Montessori）和瑞吉欧·艾米利亚（Reggio Emilia）学校对处于年幼阶段的孩子进行教学时会如此高效，原因之一或许就在于此。

然而，这可不是你向学生出示一份作业单或者提出一个问题，然后说"你们去搞定"的理由。这种做法并不适用于高级的生物学次级材料，甚至不适用于许多看似简单的学习活动。例如，你不能刚给孩子一只鞋子，就指望着孩子知道怎么去系鞋带。提供细心的解释加以支持，再结合主动式锻炼（即大量精心设计的练习），才是恰当的办法。

为比较高级的学习材料提供支架方面，有一个很有意思的意外发展，涉及一种叫作"概念获得"（concept attainment）的教学方法[24]。在这种方法中，老师会为学生提供所教概念的例子与非例子（non-example）。学生应当搞懂这个概念的常见属性，然后生成一种可能的定义。老师则会提供更多的例子，供学生去检验他们的假设，证实他们所下的定义。如此一来，学生就会形成自己对该概念的理解了。

例如，若是想把无机化合物的关键特征教给学生，老师就会为学生提供一系列"是"或者"不"属于这个概念的例子。属于该概念的例子，会涵盖无机化合物的所有特征，而不属于该概念的例子则有可能含有无机化合物的一些特征，但并不含有无机化合物的所有特征。学生会把他们的观察结果记录下来，并且创建出这个概念的一份关键属性表。一旦学生认为他们已经得出了无机化合物的定义，接下来老师就会增添一些更难的例子，来验证学生所下的定义。在学生掌握了概念之后，接下来的一步就是让学生把学到的知识应用于一项新的学习任务，比如想出更多的"是"的例子。有时，老师会在开始上课的时候就运用"概念获得"的方法来吸引学生的注意力，然后才会转向直接教学法。

请你一试：教学生理解两条学习途径

有的时候，学生会认为自己不需要进行练习。连给他们多布置几道题目之前，你几乎也能听到他们的抱怨之言。他们以为，由于已经回答了一些问题，或者独自完成了几项学习任务，他们就掌握了你所教的概念或者技能。为了消除他们的抗拒心理，你应当向他们解释清楚学习是一个怎样的过程。要知道，学会如何去学习，是一项可以让学生终身受益的元技能。

你不妨告诉学生，他们拥有一种通过解释说明来进行学习的"解释性"（即陈述性）学习途径和一条通过练习来进行学习的"练习性"（即程序性）学习途径。这两条途径对学习来说都是不可或缺的。学生之所以需要自己进行练习，就是为了帮助他们开发第二条"练习性"途径。

增强陈述性记忆与程序性记忆的策略

假如说学生通过陈述性系统和程序性系统来学习的时候效果最佳，那么，如果你希望通过其中一个特定系统来促进学生的理解，最佳的教学方法又是什么呢？毋庸置疑，用任意一个系统来学习时，主动式练习都处于核心位置。只不过，一些细微的差异有可能更支持一个系统的学习，而不那么适合另一个系统的学习。

到目前为止，促进陈述性学习的最佳方法对你来说似乎是显而易见的了。当然，这种方法就是提取练习。提取练习有助于学生有意识地（也就是说，用陈述性系统）把注意力集中到他们想要学习的内容上。

但说到程序性学习时，老师的最佳办法却是运用间隔反复法或者交叉法。我们可以从交叉法开始[25]。

交叉法

交叉法是指学生把针对一个主题的练习混合起来进行，而不是在一段时间里仅仅重复几乎完全相同的内容与题目。比方说，假如你正在学习印象派的知识，那么，整组练习（blocked practice）就是指你会去研习莫奈（Monet）的5幅画作，然后是德加（Degas）、雷诺阿（Renoir）和毕沙罗（Pissarro）的画作，每人5幅，有点儿像是这样："莫莫莫莫莫德德德德德雷雷雷雷雷毕毕毕毕毕"。但是，交叉练习却是指你在学习过程中，会将这几个不同的画家混合起来，所以你的研习可能更像是："莫莫德德雷雷毕毕莫德雷毕莫德雷毕莫德雷毕"。

或者，不妨假设你正在教西班牙语。你很容易让学生对现在时态、过去时态、未完成时态与条件时态分别进行整组练习。学习之后，学生会觉得他们已经充分掌握了每一种时态。但实际上只有你在练习期间将这些时态混合起来（即进行交叉），学生才会开始理解它们在用法上的真正差异[26]。

假如你正在教英国文学，那么，你可以试着对一些文学手法运用交叉法，比如明喻、隐喻、夸张、拟人、拟声和押头韵。比方说，本书的合著作者贝丝曾经运用直接教学法，教学生如何在文学作品中辨识出上述手法。讲解了每种手法的定义并举例说明（"我做"）之后，她便让学生自己创建例子与全班同学分享，并让大家提供反馈意见（"大家做"）。她发现，虽然到了考试（"你做"）时，学生都能轻而易举地背出定义并举出例子，可他们常常没有表现出真正的概念性理解能力。也就是说，随机指定上面的这些术语之后，学生都无法当场生成具有原创性的例子来说明每一种文学手法。他们也无法将分散在原文中的例子找出来；就算那些例子极其明显，也是如此。所以，学生需要做更多的练习，而不能仅仅是用陈述性的方式去背记定义，因为这种背记可能与学生是否真正理解了所学的内容没有什么关系。为了给学生们更多的挑战、提高他们的努力程度并且让所学的知识变得牢固起来，贝丝曾让学生在每次阅读一篇新的文学作品时，都去玩一种辨识作品中所用文学手法的"寻宝游戏"。这些手法穿插在整部作品当中，会让阅读速度在刚开始的时候显得很慢。（不止一个学生曾有怨言。）不过，随着学生在理解方面大幅进步，他们在上下文中找出文学手法的速度就会变得较快，并且往往很正确。等到学生开始引用他们在自行阅读的文学作品中找到的例子，贝丝凭借直觉就能得知，她的学生已经通过其程序性途径，真正将那些文学手法化为己有。几个月之后，她就看到，学生能够在自己所写的作文中熟练地运用拟声、拟人、隐喻等手法了。她的学生甚至能够解释他们是怎样和为什么要有目的地使用每一种文学手法。

假如你正在教数学，那么，对于涉及面积、周长和体积之类的计算，你或许希望让学生进行随机的交叉练习。如此一来，学生就不会太过习惯于运用一种公式，以至于他们在解题的时候，这种公式会成为他们想到的第一个（或许也会是唯一的）公式[27]。

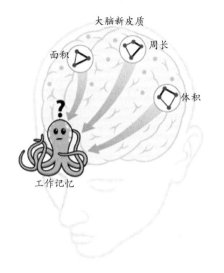

交叉法：请回想一下，图中的每个"圆点"都代表了一个神经元。

面积、周长或者体积的计算，每一种都涉及不同的神经连接组。

交叉法有助于学生辨识这些连接组之间的细微差异，从而让他们明白，解决一个特定问题时应当让哪种神经连接组发挥作用。

交叉练习的样子，更像是"面（积）周（长）体（积）周面周体面体周面"。

我们已经提到过，练习可以是一件好事；不过进行的若是整组练习，那就不好了。学生掌握了基本概念之后，却仍然不得不去做更多的、一大堆几乎相同的题目。到了整组练习的后半部分，学生的注意力就没那么集中，只是在走过场了。整组练习会浪费宝贵的教学时间，对改善学习却没有多大的帮助。通过整组练习，学生看似会学得更快，可他们牢记所学知识的时间，却不如利用交叉法学习的情况下那么久[28]。正如彼得·布朗（Peter Brown）及其合著者在见地卓越的《坚持》（*Make It Stick*）[1]一书

---

① 全书名为《坚持：成功学习的科学》（*Make It Stick: The Science of Successful Learning*），中译本亦译《认知天性：让学习轻而易举的心理学规律》（中信出版社，2018）。——译者注

中所言："集中练习之所以会给我们带来一种熟练掌握了所学知识的兴奋感，是因为我们在经由短期记忆重复所学的知识，而不必去重新构建长期记忆中储存的知识。"

交叉法有助于学生学习几乎任何一个科目，包括体育、数学、音乐、艺术和语言。就算是学习一些看似简单的概念，比如学会书写不同的字母（a, h, y），也可以从交叉练习而非整组练习中获益[29]。（顺便说一句，假如你觉得"概念获得"法与"交叉"法具有相关性，那你就说对了。）

交叉法可以增强程序性记忆，因为这种方法会让学生进行练习，去熟练掌握各种模式；也就是说，去发现一些类似的项目或者方法之间的细微差异。看到、听到并且练习过多次之后能够发现和凭直觉掌握各种模式，正是程序性系统擅长的本领；这就意味着，一些有所相似的类别（如海豹与海狮、西班牙语中的过去时态与未完成时态），就是进行交叉练习的完美素材[30]。然而，区分一些较为明显的类别（比如狗和猫、关于什么时候该在数学中应用统计技巧的教学与什么时候该在艺术中运用绘画技巧的教学），却不会从交叉法中获益。这些类别之间的差异极其明显，故无须耗费时间通过练习去学习。

所谓的"必要困难"，是指为了理解和记住一个概念而创建一组牢固的神经连接所付出的精神努力[31]。与仅仅是浏览信息相比，创建一组牢固的神经连接可能是一项艰巨的任务！比方说，假如想要学习"人"这个汉字（rén，它在汉语中的意思相当于英

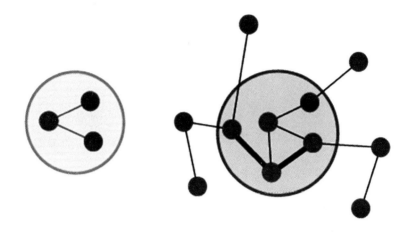

语中的person），学生有可能花上几秒钟，看一看这个汉字。这样做充其量只会创建一组微弱的连接，如左图所示。等到学生下次试图提取那个拼音与汉字的时候，这些微弱的连接就有可能消失不见了。

但若花点时间想象一下，"人"字就像一个拥有两条腿的人正在"奔跑"（running，与rén相似），甚至还动一动自己的手指（或者双腿），那么，学生就会把这个汉字更加牢固地变成自己所学的知识。这种更加了不起的概念性完善，虽然需要付出时间和精力，却更有可能创建出一组牢固而持久的连接。你可以把这种完善看成是构筑了一张更大的、能够捕捉到更多苍蝇的蜘蛛网。（之后的巩固过程，还会让知识变得更加牢固。）当然，"必要困难"也完全适用于那些复杂得多的概念。成功的学生会经常开发出他们自己的"必要困难"方法来学习。

顺便说一句，学习新的外语单词时做出有意义的手势，似乎对学生特别有用，可以让他们记住那个单词，并且牢牢掌握其词义[32]。例如，试图记住一门外语中表示"高"的单词时，老师（以及学生）可以在说出那个单词的同时高高举起自己的右手。想要记住"黏合"（bond）一词的话，学生可以将双手的手指"合起"，使得它们刚好相互接触。一门外语中，新的书面或口语词汇几乎不会对外语学习者的神经活动产生激活作用。伴随着那些新词汇而出现的图片，则会激发较多的神经活动。不过，伴随着新单词做出有意义的手势，却会激发出最多的神经活动；而且显而易见，这种神经活动大多与那个单词的意思有关。换言之，有意义的手势会导致学生对新单词进行更深入的编码（即形成更牢固和更完善的神经连接），而仅凭阅读或听到单词，则会导致学生对新单词进行较浅层的编码（即形成较弱的神经连接）。

说来也怪，学生们却认为，他们在进行交叉练习时的学习效果并不好，因为这种学习比较费劲。在交叉练习中，与他们一遍又一遍地重复相同的旧知识，其中只有轻微调整时的情形不同，答案并不会轻而易举地脱口而出。但是，正如心理学家罗伯特·比约克发现的那样，像交叉练习这样费劲的学习，其实是一种"必要困难"（desirable difficulty）[33]。

我们不妨以踢足球为例。足球运动员——即便是世界级的足球运动员——最终训练得更多的可能是他们那条较强壮的腿而非力量较弱的腿，因为用较强壮的腿踢球会获得更好的命中率，从而极其令人高兴。这种所谓的"假腿①综合征"，是指较弱的那条腿没有获得所需的练习，故有可能意味着输掉比赛，因为球员在比赛中需要能够熟练地运用自己的两条腿。难度较大的学习会创造出一种"必要困难"，并且促进持久的学习。

运用一种需要学生付出更多时间、细心和努力的教学方法，会获得学生的学习效果更好的回报。难点就在于要让学生确信，他们大多数人业已习惯了的那种较简单的整组教学法不如交叉教学法好，尤其是在整组教学法看似能够快速带来好成绩的时候。运用像交叉练习法和"必要困难"这样的反常理教学方法，就是崇尚脑科学教学法的老师能够扭转乾坤的原因[34]！

学习积极的一面就在于，通过恰当的教导，人类几乎能够把任何事情做得更好。但学习也有阴暗的一面，那就是它带来的进步通常都只涉及学生已经习得的知识。在一些看似几乎完全相同的学习任务中，学生却不会得到什么收获，甚至是毫无收获可言。这种现象就是所谓的"专一性诅咒"（the curse of specificity）[35]。

解决办法是什么呢？那就是用大量的、各种各样的例子来进行训练。[36]因此，交叉法可能也有助于迁移，即学生把知识从一种

---

① 这是对pierna de palo一词的字面翻译，这个词是像芭芭拉的女婿这样热衷于足球运动、说智利式西班牙语（Chilean Spanish）的人所用的一个术语。——作者注

情境应用到另一种情境下的能力[37]。

　　顺便说一句，交叉练习与学生在考试时碰到的情况类似，而考试则不同于大多数教科书里提供的整组练习材料。我们来看一个例子。假如你给学生布置的家庭作业是一系列需要运用勾股定理（Pythagorean Theorem）去解答的题目，那么，学生在解答这个方面就已经拥有了一种优势，因为他们知道要用哪种步骤来解题。但在班上的期末考试（还有现实生活）中，却会有多种不同类型的问题需要解决，且常常没有提供任何线索，学生不知道要运用哪种方法去解决。因此，针对选择哪组神经连接而进行的练习，是十分重要的。

　　此外，各所学校和大学努力把课程缩短、精简和集中的做法，有可能对学生产生适得其反的作用，因为这种做法会导致学生进行间隔反复和巩固知识的时间更少[38]。

书写比打字更重要

　　此时也是一个合适的机会，我们应当指出下面这一点：在课堂学习中，用笔写字比在键盘上打字更加重要，起码在学生年龄较小的时候，就是如此。诚如发育神经心理学教授奥黛丽·范德米尔（Audrey van der Meer）指出的那样：

用纸笔书写，会给大脑赋予更多的"钩子"来"钩住"你的记忆。手写会让大脑中的感官运动部位更加活跃。把笔尖按在纸上，看到自己写下的文字，听到书写时发出的沙沙声，很多的感官都会被激活。这些感官体验会在大脑的不同部位之间产生关联，让大脑向学习敞开大门。这样我们就能学得更好、记得更牢。所以，让孩子坚持度过学会手写这个辛苦的阶段十分重要，即便这个阶段可能耗时较久。[39]

运用交叉法和"必要困难"时的注意事项

说到交叉法和"必要困难"时，人们有可能自然而然地认为"越多越好"。不过，诚如《教育的七大误区》（*Seven Myths About Education*）一书的作者黛西·克里斯托杜卢（Daisy Christodoulou）一针见血地指出的那样："一位与众多理科教师共事的同事最近告诉我，他对近来英语课堂上流行的交叉法很是担忧。他说自己看到，很多课程中学生都被大量不同的问题弄得焦头烂额，因为他们对那些问题所涉及的概念并未完全理解，而当他问老师说这样做要达到什么目的时，他们却回答说是'交叉法'。"[40]

当然，任何一种技巧都有可能被人滥用，但问题在于，我们要知道一种困难在什么时候算是"必要困难"。与依赖程序性途径能够学得很好的婴儿不同，年龄较大的孩子和成年人在初步的学习中往往更多地依赖于他们的陈述性学习系统。他们通常都需要有人讲解知识、示范步骤，过后才能去加以提取和运用。因此，在开始运用交叉法之前，学生通常都需要进行一定数量的整组练习，好让那些基本的陈述性连接创建到位。学生的工作记忆具有局限性就说明，假如一次教给学生的知识太多，神经连接就无法一路进入他们的陈述性系统中。这就意味着什么知识都没有得到内化，程序性系统无所监测和学习，反而有可能极大地拖慢学习的进程。

请你一试：交叉法

　　教师们常常都想知道，如何才能把交叉法具体应用到他们所教的科目中去。教学的范围极其广泛，故没有什么单一的秘诀。有一种开始的方法，那就是首先应当把自己的目标牢记在心。不妨想想，一个学习单元过后，你会给学生进行的最终测试。学生经常感到困惑的主题有哪些？他们是不是在应该用小数的时候却用了分数？他们在外语学习中会不会混淆动词的时态？打篮球的时候，他们是不是喜欢控球而不是传球？不管你是在课堂上让学生解题、是在进行主动练习期间还是布置家庭作业的时候，这些全都属于你这位老师或者教练能够运用交叉练习法加以解决的范畴。你肯定不希望只教学生如何去做某件事情。你还会希望教会他们何时去做。

构建图式

既然我们正在探讨神经连接组，故此时就是一个后退一步，去探讨一下图式（schemas）的人好机会[41]。你可以把图式看成神经模式中的一种，即学生可以轻而易举地把新概念置于其上的一组神经"货架"。为什么可以如此轻易呢？因为学生已经用所学的材料进行了充分练习，故他们的大脑已经开始整合常见的模式。

图式可以把学生正在学习的不同概念联系起来，其中既包括程序性概念，也包括陈述性概念。图式是先验性知识的典型形式，并且与叙事和主旨、概念和类别以及统计规律的知识密切相关[42]。

大量证据表明，图式稳固地驻留于大脑新皮质中，而不是海马体内。（这一点很容易理解，因为"希普"只喜欢所学材料中较为肤浅和具有索引性的方面。）事实上，图式越牢固，海马体参与其中的可能性也就越小。有意思的是，图式还会塑造我们对所学内容的看法。这种塑造既有可能是积极的，也有可能是消极的，因为我们能够分解和重塑所学的材料并用新的方式去看待，或者克服已有的偏颇和成见。交叉练习法之所以如此重要，部分原因就在于它可以帮助学生创建图式。

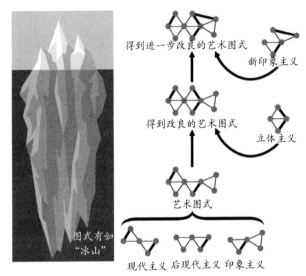

正确辨识一种
艺术风格

得到进一步改良的艺术图式

新印象主义

练习在不同背
景下辨识艺术
风格

得到改良的艺术图式

立体主义

艺术风格及其
异同的知识

艺术图式

图式有如
"冰山"

现代主义 后现代主义 印象主义

　　图式：学生会逐渐形成关于所学知识的种种图式。在这个例子当中，学生正在逐渐改良其"艺术风格"图式。例如，你可以把最下面一行里包括现代主义、后现代主义和印象主义的单个神经连接组，看成是学生用这些概念进行练习时出现的迷你图式（在不同风格之间进行交叉练习，有助于加速这些迷你图式的实践开发）。学习这3种风格，有助于学生形成一种简单的艺术图式。这种简单的图式，让学生能够继续稍微更轻松地去学习立体主义的关键概念。换言之，学生形成了一种神经结构，使得立体主义可以更容易地挤入以前习得的其他迷你图式当中。同样，有了现存的图式，学生就能把新印象主义这种新的艺术风格融入到位。随着一种图式通过更多的练习和学习而变得更大、更牢固，每一种新的风格也会稍微更轻易地进入正确的位置。

　　此图虽说显示的是一种艺术图式的发展过程，但它完全能够应用到各种各样的数学运算中去，比如加法、减法、乘法和除法。它也可以跟化学、乐器演奏、地质学、舞蹈、时装设计、篮球运动或者语言学习等各个领域的基本概念关联起来。

正如上图所示，图式之所以重要，是因为它们能让新的学习与以前所学的材料更加容易地结合起来。换言之，大脑新皮质能够学习得更快了[43]。比如说，一位国际象棋专家拥有大量与国际象棋相关的图式。这些专业知识图式，能够让那位国际象棋专家快速掌握新的国际象棋模式。学生用任何方法学习时，情况也是这样。图式是学习的框架——图式越大，我们就越容易让它们变得更大。最重要的是，我们在下一章将看到，图式还能帮助提高学生的学习积极性。

人们有一种普遍的误解，以为专业词汇量与学生对某个科目的图式同义。词汇量是图式中的一部分，但它无疑并非图式的全部。比方说，学生可以习得不同类型三角形（等腰三角形、等边三角形、不等边三角形）的所有术语，但他们（除了其他的众多方面）还需要懂得如何去做与三角形相关的计算，才能形成一种稳固的几何图式或者图式集。再如，学生可以学会与艺术研究相关的专业词汇（印象主义、后印象主义、立体主义、艺术装饰），但他们还需要能够理解这些词汇，并且能够成功地在各种语境中加以运用，才能构建一种稳固的图式。国际象棋大师们可以获得国际象棋领域的专业词汇（比如棋子的名称、典型招式的名称），但他们的图式中还需要含有某种特定情况下的最佳招式才行。他们甚至需要拥有关键时刻能够在心理上唬住对手的技能。专业词汇量通常不过是一种根本性的图式中的"冰山一角"罢了。

学习的目标之一就在于，学生最终应当能够将我们所教的新知识或者新技能迁移到新的情境中去。这种迁移只在一定程度上可以做到，因为新知识越是不同于以往，学生就越难进行迁移[44]。不过，你可以尽量向学生讲解所学内容的众多不同用途，来拓展学生的知识迁移本领，也就是扩大他们的图式[45]。而且，你应当鼓励学生自己去进行探究。令人惊讶的是，提取练习可能也有益于知识迁移，甚至是有助于学生将知识远距离迁移到完全不同的领域中去[46]。就算学生做不到轻而易举地将新学的知识迁移到各种不同的领域和场景，你对他们也不要太过苛责。因为连专业人士进行迁移时，也有可能遇到困难。比如，新冠（COVID）疫情流行期间，许多经验丰富的教师就经历了考验，因为他们必须在一夜之间就把自己的面对面教学技能迁移至在线教学当中。

顺便说一句，图式的发展也可以很好地支撑布鲁姆（Bloom）的学习分类法（taxonomy）和韦伯（Webb）的深度解读教学法（Depth of Knowledge）这两种高阶学习层次[47]。图式清楚地表明，高阶的概念性理解是从熟练掌握层次较低和较简单的概念有机地发展而来的。换言之，我们不可能一蹴而就，不可能将注意力只集中在更高层次的理解上。我们都期待着，有朝一日，人们终将开发出一种基于神经生物学考量的新学习分类法[48]。

请你一试：利用"信息组织图"构建学生的图式

一位老师、一位神经科学家和一位工程师聚到一起，要撰写一部作品。老师看到了一份信息组织图，神经科学家看到了相互连接的神经元，工程师则看到了一份Excel电子表格[①]。他们每个人对作品撰写过程都有一种不同的图式——你猜对了，作品撰写过程在很大程度上是以他们的先验性知识和经验为基础的，而这些知识和经验就构成了他们图式的框架。

你可以通过信息组织图（graphic organizer），逐渐增强学生的内在图式。所谓的信息组织图，就是内容的视觉再现，比如呈现出概念的异同、关键属性和层次结构。与具有易变性与即兴式结构的概念图不同，信息组织图采用的是标注清晰的表格、示意图和图表等形式，让学生不仅能够表明类别与概念之间的联系，还能呈现出它们之间的对比。这种组织图让学生能够更加深入地了解所学的内容，即清晰地表达其中的核心观点，然后将它们相互进行比较，从而了解潜在的模式与影响。研究表明，信息组织图的效果甚至好于记笔记。毕竟，做笔记属于一种纯粹按部就班地进行的连续活动。而另一方面，创建

[①] 例如，前文中那张描述陈述性和程序性两种学习途径关键特征的表格，就是芭芭拉创建信息组织图来理解两种途径之异同的方式。前文那幅与艺术风格有关的神经连接组插图，则是特伦斯对于图式的思维方式。贝丝利用自己身为老师的广阔视角，看出芭芭拉和特伦斯两人的观点都是充分利用了信息组织图。（贝丝还添加了"冰山"的点睛之笔，以帮助我们更好地理解这一点：人们看似理解的东西，实际上不过是深层神经复杂性的冰山一角罢了。）——作者注

信息组织图却是一种生成性活动，有助于学生在心中将所学材料重新组织成一种连贯的结构[49]。信息组织图能够巩固和增强学生的图式。

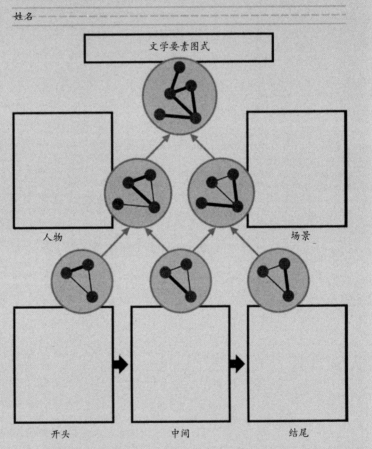

信息组织图将图式的主要特征清晰地列于纸上，可以帮助学生形成其内在图式。这幅故事图有助于学生辨识一个短篇故事中的关键文学要素并将它们视觉化。这种信息组织图，可以帮助学生用众多故事进行练习时构建其内在图式。

例如，在英语语言艺术课上，一年级的学生听完一个故事，并且完成描述故事中主要人物、场景及事件经过的故事图（story map）之后，就会构建他们的文学要素图式，如下面的这幅信息组织图所示。他们会针对数个故事进行这种练习，填好数幅信息组织图；于是，他们就会开始了解到故事之间诸要素的相似情况。听完一个又一个故事之后，他们就会开始明白，故事的每个部分是如何结合到一起，从而形成一个整体的。到了初中和高中阶段，学生就可以拓展他们的文学要素图式了。此时，他们已经超越了辨识故事的开头、中间和结尾这个层次，进而能够解释情节的上升、冲突、高潮、情节的下降和解决办法了。他们不但能够描述故事中主角的情况，而且能够解释主角的行为是怎样对故事的高潮产生了影响。

利用信息组织图的力量来构建学生图式的技巧有[50]：

1. 在采用信息组织图之前，让学生对所学的概念形成一种表层性的理解。学生无法转换他们并不理解的知识。

2. 接下来，向学生提供一份信息组织图的模板，但要求他们自己去填写。这可以发挥支架的作用，帮助学生去构建自己的内在图式。

3. 对于已经了解所学的材料、希望增强其已有图式的学生，你应当允许他们去创建自己的信息组织图。为此，你应当把各种各样的组织图教给学生，为他们正在学习的众多概念类型服务。

学生可以创建自己的示意图来进行比较和对比，可以创建自己的时间线来理顺事件的先后顺序，也可以创建自己的图表来组织各种因果关系。

4. 最后，让学生在随后的各种学习活动中，比如辩论、写报告和研究中，运用他们的信息组织图，以便巩固和拓展他们的学习。

在这种练习中，我们希望你能开发（或者找到）一种适合你所教科目的信息组织图，来帮助学生辨认和比较所学内容的关键特征。你也可以号召学生为全班或者为他们自己开发出一种信息组织图。多有意思啊！

间隔反复法

最后，我们再来说一说另一种含有"必要困难"、可以在长期记忆中创建神经连接的教学方法，即间隔反复法。就像与提取练习密切相关的方法一样，间隔反复法不仅有助于学生的陈述性学习，也有助于他们的程序性学习。

首次学习一个概念时，你的大脑是在努力创建连接。只要做得到，大脑会用任何方法来创建那些连接。通常情况下，这些连接不一定就是能让你去理解所学内容本质的最佳神经元配置。

我们能够让那些连接进行重新调整，并且形成更简单、更好、更深入和更强大的连接的最佳办法，就是休息一会儿。然后，再回去反复学习那个概念。随着时间的推移而不断地回去学习，既是间隔反复法的精髓所在，也是大脑具有巩固信息这种本领的基础，正如我们在第3章的插图"巩固过程"所示。这种再学习，甚至有可能在神经连接与同一概念相关的情况下，让程序性系统创建的连接和陈述性系统创建的其他连接能够找到相互关联的途径[51]。

那么，两次反复之间的时间间隔应该为多久，是几分钟、几小时、几天、几周还是几个月呢？遗憾的是，我们并没有什么简单的答案。但我们知道，睡眠和精神上放松片刻，再加上简单的时光流逝，可能有所作用[52]。假如学生希望记住1个星期之后就要考试的内容，那么，在考试的前一周里，他们就应该每天都进行复习。假如想让学生牢牢记住所学的内容，因为你希望他们在1年内都懂得那些知识，那么，每3个星期复习一次就是个不错的办法[53]。

但是，每个人的情况都不一样。有些学生会比其他学生更擅长记住知识。这是他们以前的学习经验（即他们已有的图式）与他们的大脑创建心理联系（其中包括他们的内在动机）的能力共同作用的结果。顺便说一句，交叉练习本身似乎就属于间隔反复法的一种，这一点有可能在一定程度上说明了交叉法能够帮助学生长久记住知识的原因。

家庭作业适量的重要性

过多的家庭作业（比如每晚要花三四个小时才能完成）已经变成了一个颇有争议的问题，导致一些学校彻底取消了学生的家庭作业。遗憾的是，这种做法其实属于因噎废食。适量的家庭作业，能够让学生巩固他们对所学内容的陈述性理解，并且培养他们的自律能力。然而，最重要的一点或许在于，家庭作业可能是一种最佳的方法，可以让学生开发他们对所学材料的程序性理解，因为家庭作业顾及了间隔反复和交叉练习两个方面。

在家庭作业这个方面，其实少即是多。重点在于你布置的作业质量，而不一定是作业的数量。假如要求学生花太多的时间去做家庭作业，那么学生必定会感到厌烦，从而产生抗拒心理，不愿意去完成作业。与其布置40道家庭作业题，你不如试着只布置7道。为了把交叉练习和间隔反复融入进去，举个例子来说，你可以根据当天的课程布置2道题，根据上一堂课布置3道，再根据很久以前的课程布置2道。

至于不同年龄的学生应当在特定科目的家庭作业上花多少时间，有没有一个理想的上限呢？可惜的是，迄今还没有哪项研究发现了这样的最佳上限。我们可能永远都没有一个确定的答案，可以回答每个人"最理想的家庭作业量"这个问题。事实是，它完全取决于作业的质量和学生的积极性。有一条合理的指导原则，那就是：像数学、阅读和写作之类的生物学次级材料需要进行大幅的神经重组，故学生从家庭作业练习中所获的益处很可能最多。每天进行短时间的练习，效果要比每隔数天进行练习、每次练习时间也较长的做法好得多。

尽管一些针对学生家庭作业时间长短的指导原则很有用处，但它们仅仅是一个起点。还有一些需要加以考虑的建议，其中包括[54]：

1. 一定要等到下课的时候才布置家庭作业。如果刚一上课就把家庭作业写在黑板上，学生就有可能忍不住在上课的时候就开始去做家庭作业。

2. 计划在第二天的课堂上运用家庭作业中的关键概念。

3. 将家庭作业计入课程成绩，起码也要占成绩的一小部分。

4. 让学生在离下课还有几分钟的时候开始做家庭作业。已经开始了的事情，学生更有可能去完成。此外，这几分钟也可以让你去帮助那些可能有其他问题的学生。

5. 一定不要用家庭作业去惩罚学生。

学生家长对家庭作业的态度至关重要。家长必须允许学生自己去努力，只能对学生进行适度的指导和提示，而不能一直在学生身边徘徊，进行管束和纠正。从这种意义来说，教育背景有限但对学习和家庭作业持积极态度的家长，可能有益于学生培养出他们自己的元认知技能[55]。

学生通常都想尽快完成家庭作业。一项作业若是耗时较久，他们往往都不想花时间去努力解决。他们可能会说自己试过了，但还是不会做。然后，老师就会帮助他们解决。这种做法，无疑算是经典的诱导行为。为学生布置家庭作业时的最佳策略，就是以一种交叉练习法为基础，布置经常性的简短作业。

能够解释概念，
并不一定证明学生获得了概念性理解

教师们经常以为，假如学生能够口头解释清楚某个概念，那就说明学生对所学材料拥有了一种真正的概念性理解。可遗憾的是，事实未必如此。学生可以利用他们的陈述性系统，简单机械地把他们已经记住的口头阐释复述出来。例如，凯文·邓巴（Kevin Dunbar）及其同事发现，能够明确地说出牛顿运动正确模式的成年人与那些并不理解牛顿运动的成年人相比，二者的大脑活动模式是一样的。诚如大卫·吉尔里所言："'深度'的概念性理解与对概念的明确陈述不是一回事。"[56]

有些学生可以通过他们的程序性系统去理解一个概念（例如，涉及一个语法点或者涉及分数简化的概念），却很难将自己的理解用言语表达出来①。工作记忆差的学生，常常是通过他们那种徒步型的程序性系统来学习的；倘若老师坚持认为陈述性的解释是证明学生已经掌握了知识的唯一途径，这种学生就有可能变得沮丧，并且丧失归属感。比方说，反复要求一个可能患有某种程度的孤独症谱系障碍的学生用语言将自己的理解表达出来，即要求学生运用其陈述性系统进行解释，就有可能导致这个学生彻底不再上学和进行课堂学习。这种情况，也有可能属于"知识反转效应"中一个令人惊讶的例子。这种学生可能真正理解了所学的内容，但由于被迫磕磕巴巴、含混不清地用语言去缓慢解释他们凭直觉已经掌握了的知识，而变得灰心丧气。学生是独特的个体，故有的时候，优质教学就意味着老师应该懂得这一点：只要一名学生知道如何得出正确的答案，并且喜欢所学的内容，那就够了。

---

① 连一些最优秀的编辑，也不是通过对语法和标点符号的规则进行无休止的认真学习，才习得编辑本领的。更准确地说，他们是通过大量阅读，才掌握了大部分编辑技能。我们这几位作者在此就可以证明，有时优秀的编辑能够对作品进行润色，使作品质量大幅提升，却不一定意识到了进行此种润色会更好的原因［参见德雷耶（Dreyer），2019］。——作者注

陈述性学习与程序性学习相结合

你采用的教学方式，会导致学生采取不同的学习方式。直接教学中简短的明示性教学部分，即你进行一系列讲解甚至只是让学生去注意规则或者模式的时候，可以通过陈述性记忆系统促进学生的学习。另一方面，练习则可以让学习转向程序性系统。

学生首次经由陈述性系统学习一种事实，比如学习 $2 \times 3=6$ 的时候，会把此种信息储存于一组神经连接当中。对 $2 \times 3=6$ 这个式子进行练习的时候，他们却会把知识储存到不同的一组神经连接里。学习简单的加减法和乘法表，能够让学生通过练习，对数字之间的关系形成一种程序性的和直觉性的理解。

同样，学习色轮（color wheel）的一些基本事实（比如蓝、黄两色混合后会变成绿色）的时候，学生就是通过他们的陈述性系统在学习。然而，到学生做混合颜色的练习时，他们却会通过自己的程序性系统，理解颜色之间的关系。正是陈述性系统和程序性系统的共同作用，才导致了美术的出现。经由陈述性系统习得的知识，学生可以用语言表达出来，但经由程序性系统习得的知识，学生却不一定能够表达出来了。就算这两个系统对学习来说都不可或缺，也是如此。

请你一试：
运用交叉法与间隔反复法，
强化学生的陈述性和程序性途径

　　简短而经常性地布置的校内作业题和家庭作业题，是逐渐增强学生程序性记忆和陈述性记忆的极佳工具。这些题集当中，始终都应当含有几个启发性的问题，以便将学生的注意力集中到他们正在学习的核心概念之上。接下来，其中应该有针对学生最常混淆的概念而设计的交叉练习题，以及少量涉及过去一段时间所学的知识的题目（间隔反复法）。当然，对于语言学习来说，学生越是接近于沉浸式的学习，再加上这种学习提供的快速反馈与自然交叉练习，他们通过程序性系统巩固所学知识的效果就会越好。

　　学生喜欢获得成就感，因此他们有可能不愿意去解答那些更有难度的题目，而是只等着你来提供答案。优质教学的一个重要方面，就在于帮助学生去认识良好的学习习惯，从而让他们能够变成更优秀的自主学习者。为此，你应当向他们解释清楚体育运动中人们往往会倚重自己最擅长的方面（就像有些足球运动员只喜欢依赖自己那条强壮的腿似的）这一现象，并且说明这种做法为什么是一种糟糕的学习策略。你应当解释说，在学习中勇敢面对那些更具挑战性的知识而不是去逃避，可能是一种可取的做法。学生应当交替运用他们那条"强壮的腿"（即他们认为自己已经了解的知识）和那条"不结实的腿"（即他们正在学习的最新知识）。

你还应当进一步解释清楚，布置的习题集中若是穿插着稍有不同的概念，那么你的做法就是在教学生将他们那两条（或者所有的）"学习的腿"都变得强壮起来，而不只是让那条本已强壮的"腿"变得更加强壮。

最后，你还应当让学生结成对子，解释你刚刚所教的内容，即他们为什么必须勇敢面对学习中更具挑战性的方面。你还可以要求学生分享自己生活中的一个例子，来证明他们勇敢面对挑战时取得的成就，超过了他们自以为能够取得的成就。

本章要点

» 大脑将信息储存进长期记忆的途径主要有两条：陈述性途径与程序性途径。每条途径都会分别将信息储存进大脑新皮质的长期记忆中。

» 陈述性途径（主要）是有意识的，能够快速学习和存储知识。程序性途径是非意识的，学习和存储知识的速度慢。

» 一旦学会了某种知识，程序性系统运用这种知识的速度就要比陈述性系统快得多。不过，程序性学习的灵活性要低得多。假如换掉键盘上的几个键，你的打字速度就会突然没有那么快了！

» 重要的是，只要做得到，就应确保学生是在通过他们的陈述性系统和程序性系统习得知识。这样做会让他们成为灵活、适应性强和能够迅速解决问题的人。

» 老师在直接教学法的"我做"阶段为学生进行的讲解和示范，可以促进学生的陈述性学习。倘若那种教学之后还跟有练习（"大家做"），学生就会开始激活他们的程序性途径，从而有助于他们将学习变得自主化（当然，这是他们经过大量练习之后的最终结果）。

» 程序性系统在婴儿期和幼儿期很强大，但随后就会开始变薄弱。陈述性系统在儿时很薄弱，但会随着儿童长大而逐渐加强。

» 交叉练习是指老师在学生的练习里加入某个主题一些容易让人混淆的相似方面，让练习变得多样化，而不是让学生进行整组练习，对同一主题进行具体的、几乎完全一样的重复练习。

» 必要困难是指学生需要付出高强度的脑力劳动，创建一组牢固的神经连接，才能理解和记住一个概念。

» 图式好比是一组"神经货架"，能将学生学习某一科目时形成的不同神经连接组整合到一起。已有的图式，能让学生更容易去学习一个科目中的新知识。

» 间隔反复是指在几天或者数月之内对所学的材料进行提取练习。

» 交叉练习法和间隔反复法，是研究人员所知的、经由程序性系统来加强学习的两种最佳方法。

» 更重要的是，学生应当证明他们知道如何去应用一种概念，而不是证明他们能够将概念表达出来，能够解释一个概念，并不一定证明他们形成了概念性理解。

1

通过习惯构建团体精神

铃声响起，第三节课开始了。杜韦尔女士（Ms. Duwell）那个班上的学生都安静地坐在教室里，在笔记本上做着"课前练习"（bell ringer）；这是写在黑板上的一项简短任务，学生进入教室后就应当完成。今天的课前练习，针对的是昨天的阅读理解。每组4名学生都有一个装着学习材料的篮子，摆在小组协作区的中央。学生们完成课前练习之后，就会伸手到篮子里去拿上课所需的材料。杜韦尔女士已经为今天的短篇小说课准备了许多的情节图和颜色不同的便笺纸，放在篮子里。

　　在走廊对面盖迪德女士（Ms. Guided）的班里，上课铃响的时候，几名拖拉的学生正朝教室门口走去。放卷笔刀的地方开始排起了队。查理（Charlie）走向座位的时候，把杰克（Jake）的书碰

到了地上。两名男生便恶狠狠地瞪着对方。在教室的另一头，听到两名学生问了一句"今天我们要学什么吗？"之后，盖迪德女士恼怒地抬起头来看了看。把上课所需的用品归置好之后，她便吩咐学生都坐下并把笔记本拿出来。学生们纷纷举手，因为班上一半的学生都得到储物柜里去拿笔记本。

结果令人意想不到：两位老师真的都尽到了自己最大的努力。不过，像杜韦尔女士这种经验丰富的老师上课时，课堂进展得十分顺利，从而让每一秒教学时间都意义非凡。盖迪德女士呢，还没开始上课，就已败下阵来。

问题出在哪里呢？在这一章里，我们将把前面已经了解过的一些神经科学知识整合起来，以便你可以看出，在教学中稍作调整就能够对课堂展开的方式产生巨大的影响。提示大家一下：这个问题，完全在于程序性学习。

程序具有形成习惯的力量

不妨回想一下我们在上一章开篇时所设想的那幅场景。你能够做到一边开车，一边想着"迎婴派对"的事情，而不必去注意开车回家的路线。你是怎样做到这一点的呢？你首次学会回家，是运用了陈述性系统中创建的长期记忆连接。可渐渐地，随着你久加练习、反复驾车回家，你的程序性系统也创建了自己的一系列神经连接。你的身心都开始明白，在不去有意识地想起的情况下应该干什么了。你已经习惯了沿着惯常的路线回家，因此，就算曾经不得不改变路线去做某件不常去做的事情，你可能也会发现，自己错过了拐弯的地方，像往常一样继续回家了！

这就是程序性记忆的力量：常规能够培养出习惯。你可以利用这种力量，打造出一个平稳流畅的课堂。一旦你在长期记忆中创建下神经连接，程序性记忆运用起来就会变得很快——基底神经节那种神奇的"蛙跳"功能，可以让你迅速而自动地执行习惯性的动作。利用程序性系统，你就能够帮助学生培养习惯，从而让你的课堂对所有学生来说都是一种积极向上的体验。

不过，良好的习惯很难在偶然之间形成。我们或许以为，懂得如何高效地获得知识、懂得如何恭敬地去寻求老师的关注都属于常识，但正如我们在全书中所示，常识其实可不一定那么常见。

我们这些老师可能很容易幻想，以为学生全都会带着目的进入教室，全都会态度合作地学习，全都会不受干扰地进步。学生应当做什么，可能在我们老师看来是显而易见的，因此他们若是没有去做当做之事，我们就有可能变得心情沮丧。但问题就在于此：学生并不知道你心里想的是什么。学生无法得知老师所想的现实就意味着，在刚开始教学的那几天里，你必须确保学生清楚地理解了你的设想。这样做将有益于你去帮助他们培养出正确的习惯。

为高效的课堂环境打下基础

哪怕是在开学第一天之前,你就可以开始营造一种热情而高效的课堂氛围。学生若是对即将发生的事情有所了解,就不会有那么多的苦恼(distress,这是压力的不利之处)[1]。这种情况可以带来良性压力(eustress),即一种令人兴奋的新体验或新成就带来的、健康的预期性压力[2]。(在下一章里,我们将更深入地探究压力的问题。)

开学之前

可以制订一个计划,向学生和家长发送信息,介绍一下自己的情况,并让学生知道开学第一天要做些什么。你在信息中,还应对即将到来的情况进行引人入胜的说明。(不妨把它当成是你在为一部备受期待的惊悚片做宣传。此时并不是一个进行乏味的描述或者定下一系列目标的时机。)你的信息应当能够缓解学生的焦虑,让他们提前了解开学所需的任何东西。(没有哪位家长会愿意在开学那天晚上跑到商店里去购买三孔活页夹的!)

开学第一天

开学第一天终于到来，而你的学生也告别了相对比较自由的暑期生活。有的时候，他们会在天亮之前就醒来，可到了学校之后才发现，在长达7个小时的时间里，他们都是被老师从一间教室调到另一间教室里。就算是上一趟洗手间，也必须得到老师的明确允许。帮助学生应对这一过渡的最佳办法，就是效法那些经验丰富的教师，为开学头几天制订一个计划。例如，畅销书《开学之初》（*The First Days of School*）的两位作者哈里（Harry）和罗斯玛丽·黄（Rosemary Wong）夫妇对学生在开学第一天会碰到的问题进行了预测，并且为解决每一个问题都制订了一个计划。这种计划可以帮助学生从无拘无束的暑假，过渡到课程安排得刻板严格的上学生活。

下面这份清单中，列出了学生在开学第一天碰到的常见问题及每个问题的答案，可以引导你做好相应的准备工作[3]：

□我进了正确的教室吗？（这个问题，也适用于虚拟教室！）

我们都知道，开学第一天学生们在课间急急忙忙地寻找下一堂课所在的教室时那种惊慌的感觉是个什么样子——尤其是他们刚刚入学一所新校，对学校的建筑布局还不熟悉的时候。把老师的名字、年级、所教的科目（如果可以的话）张贴在教室门口或者黑板附近，可以发挥直观标志的作用。对于那种迟到了10分钟才进教室、导致班上同学全都盯着看的学生，我们都很同情。我们知道，这位同学坐错了教室，已经难堪了两次：先是在众目睽睽之下离开另一个班的课堂，然后又在众目睽睽之下进入了你的课堂。

□我会坐在哪里？

应当提前计划好学生的座次安排。那些受伙伴欢迎并且与伙伴一起上课的学生，会希望挨着朋友坐。他们会努力说服你，说他们不会相互干扰。不要相信他们的话。允许学生跟他们的朋友挨着坐，就意味着他们可以轻而易举地交头接耳，从而助长彼此进行与学习无关的、分散注意力的行为。群体的力量不容小觑——让朋友们坐在一起，他们最终就有可能分散全班同学的注意力。让学生跟不认识的同学坐在一起，则会让这种行为在开学之后关键的头几天里减少到最低程度。这样做，还能让学生之间开始形成新的友谊。

老师若是拥有一种安排座位的好方法，就可以降低那些生性腼腆和缺乏安全感的学生感受到的压力水平。人类天生就有一种归属感；在试图坐下来的时候，没人希望自己会被排除在外。与成年人相比，年轻人对社会排斥的神经反应尤其强烈[4]。合理的安排座位的方法，可以防止学生产生受到排斥的沮丧感。

在开学的第一天，本书的合著者贝丝会站在教室门口迎接班上的学生，并且给每位学生逐一递上一张卡片。每张卡片的形状和颜色，都与挂在教室天花板上那9款不同的"幸运护身符"（Lucky Charms）中的一种相同（扑克牌的效果也很好）。给了每位学生一张卡片之后，她便吩咐学生抬头看一看天花板，找到自己对应的座位。教室里的课桌已经按照护身符的种类，每4张分为一组。学生就坐在与他们收到的护身符相匹配的那个小组。通过将学生的选择从任何一张课桌缩小到一组4张中的一张，她的这种方法也让学生对自己的座位拥有了一定的发言权。经验丰富的老师还有一个小窍门，利用的是学生通常都会跟着各自的朋友一起走进教室的现象。因此，你可以通过巧妙地分发不同颜色的卡片，打乱学生的朋友群。把学生安排到开学第一天他们所在的小组里，也自然解决了安排协作性学习小组的问题。至于协作性小组，我们将在下一章里进行探讨。

□我的老师是谁？

老师应当先进行自我介绍。你将与学生一起度过180天的时间。可以与他们分享一点儿个人情况。对于你的宠物、你最喜欢的运动队和你的业余爱好，学生都会很感兴趣。应与学生融洽相处。不妨让他们知道，你在他们这个年纪的时候是个什么样子。你当时都有哪些担忧和目标呢？那个年龄的生活中，有哪些事情给你带来了一些曲折呢？

无须赘述，与学生分享这样的信息时，你就开始跟他们建立个人联系了。很多学生就会开始向你讲述他们所养的宠物、他们喜欢哪些体育运动、他们喜欢在课外干些什么等情况。随着他们开始信任你，学生就会跟你分享自己遇到的困难与担心的事情。师生关系对教学有着至关重要的作用。有句流传甚广的谚语，说得很好："只有了解到你有多在意他们，学生才会在意你懂得多少知识。"

□我们要学些什么？

应当激发出学生对你将要教学的内容的兴趣。虽然所教课程的内容很重要，但不要在开学第一天就深入去讨论课程的问题。第一天应当有如一部预告片。比方说，假如你教的是化学，那就可以用一个简单的实验，将一种液体变成气体，让学生大感惊讶。他们肯定会想知道你是怎么做到的。但你一定不要告诉他们。记住，你是在吸引学生，好让他们下一堂课可以带着兴奋之情回来学习更多的知识。假如你给出答案，就会给学生一种结束了的感觉，从而扼杀学生预先产生的好奇心。

如果你教的是英语，那就不妨用学生在整个学年里即将阅读的故事中那些具有戏剧性的人物性格和冲突来吸引他们。你甚至可以从学生当中挑选几个"角色"，表演一个故事中的简短一幕。学生们永远不会觉得这种方式过时，以至于不喜欢这样的事情。本书的合著者芭芭拉就曾在大学里让学生扮演过冰箱的零部件，从而让后者从第一天上课开始，就对冷凝器、压缩机和蒸发器产生了浓厚的兴趣（更不用说对他们的这位教授了！）。要记住，第一天的目的在于激发学生的好奇心和学习热情，以便他们能够兴奋地回来学习更多的知识。

□老师有些什么期望？

应当把行为上的期望和程序（后文中会对程序进行更多的论述）教给学生，让他们明白你的课堂上哪些做法属于可以接受的行为。学生知道你的规矩自有理由之后，他们就更有可能愿意去遵守了。

老师提出一种总体期望（比如"表现很好或者一般，禁止恶劣行为"），对小学生和中学生可能很有效果。本书的合著者贝丝就把这条一般规则应用到了众多的领域里。在刚开始上课的头一两天里，就向学生规定一大堆他们不能去做的事情，有可能让他们真的大倒胃口。所以，不要把注意力集中在消极的方面，而应当有趣一点！你可以将学生分成小组，让他们开动脑筋，想出一些例子来说明"表现很好"和"恶劣"的行为看上去和听起来分别是个什么样子。学生们在可以闲聊一些具体行为的时候，就会放松下来；讨论到他们必然会提及的放屁问题时，则会尤其如此。

将讨论引回全班范围，并且创建图表（这就是信息组织图！），让全班同学对哪些属于可接受的行为达成一致意见。每个形容词都要用一张单独的图表，在上面这个例子中，形容词有

表现很好	
参与活动 坐姿端正 与讲话者进行目光交流 保持干净整洁 举手发言 把上课所需的物品摆在课桌上 说话清晰，语音语调适当	被问到时，回答问题 安静地聆听讲话者讲话 说"请"和"谢谢"

表现恶劣	
讲小话 不顾及别人 未经允许使用电子设备、应用程序或工具 把学习用品留在储物柜里 打断别人的话	咒骂别人 发牢骚 讽刺、挖苦别人

两个，即"很好"和"恶劣"。在图表的一侧画两只眼睛，另一侧画一只耳朵。一定要对全班的讨论加以引导，使之涵盖学生有可能遗漏的一些重要行为，比如说发言之前先举手、不能打断别人的话，等等。

通常情况下，你在课堂上确立的种种期望中会包括遵从老师指令的行为。你可以利用对服从指令的讨论，通过强调那些行为的社会情感特性，来拓宽你的教学[5]。应当指出学生正在学习和练习的一些重要生活技能。例如，在学生轮流发言的时候，其他同学会很乐意参与进来，因为他们知道，每个人都有机会发言，让别人听到他们的意见。通过这些讨论与图表的使用，学生们就会逐渐清晰地了解到老师对他们行为方面的期望。然后，你可以把图表挂在教室里，以便学生可以很容易进行参照。随着这个学年一天天过去，其他一些行为也可以增添进去。由于学生已经定下了规矩，故他们既有发言权，也会认同这些规矩。

第一周：确立程序

所谓的程序，就是做某事的一种既定方式。程序提供了一种安全保障，既可以保护学生，也会为你提供一种教学框架。这是怎样做到的呢？在设计课程教案的时候，你应当仔细想一想，自己希望学生如何去跟所学的材料进行互动。他们会在本子上做笔记吗？他们会使用笔记本电脑吗？他们需要些什么学习资料？他们如何获得这些资料？他们会与同伴分享，还是会以小组的形式进行学习？怎样给他们安排同伴或者小组呢？他们需要多久的时间？上述每个问题的答案都取决于程序；而反过来，程序又可以防止学生出现问题和陷入混乱的局面。在老师教过和强化了程序的、安全可靠的课堂上，学生会集中注意力，专注于学习任务，学习材料会预先准备好，摆放得井井有条，而课堂环境也主要是积极向上的氛围占上风。

为了把程序教给学生，你应当运用直接教学法，好让信息进入学生的陈述性记忆系统中。告诉学生，你希望他们能够做到哪些方面，比如说，他们要怎样进教室才算规矩。把程序分解成几个步骤，向学生说明你希望他们如何去完成每一步。最后，让学生在你的督导之下进行练习，直到他们完全掌握了每一种程序。学生第一次学习程序时，你应当经常和及时地针对具体的行为提出表扬，以便巩固他们的学习效果。然后，应当通过演练和强化这些技能，充分利用学生的程序性途径，直到它们变成学生的习惯。学生若是忘了，你还应当重教一遍。程序性系统的神奇力量，就会让学生在无须你提醒的情况下，去做你所希望和期待的事情了。（大部分如此！）

需要教给学生的常见程序6：

- 进教室

- 点名

- 参与课堂讨论

- 请求帮助

- 运用技术

- 作文应加上页眉（标注出姓名、日期、课题）

- 补上所缺的功课

- 用手势表达自己的需求（例如要上洗手间或者要用卷笔刀）

- 利用空闲时间

- 下课去吃午餐或坐公交车

确立程序，也会传达出你对学生所怀的种种积极期望[7]。开始上课后，趁着学生都坐在座位上做课前练习的时候，你就可以对这种行为进行评价。应当告诉学生，你对他们抱有很高的期望，并且很感谢他们能够实现这些期望。认可与强调那些专注于学习任务的具体行为，可以调动学生的积极性。这样做，也会提示那些懒散的学生，他们当时应该去干什么。还有一种额外收获：待学生们把应该去做的事情内化之后，他们常常就会向其他有可能碰到了困难的同学施以援手。如此一来，习惯就可以构建课堂上的团队精神。

请你一试：按编号排队

上交和回传作文，排队去餐厅、图书馆或者礼堂，在教室外重新分组进行消防演习，如此等等全都是日常惯例，它们既会占用你的教学时间，也有可能变成学生滋生不良行为的机会。一个有效的组织管理学生及其作业的办法，就是给每个学生分配一个编号，供整个学年所用。这个编号应当与老师评分本上的顺序相一致。为了帮助学生记住编号，可以让他们把各自的编号写在一个显眼的地方，比如写在笔记本的封面上。（当然，编号只是为了便于行事，因为我们绝对不应用编号来称呼任何一名学生。你可能想采用一种与字母表反着来的顺序进行编号。这样做就会给那些姓氏以字母表中靠后的字母打头的学生一个排在队列前面的机会！）

为了把排队返回或者上交作业的程序教给学生，你应当：

1. 规定队列开头和队尾应当位于教室里的哪个地方。在人数较多的教室里，还应解释清楚队列该怎样行进。

2. 站在队列的前头。

3. 规定学生应在具体的时间之内进入队列。对于一个有25名学生的班级，你可以指挥他们在不到30秒的时间内排好队。然而，就算学生第一次尝试时花了2分钟的时间，甚至更久，你也不必惊慌。试上几次之后，所用的时间就会大幅减少。

4. 指导学生按照编号的顺序排队。学生最初几次练习这一程序时若是记不住自己的编号，你可以提醒他们看一下自己的笔记本。

5. 让学生注意，谁应当站在他们的前面，谁又应当站在他们的身后。知道自己需要寻找哪位同学，有助于学生迅速排好队。

6. 假如学生们磨磨蹭蹭，不妨进行倒计时，数出剩下的秒数。敦促他们抓紧时间，才会让他们行动起来。

7. 由于你站在队伍的前头，故可以让排在队列里的第一位学生交上或者接过其作业，然后回到座位上，后面的学生也是如此。让学生排好队走向你，既可以节省你的精力，也能让学生练习排队的方法。

刚开始把排队的程序教给学生时，应当让学生练习数次，以构建他们的程序性记忆。过后一名学生若是难以找到自己在队列中的位置，学生就可能心想："艾米丽（Emily）不在这里。我该站在哪里呢？哦，利亚姆（Liam）在这里。我应该站在他的前面。"

排队可以节省时间，尤其是在交还或者收上学生的作业，并且要将作业排序，以便你在评分本上打分这件事上。此外，排队能让学生起身离开座位，并且带有目的性地去运动。这样做还会带来一种意想不到的好处：肢体运动常常都是我们在程序性记忆里形成一种习惯时的组成部分，也是任何学生一天学习生活中的必要组成部分。确立例行性程序，让学生有组织和有目的地离开座位之所以大有裨益，原因就在于此。

一以贯之，至关重要

盖迪德女士可能在学年之初教过学生一些程序，但她不太可能始终如一地执行或者遵守这些程序。相反，往她的教室里瞥上一眼，我们看到的全都是混乱不堪和浪费大量教学时间的现象。在问题出现之前就采取预防措施，对于创造一个安全高效的课堂环境大有帮助。稍微看一看杜韦尔女士的课堂，则会激发我们的好奇心。学生正在对什么样的阅读材料做出积极的响应呢？那些篮子每天都摆在学生的课堂上吗？学生手里那些以颜色编码的便笺纸是干什么用的呢？《像冠军一样教学2.0》（*Teach Like a Champion 2.0*）这部上乘之作的作者道格·列莫夫（Doug Lemov），就解释了上述两种课堂文化之间的差异：

由于高效的课堂文化在长时间里几乎是看不见摸不着的，所以一些人会看不到为此而付出的努力。他们看到的是老师不会对学生说教很多关于行为的内容，便以为营造这种课堂文化的办法就在于不要跟学生过多地谈及行为。结果却是自相矛盾的：假如你尽力去忽视行为问题，那么最终你就几乎不会去教其他的方面；而倘若你刻意并且从一开始就坚持行为文化，那么，在你教授历史、艺术、文学、数学和科学的过程中，注意力分散的现象最终就会消失于背景当中。[8]

奖励对学习和积极性很重要

在一起撰述本书的过程中，我们已经发现，重组过程对学习极其重要。创建新的神经连接组并不容易。它涉及让轴突转向并与树突棘勾连起来，通过在各种各样的环境下进行大量练习，来强化新的神经连接。但事实证明，有一种近乎神奇的化学物质，会让此种重组变得容易得多，那就是多巴胺（dopamine）。这种诱人的神经化学物质，对陈述性学习和程序性学习都很重要。假如我们能够搞清楚，如何才能让学生大脑中的某些部位充满多巴胺，他们的学习速度就会更快。为什么呢？

意外奖励的特殊价值

学生的大脑时刻都在评估，可能有什么样的奖励在等着他们。（所谓的奖励，是指一个人认为积极的东西，无论它是物品、行动，还是内心的一种感受[9]。）大多数时候，学生的生活都像可以预测到的例行程序一样进行着。因此，除非有巧克力或者过山车之类的东西神奇地出现，否则的话，学生的大脑就只会无所事事，执行大脑惯常的功能。不过，假如出现一种意想不到的奖励，众多参与学习的大脑部位里就会分泌出多巴胺。这种多巴胺不但会让学生感觉良好，还能让神经元之间的连接更容易得到强化[10]。你还记得陈述性系统和程序性系统之间那种有如跷跷板一样的竞争性行为吗？事实证明，多巴胺不但会让那种竞争暂时停止，反而还能让这两个系统协同工作[11]。

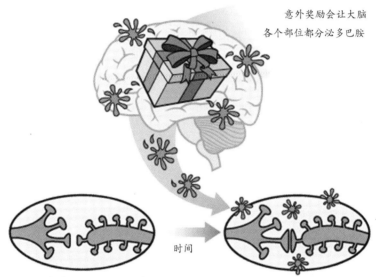

意外奖励会让大脑
各个部位都分泌多巴胺

时间

一种意外奖励出现后，会在大脑中的突触间（即神经元之间的空隙）正在形成新的学习连接的区域触发多巴胺的分泌。这种多巴胺，有助于强化意外奖励出现之前、出现期间和出现之后形成的神经连接。①

① 所以，问题接着就成了"在意外奖励出现之前、期间和之后多久？"答案当然就是"视情况而定"。一些研究表明，新奇感和有可能随之而来的多巴胺分泌，加上另一种分子即去甲肾上腺素（noradrenaline）的分泌，能够促进随后所学的知识，直至30分钟以后［参见：范·克斯特伦（van Kesteren）和梅特尔（Meeter），2020；达扬（Dayan）和于（Yu），2006］。——作者注

换言之，意外奖励导致大脑中所分泌的多巴胺，有助于学生去学习[①][12]！

多巴胺会强化那些可以导致理想结果的行为。多巴胺发挥作用的机理如下。假如四年级的学生坐在课桌后，老师在整理试卷，那么，学生就几乎不可能指望很快会出现什么奖励（距放学的时间似乎还远得很）。假如老师要所有的学生都按照编号排成一队，哦，那也没什么。学生们就会开始排队。

不过，假如在所有学生开始排队的时候，老师提供一种积极的强化作用，用带有感染力和积极乐观、鼓舞人心的语气说："离开座位，让全身的血液活动活动，不是很棒吗？我们还可以向上伸个懒腰，或者给自己一个拥抱呢。"那么，这种做法就会出乎学生们的意料了。听到老师欢快的嗓音，再加上能够离开座位，就会让学生觉得有所收获了！意料之外的积极奖励，不只会刺激大脑的愉悦中枢。大脑中参与学习的许多区域里，多巴胺水平也会大增。此外，多巴胺还能大幅改善工作记忆[13]。学生都会得知，排队让人感觉很好；而且，他们还会更容易学会排队。

我们不妨把这种情况与盖迪德女士教导学生排队时的做法对

---

① 意外奖励会导致多巴胺水平短暂上升，而多巴胺又控制着突触的可塑性，从而使之更容易在未来获得奖励。换言之，多巴胺这种由意外奖励导致分泌的化学物质，有助于让参与学习的神经元更加容易连接起来。例如，打篮球时第一次投篮成功、解出一道数学题或者在一次单词测试中得了第一名之后分泌多巴胺所带来的那种快感，有助于让你的大脑更容易进行重组，以便你下次尝试这种类型的活动时完成得容易一点。——作者注

比一下。盖迪德女士希望学生能够排好队，毕竟她已经在脑海中看到了学生排好队的样子，而排队也是一件相当简单的事情。但是当学生没有按照她希望的方式第一次排队的时候（毕竟，那种方式会令孩子们感到困惑），她就开始对他们大喊大叫。孩子们的期望，一下子便从平淡无聊骤然下降，成了消极对抗。随着多巴胺神经元停止分泌这种激素，多巴胺的水平也会出乎意料地大幅降低。孩子们的学习能力，会完全随着多巴胺水平的下降而下降。学生的大脑，会以一种"忘掉学习"的方式做出反应——多巴胺水平的突然降低，标志着神经元会断开连接，而不是形成连接[14]。

结果呢？盖迪德女士对班上这帮看似难以管束的学生更不满意了，因为他们似乎连排队这样简单的事情都学不会。不过，学生其实已经学会了一些东西，那就是盖迪德女士总是与消极情绪联系在一起。排队一事也会变得与消极情绪紧密相关，所以孩子们会更加拖拉。盖迪德女士则会更加心烦。她不明白，自己今年怎么又要教这么差劲的学生，而杜韦尔女士班上的学生一向却好像更聪明，也更加听话懂事。（从一种重要意义来说，杜韦尔女士班上的学生之所以更聪明，原因完全在于她营造出来的那种课堂环境。频繁的多巴胺刺激，可以让学生的突触快速与他们新学的知识关联起来。）

再举一个例子。学生走进本书合著作者贝丝的课堂时，很少有人会这么想：我迫不及待地想写一篇论文！所以，贝丝会把写作过程分解成众多的小步骤，然后热情洋溢地向学生进行宣传，让他们相信写作是一件最好的和最简单的事情这一观点。对于觉得写作特别困难的学生，贝丝则会抓住他们某个值得表扬的方面，带着喜悦之情向全班宣布[①]。

那种零星的小表扬，就是老师提供意外奖励，从而促进学生在学习中创建神经连接的完美范例。贝丝这种零星而积极的激励，有助于学生更加容易习得她所教的写作技巧。当然，随着那些让学习变得简单的图式逐渐发展，在写作变得较易掌控之后，学生就会更愿意提高他们的写作水平，而他们对待写作这门课程的态度也会发生改变。

这里的关键在于，奖励必须是意料之外的，才能促进学习中的神经重组。意料之中的奖励（比如说写完家庭作业之后玩玩电子游戏），虽说可以提高孩子的积极性，却无益于学习。获得意料之中的奖励后，大脑中似乎不会分泌多巴胺，因为学习者此时没有必要重新连接神经突触。毕竟，大脑已经正确地预计到了这种奖励[15]。这一切还会带来一种奇怪的副作用，即若是经常过于积极，就意味着你的积极评价变成了意料之中的事情，从而说明这种积极的作用没有你可能希望的那样好，不会提高学生的学习效果。

这种情况就让我们必须看一看另一个重要的相关问题。学生

---

① 懂得该在什么时候给予多大程度的表扬，属于教学艺术的一个组成部分。假如在课堂上进行太多的表扬，那么，这种奖励就有可能不再算是意外奖励；而在某种情况下，没有得到表扬也有可能变成一种否定。——作者注

之所以常常会对一门课程产生厌恶之情，仅仅是因为他们还没有进行充分的练习。练习有助于图式的发展，而图式则会让学习变得更简单。正如两位大脑科学家王思翰（Szu-Han Wang）和理查德·莫里斯（Richard Morris）指出的那样："一旦确立下来，图式就能极其迅速地吸收相关的新信息了。我们会迅速记住自己感兴趣的东西，但让我们感兴趣的方面，却需要时间培养。"[16]

预期奖励在激励中的作用

预期奖励的确可以产生激励作用，有时效果还极其强大，就像一次"番茄工作法"结束之后的那种奖励性休息一样[17]。有的时候，预期奖励的效果却不那么强大，比如奖励遥遥无期的时候。对于时间上被延迟了的奖励所带来的激励作用，大脑拥有贴现的能力，称为"时间贴现"（temporal discounting）。人们一直认为，较高的时间贴现率与青少年的冲动和不明智行为有关联。这些获得"较小但较早"而非"较大却较晚"的奖励的倾向，可能与基底神经节中一个叫作"纹状体"（striatum）的部位的古怪行为有关[18]。当然，基底神经节也是一个主要的神经区域，支撑着程序性系统中各种快速的、与无意识思维相关的行为。

预期奖励方面存在的一大挑战，就在于它有时并不像你所想的那样。例如，学生获得同龄人社会接纳的需求，与他们理解所学的知识、获得好成绩来取悦父母或者收到像新奇的铅笔、贴纸之类的小玩意儿相比，激励作用有可能要大得多。假如学生想在一些轻视学习的社交群体中为同学所接纳（从而受到奖赏），那么，他们就有可能故意选择逃避功课。

有些学生，天生就有在传统学业中获得成功的动力。还有一些学生可能在学习过程中感到气馁，因为他们发现学习比较困难，或者发现他们真正的激励来自同龄人，而不是来自学习。正如老话所说，假如你试图消除腐败的源头，跟着钱走就对了。同样，在教学当中，你若是想了解一名学生为何会缺乏学习积极性，最好的办法就是"跟着奖励走"，由此推断出那名学生真正需要的是什么。虽说在我们这些老师当中很少有人能够成为专业的咨询师或者治疗师，但有的时候，这样做可以帮助我们认识到，老师所重视的课程问题不一定就是学生的全部和最终目标。

💡 教学技巧：与冒充者和狂妄自大者协作

有的时候，学生们可能开始觉得自己是冒充者，因为他们根本不可能像班上的其他同学那样优秀。这种感受可能在比较优秀的学生当中尤其普遍[19]。工程学教授理查德·费尔德（Richard Felder）描述过这种"冒充者"大脑中不断闪现的一些潜意识信息：

> 我不属于这里……我是因为够聪明、够努力，才在这些年里骗过了他们，可他们全都以为我很了不起，但我更了解自己……总有一天，他们会明白过来的……他们会提出正中要害的问题，发现我其实不懂……然后……然后……

学生若是觉得自己不行，那么，有时只需要一点儿推动（比如，一次考试的成绩低于平均水平），这种学生就会认为某门课程不适合自己去学。这种情况似乎在理工科（STEM）各学科中尤其普遍。

要想消除学生心中的这些感受，一个好办法就是公开对"冒充者综合征"（impostor syndrome）进行讨论。诚如费尔德教授所言："人多会带来安全感：学生得知他们身边的同学（其中还包括那些坐在第一排、平均成绩全都是优的学霸）也心存同样的自我怀疑感，就会觉得如释重负。"你还可以让他们明白，觉得自己像是冒充者的感受并非全然不好，它们其实有助于让学生不致变得过分自大。

据我们的经验来看，教学中一些最重大的挑战，都源自那些自尊心很强但（目前）能力较低的学生。他们在不该对自己的能力充满自信的时候却信心十足，或者干脆满足于他们能力不足的现状[20]。并不是说这种学生不能改变或者他们不想改变，而是因为

247

他们付出的努力有限，可能远远不够。倘若意识到尽管老师在教学中付出了巨大的努力，可学生对反馈意见基本上无动于衷，那么，就算是那些了不起的老师，也有可能感到心灰意冷。在这样的情况下，像表扬之类的小意外奖励，就有可能产生适得其反的作用。这种奖励有可能助长学生已经膨胀或错位的自我形象，导致学生更加不可能去关注他们急需的学习和成长。然而，这种学生也是可以改变的。例如，让他们干一段时间的糟心工作，或者在一项才艺表演中受到严厉评估，就有可能促使他们重新去理解学习的必要性和价值①。

学生没有遵守程序时会发生什么

我们都有不顺心的时候。对我们的学生来说，生活并不轻松。昨天晚上刚发生一桩悲惨的生活事件，学生今天就得坐在教室里听你讲课，这种现象并不是什么稀奇之事。任何一天，我们

---

① 例如，本书的合著作者芭芭拉上高中的时候就曾确信，非但自己没有学习数学和科学的天赋，而且认为数学和科学毫无用处。后来，她在部队里担任过一段时间的通信兵（Signal Corps）军官，负责处理技术通信，这段经历就让她确信自己高中时的想法错了。在26岁那年服完兵役之后，芭芭拉便决定让大脑重新连接，努力去学习数学和科学。假如有人告诉她的初中代数老师克拉克先生（Mr. Clark），说芭芭拉最终会成为一名工程学教授，克拉克先生是绝对不会相信的。——作者注

的任何一位学生都有可能碰到社区暴力、性虐待和身体虐待、同龄人的压力、网络霸凌、父母离婚、家庭破裂以及被人遗弃之类的经历。或者他们也有可能只是早上睡过了头、没有来得及吃早餐，与闺密吵了一架，或者上一堂课的成绩很差罢了。由于我们明白学生的世界在不断变化，还容易让学生产生焦虑，因此我们这些老师的部分职责，就在于为他们提供一个安全有序的课堂，让学生明白课堂上会发生的情况，知道如何去达到我们的期望。即便如此，不顺心的事也有可能触发学生的抵触情绪。

积极预防学生产生抵触情绪的措施

- 必要的时候，对个别学生、小组或者全班进行明确表扬。老师提供一些具体的、值得表扬的反馈意见，可以在师生之间确立信任和融洽的关系，学生也会更愿意从错误中吸取教训。

- 即使学生回答得不正确，也要对学生加以安慰，以帮助建立信任感、鼓励学生将来继续积极参与。

- 应教导学生，失败也有益处。"失败"一词，其实就是指"学习中第一次尝试"①，从而让犯错并从错误中吸

---

① 英语中，"失败"一词为FAIL，恰好是"学习中的第一次尝试"（First Attempt in Learning）这几个单词的首字母组成，故作者才这样说。——译者注

取教训来进行学习变成一件正常的事情。要知道，如果学生什么都懂，那还要我们这些老师干什么呢？

- 点名叫学生在全班同学面前回答问题之前，应确保被点名者知道正确的答案，从而帮助学生获得成功感。在教室里来回走动，就能让你在调动全班的积极性之前很容易注意到学生的反应。

除了不顺心的时候，还有很多的其他因素能够影响到学生，使之产生抵触情绪[21]。家长、教练、同龄群体和打工单位的雇主，都在争夺学生的时间、消耗学生的精力，这些方面全都会让学生觉得学业没那么重要了。以前消极的课堂经历，尤其是学生觉得自己被忽视的经历，会导致学生缺乏参与学习的积极性。老师在课堂上的做法，也会对学生的行为产生影响。贬损性的评价、讽刺挖苦、单调无趣的声音、令人困惑或者不恰当的指令，甚至是一贯与学生之间缺乏目光交流，都有可能导致学生逃避学习。

学生在课堂上的抵触情绪，表现在哪些方面呢？

- 与老师争吵
- 说冷嘲热讽的话
- 怂恿同学扰乱课堂活动
- 拒绝参与或者极少参与课堂活动
- 经常迟到或者旷课

- 不交作业

我们中的很多老师都热爱教书，正因为我们极其热爱，才把教书育人当成了自己的职业。对我们而言，学生的抵触尤其让人感到沮丧。假如接近（即靠近学生）、迅速而不带威胁性地口头进行提醒、重下指令或者老师的目光都无法阻止抵触行为，那么，我们建议你应当与学生单独谈一谈。（有些行为是绝对不应该容忍的。在那种情况下，你应当用学校的行为守则和纪律政策去约束学生。）

老师常犯的一种错误就是要等到问题变严重了才去进行干预。假如你必须进行干预，那就绝对不要在同学面前让一名学生觉得难堪。让学生觉得难堪，就是一场你永远都赢不了的战争中的开场一击。有些学生会变得消极对抗、不再学习，并且全然拒绝参与课堂活动，或者拒绝做功课。还有一些学生不但会对你发动一场更加主动的战争，甚至会怂恿他们的朋友，一起跟你作对呢。

与学生一对一地交流可能是让学生站到你这边的有效方式。通常情况下，当学生感到受挫、生气并且用行动进行发泄时，可能与你毫无关系。他们也许是无法用语言来形容自己的感受，也许是觉得没有人在意他们，所以，你又何必为此费神呢？等你抽出时间单独与学生交流的时候，这就会表明你在意他们。让学生说一说他们的情况，你就可以做到感同身受。不过，应当确保学生到交谈结束离去的时候，明白他们做错了什么，以及如何去进行补救。跟学生一起制订一个书面的行动计划就是一种可取的做法，因为计划会让你对学生的期望变得清晰明了，可以发挥师生之间一份契约的作用。假如学生的行为没有改善，或者情况变得更加严重，它也可以成为约束学生的证明。

本章要点

» 运用直接教学法，把完成日常学习任务的程序教给学生，比如进入教室，或者请求帮助。

» 演示并告诉学生，你有些什么要求（"我做"）。

» 与学生一起按照你的要求进行练习，并在必要的时候加以表扬（"大家做"）。

» 让学生证明他们完全掌握了做法，直到它变成一种习惯（"你做"）。

» 你必须从开学第一天起就把程序教给学生，然后加以巩固，必要的时候重教一遍。保持一贯性，有着至关重要的作用。学生能够习惯性地做出反应之后，他们就会不假思索地迅速遵从程序。

» 意外奖励会让神经突触分泌出多巴胺，从而使学生能够更加高效地创建新的神经连接。

» 预期奖励可以提高积极性，但有时学生寻求的预期奖励（比如社会接纳感）可能不同于你以为他们想要的奖励（比如获得好成绩）。

» 即便是程序已经确立下来，学生有时也会对学习产生抵触情绪。当微妙的行为提示没有让学生有所改变时，一对一的交流就会为你提供一个建立融洽的师生关系、制订计划来规范学生行为的机会。

把学习者联合起来：

协同学习的力量

就是今天！小组¹报告的时间到了！

你一直在给学生讲授复杂难懂的美国地理知识，此时已经教了好几个星期。今天是这个单元的结课时间，学生们焦躁不安，因为他们终于要就自己早已选定的美国一个州做小组报告了。教室里弥漫着紧张不安的气氛。腼腆的肖娜（Shauna）紧张地捻弄着头发，连平时经常在教室里满嘴俏皮话的德里克（Derek），也是一副害怕的表情。你很想知道，让学生承受压力向全班展示他们的功课，是不是值得。

压力在学习中的作用

现在，我们应当深入探究一下教学和日常生活中最重要的一个领域：压力。压力有好几种。慢性压力会带来痛苦，也就是你和学生几乎无法控制的那种压力，比如碰上一位黑心雇主、家人生病或者一个鬼鬼祟祟的课堂霸凌者。这种压力有可能给你的健康（包括心血管、免疫力和生殖系统等方面）造成种种严重的长期影响。

另一方面，瞬态压力则是指准备考试、身为赛车驾驶员必须迅速做出反应或者接受一场要求很高的远足挑战时，你所经历的那种压力。对于瞬态压力，学生具有一定程度的掌控力，故这种压力通常都不会有损健康；相反，瞬态压力属于一种积极压力（即良性压力），可以提高学生的认知、工作记忆和体力。瞬态压力导致大脑释放的神经化学物质，或许可以解释学生为了一场紧张的考试而学习时，会比他们在闲暇时轻轻松松地"学习"时效率更高、注意力更集中的原因。瞬态压力还解释了你为在全校面前做演讲而学到的知识能够伴随你多年的原因。

适量的瞬态压力，可以在不伤害到身体的情况下改善表现[2]。

瞬态压力会让大脑当中释放出像肾上腺素（adrenaline）与皮质醇（cortisol）之类的激素。若是分泌量适当，这些分子就可以促进神经元之间的连接，作用差不多就像给平底锅抹上油脂，以防油炸土豆粘在锅底一样。但是，过多的压力则会改变这种激素"油脂"的作用，即便只是短暂的压力，也会如此。过多的压力非但不会给神经连接提供润滑作用，反而会导致神经连接"炸糊"和"黏住"，因而什么信息也传播不了。这种表现与一座小山的形状相似，压力达到最佳适量状态时，工作记忆就会达到最大值[3]。从事单调的、无压力（因而没有分泌应激激素）的工作，有可能导致我们产生无聊感和打瞌睡。不过，压力太大则会导致我们产生惊慌情绪，从而导致生产率大幅下降。

人们普遍认为压力一律都是不好的——压力会让学生陷入丧失勇气或者狂乱不已的状态。不过，崇尚脑科学法教学的老师却明白，适度的压力可以成为你和学生的朋友[4]。所以，不要把一切压力都妖魔化，而应当利用积极压力来让学生受益！

社会情感学习至关重要

现在我们应该后退一步，更广泛地看一看学生会如何在情绪上对压力做出反应，以及他们之间是如何相互影响的。社会情感学习，就是培养自我意识、自我管理、负责任的决策能力、人际关系技能以及社会意识的过程。这些方面对我们在学习、工作和生活中获得成功具有至关重要的作用[5]。这种学习的某些方面，属于生物学初级材料的学习。例如，当妈妈疼得发出"哎哟"一声之后，孩子自然会尽力去让她感觉好一点儿。但随着孩子逐渐长大，他们对社会情感学习的需求也会变得更加复杂。学生常常需要别人加以指导，才能学会分享、设定界限、管理冲突，以及在必要的时候做到果敢决断。

学生和老师一样都习惯于校外的小组和团队协作，从加入体育队组到参与志愿活动群体，不一而足。但对于有些学生，尤其是那些新来的、性格腼腆或者在任何一个方面与其他人有所不同的学生而言，学校却有可能是一个让他们感到孤独的地方，有时甚至是一个令他们感到痛苦的地方。协作性学习[6]小组，是指那些拥有共同的目标、平均分担工作量、群体内部联系紧密且朝着目标一起努力的群体[7]。（学期刚开始时形成的一个小组，到学期结束时也许会凝聚成一个紧密联系的团队。）协作活动不只是可以为学生提供社会情感学习的机会。这些活动还可以为学生提供支持、反馈、归属感和建立友谊的机会[8]。通过观察应激激素水平，我们就可以看出这一切是如何发生的。

利用协作性学习来增强社交技能、降低压力水平

我们在上一章已经探讨过，培养习惯性的程序是营造一种积极向上的课堂文化的自然方式。不过，我们这些老师可以更进一步，通过偶尔布置一些课堂作业，其中融入一些有效的协作性学习策略，来鼓励学生培养社交技能。研究表明，学生在遇到新的困难任务时，体内的应激激素水平会猛增，而具有支持性的群体成员提供的"社交缓冲"（social buffering）作用，则可以降低这种水平。换言之，具有支持性的团队伙伴能够让学生的应激激素水平保持在"令人愉悦的中间"水平，从而让学习达到最佳状态。

我们之所以强调"具有支持性的"一词，是因为涉及群体时，具有妨碍性的群体成员有可能提高另一位学生的压力水平，而非降低后者的压力水平[1]。有时，就算不是有意为之，一些学生也有可能具有妨碍性。问题在于，大多数学生走进教室去学习的时候，并不具备高效的团队协作所需的时间管理、解决冲突和沟通技巧。诚如13岁的维罗尼克·明茨（Veronique Mintz）在《纽约时报》上的解释：

---

[1] 至少在鲷鳉和老鼠当中，有些伙伴是肯定能增加压力的；故可以推知，人类这种与之相似的哺乳动物也会如此［参见轩尼诗（Hennessy）等，2009］。——作者注

我就读的学校非常重视协作性学习；我们有80%左右的功课，都是在老师分配的、由3~5名学生构成的小组中完成的。这就迫使想要完成作业的同学不得不去约束那些不守规矩的同学、不得不千方百计地怂恿那些不情愿学习的小组成员出一份力。[9]

不过，完成情况良好的协作性学习可以提供很多的机会，去提高学生的自控力、耐心、解决社交问题的技能、自尊心和情商。最终，这种协作性学习就能够提高学生的学习专注度[10]。对于参加小组讨论，许多学生的焦虑感都不会有在全班面前进行讨论时那样严重，从而让协作性学习小组成了教学时一种颇具吸引力的选择。

巧妙地打断别人说话的艺术

我们经常教导学生，应当让别人把话说完，而不应该去打断。在一定程度上，这种做法很好。但有的时候，为了防止一个人滔滔不绝地霸占交谈，我们有可能必须打断这种人的话头。你可能希望实行一种每个人发言1分钟或2分钟的规矩。你应当教导学生，让他们仔细倾听别人在说些什么。不过，若是此人说得太久，那么他们完全可以等到此人停下来换口气的时候巧妙地打断，然后从承认其观点的角度切入，并从该生刚刚提出的观点开始讲起。

承认另一位学生的观点并由此过渡，是很重要的。这样做表明打断话题的人一直在倾听和吸纳别人的观点，使之融入自己的观点当中。

我们应当注意，有的时候人们可以掌握讲话时那种奇怪却属于真正艺术的呼吸技巧；这就意味着，他们讲话的过程中不会有停顿的时候。还有些人可能会说"等我把话说完！"，但接下来又说个没完没了。在这种情况下，你的态度一定要坚定，才能防止有人强行霸占讨论。实际上，必要的时候坚定不移地让谈话正常进行，对任何一个年龄群体都很有好处。

在第7章里，我们曾经建议老师在开学第一天就把学生分成若干个小组。有些老师会在开学第一天安排好座位，但要等到他们对学生有了更加深入的了解之后，才会给学生分组。这两种方法都是可行的。但不管是在什么情况下，所分的小组都不应当在整个学年里始终不变。

随着老师与学生在开学后的头几周里一起学习，并且开始了解到每个学生的能力与性情，老师就能够对分组情况进行调整了。例如，把两个都喜欢讲小话的学生安排成同桌，或者让一个聪明好学的学生与一个出了名的欺凌弱小者坐在一起，绝对不是个好办法。本书合著者贝丝就养成了一种习惯，会在每个评分期都改变分组情况。在改变分组情况的时候，她会考虑到学生的优点与个性，然后尽量把能够很好地协作的学生配对成组。如此一来，她就会促使学生之间形成新的友谊。

我们已经说过，一个好的团队可以提供"社交缓冲"作用、降低学生的压力水平。例如，本书合著者特伦斯上高中时，由于喜欢提问而被说成是"捣蛋鬼"。高中的一个科学爱好者俱乐部挽救了他，为他指明了方向，让他找到了与志同道合者建立联系的途径，并且教给了他一些基本的领导技能，他一直运用至今。

大脑当中，大部分区域都会以某种方式参与到情绪调节当中。但就其核心而言，这些过程在某种程度上都依赖于前额皮质（尤其是其内侧区域）和皮层下结构（其中包括杏仁核、海马体、下丘脑和基底神经节）之间的交流。

假如你刚才看到这些话时目光呆滞，那么你只需知道，社会情绪学习实际上涉及了我们迄今在本书中已经讨论过的每一个系统以及更多的系统，就足够了。这也是最复杂的一个学习领域，而开发这种学习的最佳途径之一就是通过练习。

协作性的小组学习就可以为学生提供这种练习，使之与直接教学中的"大家做"阶段很好地结合起来。例如，运用"思考—结对—分享"法，就可以让学生跟同桌一起练习提取刚刚所学的知识。这样做也有助于学生培养社交技能，并且对自己的学习负起责任。学生证明他们已经熟练掌握了关键概念与技能之后，布置更多的以学生为主导、涉及解决问题的协作性学习任务，可能就很有效果了。

但是，这种学习不应当仅仅包括把学生分成小组，给他们布置作业，然后吩咐他们去完成。老师采用这种做法的话，各个小组就有可能很快出现问题，而由此导致的经历则有可能给学生留下阴影，让他们一想到小组作业就感到害怕。其实，我们还有一种好得多的协作性学习方法[①]。

分析教学：解决学习小组功能障碍的个案研究

教学设定

小组协作中最常见的挑战，就是小组成员不尽自己的本分[②]。在这个练习中你的学生将阅读和讨论一个案例研究："如何在协作团队中进行自我管理。"（案例论文见于本书后面的附录一。）这个案例研究不仅能让学生学会如何高效地协作，还能让他们学会如何为小组设定期望和为自己设定界限。

在设计任何一种协作性学习任务时，你或许需要考虑到协作性学习的下述几个组成部分[11]：

---

① 有一种颇具吸引力却被人们忽视了的方法，可以帮助改善学校、机构及更普遍的日常生活中的协作，那就是鼓励合唱。合唱可以让神经节律得到意想不到的有益调整，而这种节律也可以改善人们的情绪。［关于对这个方面的广泛讨论，请参阅T. 范德比尔特（T. Vanderbilt），2021的开篇章节。］——作者注

② 这就导致网络上出现了一种很刻薄的表情包："我死之后，希望我的小组项目成员抬着我放进墓穴，好让他们能够最后一次让我感到失望。"——作者注

1．积极的相互依赖关系。问问自己，是不是每个学生在这种学习中都有各自的角色？这些角色有没有以单个成员依赖于小组中其他成员的方式联系起来？小组的工作量是平均分配的吗？

2．个体责任。每个学生如何对自己的学习负责？我将从每个学生那里收集什么样的作品来提供证据？

3．面对面的互动。各种互动是不是设计成小组有时必须进行面对面的交流，而不是每个组员各做各的事情，然后仅仅把各人的作品拼凑到一起呢？

4．社交技能。哪些社交技能需要老师进行教导，或者得到强化（比如展开对话或者进行冲突管理）呢？

5．小组自评。我提供了一种什么样的机制，可以让小组成员去反思他们在小组中的表现，以及其他同学在小组中的表现呢？

活动准备

每个成员都有自己的角色、学生平等出力的时候，协作性小组的学习效果最好。应当设计好你为小组中每个成员分配的每一种角色所承担的责任。小组的学习任务量，必须足以让每个学生都能做出有意义的贡献。这样每个学生都将负责提交自己搜集到的信息。

下面就是涉及阅读任务时的一组典型角色[①]：

· 预览员（Previewer）：负责让学生注意文章的标题，并让自己所在的小组成员预测文章的内容。预览员还负责记录小组成员的回答，并在讨论结束时回过头去，将小组的预测与文章的实际内容进行对照。

· 澄清员（Clarifier）：学生一起阅读文章时（无论是合唱式阅读还是轮流阅读），澄清员负责把妨碍到了小组阅读的问题记下来。每隔几个段落澄清员就应让小组停下来，帮助他们重读课文中很难的部分、查阅不熟悉的单词，并且将小组提出的问题记下来。

· 关联员（Connector）：负责记录小组用什么方式与文章关联起来，比如将文本与自身、文本与其他文本（包括媒体）、文本与世界关联起来。关联员还应确保小组中每个人都有发言机会，但没人可以发太久的言。

· 总结者（Summarizer）：负责确定小组在文中找到的2个最重要的概念。总结者还应提供小组得出的两种新见解，或

---

① 在理工科主题中，小组成员的角色可能大不相同。例如，为了协作完成一系列问题，你可能需要做出如下安排：
　　· 协调员（Coordinator）：负责让每个人各司其职，并且确保每个人都参与进来。
　　· 记录员（Recorder）：负责准备好提交的最终解决方案。
　　· 监督员（Monitor）：负责确保每个人都理解了解决方案和为了获得解决方案而采用的策略。
　　· 核查员（Checker）：负责在提交作业之前对作业进行复核。应当确保小组对下次碰面的时间达成一致意见，并为下次作业分配好角色。对于由3位学生组成的小组，监督员与核查员的角色应由同一名学生担任。——作者注

者一些有趣的细节。在全班做任务报告的时候，总结者负责与全班同学分享这些观点。

界定社交技能

应当把你对学生行为方面的期望写在黑板上。你也可以把这些技能写在记录纸上，贴在教室里，供各个小组每次协作时进行快速参考。为了增加趣味性，还可以让学生用角色扮演的方式，将你的一些期望表演出来。

行为期望的范例

- 称呼小组成员的名字。不得用羞辱性的称呼。假如这是他们第一次协作，那就要预先提醒学生，你与新组员见面时表情应是什么样子（面带微笑很有好处）、语气又应是什么样子（你不会想要听到叹气声或者闷声闷气的话语）。

- 留在小组里。分配小组任务时，可不是你去上洗手间的机会。

- 轮流发言；轮到自己发言时，不要讲得太久。这就意味着，应当安排一名学生开启话题，然后按照顺时针方向，每30秒至1分钟轮换一人，让其他组员发言，确保每个人只要想发言就都能发言，而不会由一名学生独霸整个讨论。

- 积极倾听彼此的发言。这个方面包括目光交流、面部表情和肢体语言。

- 规定适当的噪声水平。进行噪声水平监测的应用程序和网站，可以利用老师电脑上的麦克风，显示学生的音量何时适当、何时太大，比如"零噪声教室"（Zero Noise Classroom）或者"跳跳球"（BouncyBalls.org）。
- 文明地表达不同意见。你批评的是观点，而不是人。
- 整合多个小组成员的观点，汇集成小组的回答。

协作性小组学习的标准程序

我们已经指出，从第一天上课就开始分配好小组并让同一小组的学生坐在一起，是个很好的办法。通常情况下，由3～4人组成规模较小的协作性学习小组，效果要好于规模较大的小组，因为在较大的小组中，学生更容易逃避学习。彼此挨着坐在一起的学生，很容易成为"肩并肩的伙伴"（shoulder partners）。这种肩并肩的伙伴，尤其有益于进行快速互动。对于较复杂的任务，两对肩并肩的伙伴就可以轻而易举地组成一个4人小组。

预先分配好协作性学习小组，并且在一段时间里保持不变（比如一个月或者一个评分期），既可以缩短学生过渡到协作学习的时间，也使学生有了充足的时间去让整个小组开始正常运作。由老师分配学生进入哪个小组，而不是任由学生挑选自己的小组，可以确保没有哪个学生觉得自己被忽视。这样做还能让你根据学生的不同能力水平或者个别可能出现的行为问题来安排学生分组。

1. 分配好各个小组要完成的任务。对于含有多个步骤的任务，可以书面给出完成任务所需的步骤，来为学生的工作记忆提供帮助。这些步骤可以变成一份查验清单，供学生在完成任务的过程中逐一划掉。学生除了记下他们的发现，还可以记下谁做出了什么样的贡献，以及他们碰到的任何问题。

2. 具体说明你打算给多少时间让学生完成任务；如有可能，不妨将一个倒数计时器摆在学生看得到的显眼位置（网上有很多的倒计时应用程序）。这样做可以防止学生拖延。杰出的教师道格·列莫夫建议我们采用特殊的"非典型时间增量"，即不规定5分钟的学习时间，而是试一试4分钟[12]。（采用约整数①的时候，人们往往以为那些数字更像是估计的时间，而不是一段实际有限的时间。）

3. 在学生开始之前就开始跟进，问一问他们：你应该干什么？你有多少时间去完成？

4. 在教室里走动，让学生抓紧时间并监督他们的进展。学生知道你就在附近时，他们都会集中注意力，并且深知你能够及时地澄清他们的角色和任务。不要觉得你一定要插进去说几句，除非一个小组开了小差或者有问题要问；只要你在场，通常就足以

---

① 约整数（round number），指容易乘除的数字，或者用整十、整百、整千等来表示的数字。由于此处指的是时间，而时钟钟面一般以5分钟为一格，故作者才说5分钟是典型的时间增量，而4分钟则属于非典型时间增量。——译者注

让学生专心致志地完成任务了。在教室里走动时，要注意学生们有意思的回答和一些他们觉得困惑的方面，以便你向全班做总结的时候提出来。

5. 采用"先问三人再问我"的方法，减少小组学习中出现的冗余问题。这种简单的策略，要求学生发现自己卡住了之后，先找3个不同的人进行商量或者找3种不同的资料进行查验，然后再去问老师。通常来说，学生的问题涉及的都是你已经讲解过的小细节，别的同学能够迅速回答出来。自己负责找出回答问题的方法而不是只问老师，会促使学生在增强团队精神的同时，对自己的学习负责。你还会发现，自己会有更多的时间去指导一个可能遇到困难的小组了。

6. 提供一种转换提示，提示学生转回全班讨论。提前30秒钟提醒学生，可以让他们做好收尾工作，并且为接下来的全班讨论做好准备。

核评活动

应当有意识地让学生提供个人反馈和小组反馈，说明他们为有效沟通和完成任务而实施的行为和做出的贡献。通常来说，让学生把他们的回答写下来，并且向他们保证说你会严格保密时，你就会得到最诚实的反馈。这种反馈不一定非得要学生填写一份详细的问卷，你才能获得。方法可以很简单，比如让学生回答像"什么有效？""什么无效？"以及"可以做出哪些改进？"之类的问题。你可以利用这种反馈意见，开发出供协作诊疗（Collaboration Clinics，后文将有更多关于协作诊疗的知识）所用的迷你课程。有的时候，学生甚至会向你提出一些建议，它们会更好地界定学生个人的角色，或者进一步提高学生的社交技能。

利用协作诊疗的力量

随着时间一周一周地过去，问题也随之出现，应对协作学习中各种挑战的最佳办法之一，就是定期开展时长为10分钟的协作诊疗[13]。这种诊疗可以帮助学生解决他们所在团队中可能即将出现的种种挑战。在开展一次协作诊疗之前，你或许希望把各个小组混合起来，以便学生更有机会坦率地谈论任何一种挑战。最重要的是，你要强调，学生不应当指名道姓地摆问题，而应当把焦点集中在不良的行为上！

为了对诊疗中要解决哪些问题做到心中有数，你可以让每个学生提交一份书面材料，以过程为重点，对他们所在小组的表现进行反思。你应当明确地问一问，是哪些问题在困扰着他们，因为你必须了解这一点，才能为诊疗活动选定一个主题。

例如，有些小组可能存在学生不尽力的问题，或者学生专横跋扈的问题。为了解决这样的行为问题，你可以让各个小组开动脑筋，想出他们可以尝试用于改善此种状况的不同对策。

你还可以为这种练习增添一点儿乐趣，指出学生采用幽默的解决办法也是很好的（但应当在得体的范围内）。然后将各个小组提出的对策列到黑板上，或许还可以加上你本人的几点建议。

协作诊疗可以教导学生该如何去应对那种令人觉得不舒服的社交场合，而不是忽视或者依赖老师来解决问题。在协作诊疗中，那些觉得自己可能受到了不公对待的学生所表现出来的情绪，与你就一些问题的后果（比如把功课留给别人去做，或者称霸一个小组）进行的教导相比，能够教给学生的东西要多得多。

崇尚脑科学法教学的老师需要考虑的细节

批评应针对课题任务——而非个人

最好是教导学生把批评课题任务和批评个人区分开来。对与课题任务相关的观点展开批评，是一种可以接受的做法，有助于学生学会批判性地思考。但对其他学生本人进行批评，却不在此列[14]。

即便是采用"针对课题任务而非个人"的批评方法，你也应当注意，小组成员偶尔有可能合起伙来，欺凌一位胆怯的、不属于他们那个圈子的"外人"，或者与他们有所不同的组员。对于我们这些老师来说，意识到下面这一点或许会让人觉得难过：每一个可以欺负别人的意外机会，都会让欺凌者分泌出多巴胺。假如欺凌者没有承担过可以让他们"抛弃"欺凌行为的不利后果，那么，这种欺凌行径就会继续下去，甚至变本加厉。假如看到了这样的欺凌行径，你就应当迅速地进行干预。可以单独与欺凌者谈一谈，让他们知道你的底线，并且强调你不会容忍他们的行为。

竞争与协作

尽管过度的竞争会让学生深感苦恼，但偶尔出现的适度竞争却有可能是积极压力的一种形式。事实上，巧妙的竞争形式可以营造出一种健康的互动协作，从而促使学生各尽所能[15]。所以，不要因噎废食，不要彻底舍弃课堂上的所有竞争。就像些许香料一样，一点点竞争会让学习变得更有意思。

同理心应与智慧相结合

教师能够传授给学生的一种最重要的价值观，就是同理心。不过，尽管同理心无比可贵，能让世界变得更加美好，但它也有可能是一把双刃剑。例如，在团队学习中，一名同理心泛滥的学生可能很容易被其他学生所利用，后者乐于让别人去做所有的事情，自己却仍然能够获得赞誉。与之相关的是，"依赖共生"（codependency）[1]这种成年人忍受伴侣严重虐待行为的现象，其根源或许在于人们从童年开始就怀有过度的同理心，而这种同理心还得到了助长和奖励[16]。通过把界限的重要性教给学生，你就可以帮助学生获得力量和智慧，以免长大成年之后陷入各种依赖共生关系当中去。

在小组和小团体中，同理心有可能助长成员一种过度渴望获得接纳的心态，因为被别人讨厌有可能令人感到痛苦。学生学会了设定界限，并且学会了坚决反对课堂小组活动中出现的不良行为，也就有助于他们学会对课堂之外的不当行为说"不"。

小组协作中的非常识权衡

团队协作是功能完善的社会中一个不可或缺的组成部分，只不过个人的贡献可能也很重要。诚如石溪大学（Stony Brook University）[2]的心理学教授苏帕纳·拉贾拉姆（Suparna Rajaram）所言[17]："心理学家已经发现，相比于在较小的群体中工作或者独自一个人工作，在较大群体中工作的人产生的创意往往较少，并

---

① 亦译"拖累症"。——译者注
② 美国一所著名的公立研究型大学，全称为"纽约州立大学石溪分校"（The State University of New York at Stony Brook）。——译者注

且会变得较不愿意接受外界的观点。"①

　　这就是我们喜欢"头脑写作"（brainwriting）这种理念的原因。在"头脑写作"过程中，参与者先是单独开动脑筋，将他们的想法写下来，但不会对这些想法进行评判。然后，小组成员聚到一起，分享他们所有的想法，然后进入常规"头脑风暴"的第二阶段，继续往一起列出的清单中增添想法。

　　最后，人们对数以百万计的科研论文和专利进行的研究已经表明，对于一些已经孕育出来的科技领域的发展，大型团队具有至关重要的作用。但在具有创新性和创造性的进步当中，独自工作的个人或者至多由两三人组成的小团队却不可或缺。一个团队中每增加一人，都会降低团队工作取得真正的创造性突破的可能性[18]。优质教学则可以培养学生进行小组协作和单独学习的能力。

---

① 这句话，可能会让支持小组协作的人大吃一惊。但举个例子，你不妨看看鲍罗斯（Paulus）等，2013那篇论文中引用的丰富内容："尽管人们普遍认为，与他人一起开动脑筋会提高创意的数量和质量，但将互动式头脑风暴与名义小组进行对比的一些比照研究已经表明，小组中进行的口头式头脑风暴实际上会阻碍创意的数量。"从本质上来看，假如你把每个人单独产生的创意都算上，然后将结果加起来，那么整个小组产生的想法与刚开始就一起进行头脑风暴时产生的创意相比，非但数量多得多，也要丰富得多。《自然》杂志（Nature）对数百万份研究论文和专利进行的研究，证实了这样一种观点：群体规模越大，其创造力也就越低。［吴（Wu）等，2019］。——作者注

本章要点

» 慢性压力能对健康产生严重的长期性影响。而另一方面，适量的瞬态压力却会让大脑释放出糖皮质激素和其他能够改善学习能力的化学物质，可以提高认知能力、工作记忆和体力。

» 牢记下述组成部分来计划小组协作很有好处：积极的相互依赖关系、个体责任、面对面的互动、社交技能和小组自评。

» 制定协作性小组学习的标准程序。提供行为期望的范例，并且说明如何避免"搭便车"的行为。

» 请记住，同理心应当与智慧结合起来。过度强调同理心可能会让自己受到小组成员的摆布，甚至促生日后出现依赖共生行为的基础。

» 小组协作有利有弊。研究表明，小组规模越大，获得的成就也会越大。但一般而言，小组规模越小，获得的成果也就越有创造性。

带着个性与才华进行在线教学

有一个重要的大学联盟（但我们不会点名），曾经耗费200万美元，制作了一个有8科的系列在线课程。那门课程拥有精美的录像，遵循了所有恰当的教学准则，却枯燥无味。几乎没有人愿意去注册学习，因此那所大学最终决定将课程关闭。

另一方面，我们的大型开放式在线课程"学会学习"却由业余爱好者制作而成。他们避开割草机的声音和喵喵乱叫的小猫，在一间地下室里创建了这门课程，几乎完全没有花钱。事实上，"学会学习"已经收获了数百万学生和广泛的好评，尽管（或许也正是因为）其中所用的视频很老套，没有经过专业的编辑，也没有条理清晰的随堂测验、讨论区和课程资料。

我们讲述这个情况的意思就是，你不必是一位经验丰富的技术专家或者拥有无限的财力资源，就可以运用一些手段，让你的在线教学质量从"良好"变成"优秀"。本书中你业已熟悉的那些教学方法，用于网络教学时效果也很好，其中包括提取练习、主动式学习和直接教学法。对此，你不必感到惊讶——毕竟，不管是在线学习还是在传统的教室里学习，学生的大脑都是一样的。

不过，还有更多与大脑相关的指标，会为你的在线教学打下可靠的教学基础。你会发现，假如设计在线学习内容时所用的方式与大脑的学习方式相一致，那么，在线教学的效果有时甚至会好于对学生进行的面对面教学。在线学习可以提供自定进度的学习，这就让你能够有效地去进行差异化教学。最重要的是，在线教学还能提高你的面对面教学技巧，我们将在后文中向你说明如何做到这一点。

事实证明，在线学习的效果与面对面的学习一样好，有时甚至会更好[1]。（经常令人觉得惊讶的是，一些"证明"在线学习不如面对面学习的研究，用的都是可笑的不适合在网上传播信息的方法——也正是我们要帮助你去避开的那些教学方法[2]。）许多教师都信誓旦旦地说，翻转课堂（即在线教学与面对面教学相结合）是世界上最好的教学方法[3]。

在本章中，我们将说明网络世界的基础知识[4]，向你展示如何才能在保留自身天赋的同时进行在线教学（起码也能让你假装有天赋！）。

即时（同步）教学与随时（非同步）教学

在线教学有两种类型：同步教学与非同步教学。

所谓的同步教学，就是指利用像Zoom、"微软团队"（Microsoft Teams）或者"谷歌会议"（Google Meet）之类的流媒体平台播放你的影像而进行的实时教学。通过屏幕共享，你可以向学生展示"文稿演示"（PowerPoint）、"谷歌幻灯片"

（Google Slides）、"演示文稿"（Prezi），或者其他的视觉教学资料。与任何一种精心设计的直接教学一样，参与同步学习能够让学生时时刻刻都心怀一种学习责任感。同步教学还能让你回答学生的问题、与学生进行互动，并且能让学生之间进行互动。

不过，正如我们将进一步说明的那样，同步教学领域有可能让你和学生都觉得更加累人。而且，同步教学还有其他一些缺陷：有些州立机构提醒我们不要过于依赖各种同步教学方法，因为协调学生、家长和教师之间的会面时间常常有可能导致这种策略难以持续实行下去[5]。

相比而言，非同步教学则是指制作教学材料，并将它们发布到学校的学习管理系统上（learning management system，简称LMS），让学生在方便的时候能够去查看。文档、视频、测验、讨论题——它们全都能够上传，对学生的学习进行支持。不过，你怎样去防止学生拖延？你又怎么知道，哪些类型的学习材料对学习者最有用呢？

你应当选择哪种类型的在线教学，是同步教学呢，还是非同步教学？据我们的经验来看，对于K-12年级学生所用的在线课程，采用同步与非同步相结合的教学方法时效果最佳。在本章中，我们将提出一些建议，帮助你去权衡利弊。

多媒体学习理论

　　在深入探究如何为学生营造一种优秀的在线学习体验之前，我们有必要先来探讨一下所谓的多媒体学习理论（multimedia learning theory）。其中的基本思想很简单。一幅图片配上语言讲解，与单独的一幅图片或者单独的语言讲解相比，能够帮助学生更加迅速地理解一个概念。这是因为工作记忆通常都有听觉和视觉两个组成部分（它们就是"多媒体理论"中的"多"）。同时使用视觉材料和语言讲解，能够让学生更好地利用他们有限的工作记忆[6]。

工作记忆有听觉和视觉两个组成部分（在此图中，它们分别由你在前几章中看到过的那条"注意力章鱼"身上颜色不同的触手表示）。假如教学时能够让学生同时听到和看到你正在讲解的内容，那么学生就更容易接受各种概念（即神经连接组）。

数十年来，教育心理学家理查德·迈耶（Richard Mayer）一直都在研究多媒体教学的最佳方法[7]。此人的许多发现，也与面对面教学相关。下面就是我们从迈耶的研究工作中发现的一些最重要的见解，以及我们的一些补充说明和想法：

- 说话清晰、态度热情。要记住，学生已经受够了生活中一些消极的和让他们觉得厌烦的东西，所以他们希望从你那里获得乐观向上的鼓舞。制作一段预先录制的视频时，可以试着相对提高一点儿语速，每分钟说150个词到185个词。（假如学生需要思考一下你刚刚所讲的内容，他们可以随时停止播放视频；假如你的语速太慢，学生就会变得厌烦起来，从而更容易开小差。）同步教学的时候，学生经常会听着音频但实际上在做其他事情，因此你需要提出问题，并且找出其他的理由暂停讲解，以确保学生都在听讲。应当咬字清晰；这一点对不是以英语为母语的学生尤其有益。

- 逐步引入复杂的内容，突出重要信息。复杂的图片，应当一部分一部分地呈现出来；应当用箭头或者突出显示的办法，将学生的注意力吸引到你正在讲解的内容上。假如将手写笔和平板电脑连接到你的电脑上，你就能很轻松地画出箭头或者圆圈。

- 去掉屏幕上显示的无关内容。你真的需要用那一整幅图片来说明光合作用的复杂性吗？要点当中，真的需要那么多的废话吗？背景当中，真的需要那个占得满满当当的书架吗[8]？你可以在屏幕上放置一些极其简明扼要的短语，来强调你所说的话。但是，不要把一大段文字打在屏幕上，然后大声朗读出来。这种同时读到/看到相同信息的做法，不但不会巩固学习效果，反而会妨碍学习[9]。

- 在镜头前面的时候，你必须做到勇敢大胆和引人注目。利用你的双手和面部表情，来表达你的情绪。你可以把摄像机看成一种能够自动减掉你10点魅力值的设备。所以，你必须格外开朗活泼，才能弥补减掉的魅力值。就算刚开始时对着摄像机讲话显得不太自然，你也用不着担心，只需把摄像机及其灯光想象成一个支持你的朋友就行了。如有必要，不妨在摄像机顶上放一个毛绒玩具。（假如看过芭芭拉的第一批在线视频，你会以为她正在往下看着一杆猎枪的枪管呢。了解这一点，对你可能有所帮助。）

准备开始：组织好自己和学生

你的课程应由教学大纲或者课程概述发展而来，其中包含了你对学生的期望和日程安排。在线课程的结构布局在你看来可能简单明了，但对学生而言，却有可能令人无所适从，有点儿像是大半夜把他们蒙住眼睛扔出汽车，然后吩咐他们找到回家的路似的。学生需要形成一幅可以让他们开始去浏览课程的"认知地图"（cognitive map）[10]。认知地图是什么呢？它是一个名副其实的神经元网络，其中的神经元以一种让学生能够理解所学知识的方式连接在一起。例如，学生必须学会点击网页的左下角来参加测验。或者他们必须学会点击网页的右上角来参与论坛讨论。只要付出少量时间找到浏览课程布局的方法，那么，新形成的认知地图就会开始变成学生的习惯。

为了帮助学生形成新的、与课程相关的认知地图，你应当制作一段截屏视频（稍后会进一步论及这个方面），让学生大致了解课程的组成要素，其中甚至还可以介绍一下你自己和所教科目的情况。在视频中，应当指出你所用的学习管理系统中那些不同的关键要素，比如讨论区、测验和视频，并且说明学生联系你的最佳途径。学生（以及家长）都喜欢有一份便捷的文档，让他们在整个学期或者整个学年进行参考。为学生提供每个月的学习活动日程有可能带来额外的好处，尤其能让家长和学生搞清楚上课的时间和地点。

那么，你的课程概述中应当含有哪些方面的内容呢？

- 组织工作。班级名称、上课的日期和时间（假如是同步教学）、你的联系方式、你可以为学生提供个别咨询的时间、技术方面的要求和他们可以到哪里获得技术支持，以及课程文本与其他必要的资料。

- 学习内容。对学生将要学习的内容进行描述性的概述，然后提出具体的课程目标，即到学年结束时，学生应当懂得哪些方面和能够做到哪些方面。

- 你的政策和学校的政策。你允许学生迟交作业吗？如果允许的话，会不会给学生扣分？你应当花点儿时间，仔细考虑在迟交作业与考勤方面的政策，因为有些学生必然会迟交作业和旷课。一定要看一看学校制定的手册，了解学校的政策，尤其是关于学业诚信以及学生可用设备方面的政策。提醒学生注意这些政策、注意你将如何执行这些政策，是一种很明智的做法。

- 课程日历。你的课程日历，时间跨度可以是1个星期、1个月、1个评分期或者整个学年。假如想要不折不扣地落实到具体的日期，那么，为整个学年制订课程计划就会是一件很棘手的事情。相反，你可以列出自己的一些打算，并且告诉学生，学习的日期和活动都有可能根据你的判断发生变化。

- 作业和课程成绩。应当对主要的课程作业及其分值进行简要描述。至于经常会布置的作业，比如实验报告或者书评，你还应当提供作业说明、评分标准和一个范例。

通过邮件建立和保持联系

电子邮件是对学习管理系统（LMS）中所含内容进行巩固和

补充的一种好办法。假如制订课程计划的工作进展顺利（有的时候，世界并不会如愿配合我们！），那么，你应当能够：

- 在开始上课的一两个星期之前，发送一封介绍性的电子邮件，表达出你对自己能够与学生一起学习而感到激动的心情，并且提供一些信息，告诉学生在哪里可以找到你已经提供的课程预习材料。

- 在正式开始上课的一两天之前，发送一封开课邮件，准确地告诉学生到哪里去上课、应该做些什么准备工作。

- 开始上课之后，每个星期都发送一封邮件，简要回顾一下本周的学习情况，告诉学生需要为下一周做些什么准备，以及将要完成的作业。假如你制作了视频资料，其内容就是学生在作业中可能碰到的常见问题，那么，邮件中还应包括这种视频的链接。你可能还想顺带提一提自己的情况，说一说那个星期你正在做的某件有趣之事、阅读的某本有趣的图书或者学习的某种有趣的知识。强调优秀学生的学习情况，也会很有激励作用！

把这些邮件保存为模板，可供日后各个学年所用。应当养成一种习惯，即用电子邮件多次提醒学生（以及中小学学生的监护人）注意一项重要作业的截止日期；这些电子邮件既表明了老师的存在，又能显示你的个性。它们还会减少学生拖延的现象。

发送乐观积极、活泼机智的信息，会让你从学生那里得到最好的回馈。使用一些表情符号，则有助于防止学生可能出现的负面解读。

将表情符号与表情包（Bitmoji）结合起来可能很有意思，这一点就更不用说了！在学生逐渐适应课堂环境转换的过程中，你应当原谅他们初期在技术方面出现的问题，因为这种问题是不可避免的。

让沉默寡言的学生积极参与

对于一些不回答问题或者不参与学习的学生，比较好的办法是老师主动给学生家中的监护人打个电话，并且向学生的其他老师或辅导员确认情况。你可能需要做一些调查工作，弄清那个逃避学习的学生的情况。老师的个人存在很重要。你可以通过给学生发个人邮件、表扬学生干得出色的方面或者对那些需要帮助的学生进行鼓励，来增强你陪伴在学生身边的印象。你正在为学生营造一个在线社区，而这种集体意识会极大地帮助学生，使他们专心致志地去争取成功。

一开始就进行一次关于课程期望的低风险在线小测试，既会迫使学生去回顾课程纲要中的重要信息，也会让他们认识到自己在课堂上负有积极主动的责任。你可以把一些判断对错的题目纳入测试中，比如"我明白，我每个星期一都必须查看一下电子邮件，复习每周的课程任务表"和"我明白，大论文作业初稿的截止日期是……"往其中添加一两个傻瓜式的问题，可能有助于打破僵局，比如，可以加上一个考查你这位老师姓名的多项选择题，把你的名字混在一些名人中间，供学生去选择。

音频质量非常重要

专业的视频制作人士经常会说声音占视频的51%，因为若是没有优质的声音，视频就会毫无价值。下一次参加虚拟会议时，你不妨听一听用笔记本内置麦克风和用一个更专业的麦克风讲话时的差异。它们之间的差异，是极其明显的。不注意音频质量，是一种普遍的错误做法。人们往往会过于关注他们的外表，而不够关注自己的声音。

假如你想买一个麦克风，就应当到"亚马逊"（Amazon）之类的网站上去看一看评论者和批评者发布的视频评论，以便快速了解麦克风的使用方法。麦克风的功能有可能看似很复杂，但只要见过一次示范，你就有可能觉得很简单了。（当然，这就是视频教学的好处！）有的时候，老师们喜欢把免费应用程序Audacity下载到手机上，然后把手机放在附近，直接对着他们的脸，来另外录制一份音频，或者对他们录制的音频进行补充。Audacity这款应用能够录制没有杂音的清晰音频，你可以在过后用它们替换掉视频中质量较差的音频。最好是将手机录制的音频进行备份，以防你最初录制的音频播放不了。还有一种成本很低、却能制作高质量音频的方法，那就是坐到床上，在床单下面进行录音。床垫可以吸收声音，床单则会聚拢声波，从而让你录制质量最佳的音频[11]。

不过，音频质量还有一个更加重要的方面，那就是老师的语气和嗓音。有些人的嗓音甜美流畅，还有一些人的嗓音则有可能令人气恼得听不下去。这些人的嗓音音质之所以会令人心烦，是因为除了其他因素，他们的嗓音有可能让你记起自己捣蛋时父母生气的叫喊声，或者有人陷入危险时发出的尖叫声。医学影像甚至显示出，这种刺耳的嗓音可以像其他令人觉得不快的声音一样，劫持杏仁体的情感回路[12]。可惜的是，嗓音音调天生较高的人可能特别容易发出尖锐刺耳的声音，因为在摄像机面前紧张地讲话有可能进一步绷紧声带，从而让他们的高音变成一种刺耳的声音。

我们经常会发现，声音尖锐的播音员和政治人物都会参加嗓音训练。假如长时间观看他们的视频，你就能看到，他们的音高是如何下降和变得更加有如旋律一般优美的。如果你怀疑自己有可能存在音调的问题，一个很好的窍门就是：用低于平时的音高开始说一个句子，可以帮助你用自然和逐渐提升的嗓音说完这个句子或者一个段落，而不致变成一种短促尖厉的声音。

然而，问题在于，许多原本可以从嗓音训练中受益的人，根本就不认为自己有问题。这是因为嗓音是我们用程序性系统学会来加以运用的一种东西。不管对别人而言可能有多么刺耳，我们的嗓音在自己听来都有可能显得自然而悦耳——这就意味着，我们可能需要集中精力和进行大量练习，而且最好是有一个语音教练来进行指导，才能改变我们的嗓音。你的第一步，就是判断自己的噪音有时是不是会带来问题。

　　我们认为，注意自己说话的噪音并且纠正噪音中可能存在的问题，对于你的在线教学甚至比你跟学生面对面互动时更加重要。

拍摄教学视频的提示

　　通常情况下，老师会坐在台式电脑或笔记本电脑前，用网络摄像头传输或者摄录自己的影像。如下图所示，遵循常规的灯光照明规则可能很有好处。在你的前方摆放一束较强的光源，但要稍微偏向一侧；这种灯光叫作"主光"（key light）。第二盏灯叫作"补光"（fill light），应当放在你的另一侧较远一点儿的地方，或者要让它比主光稍暗一点儿。第二束灯光，会消掉各种影子。假如想让自己在背景中显得很突出，你就应当用到第三盏灯，即所谓的"背光"（back light）。如果你只有"主光"，那就要把它摆在你的正前方。你的身后不应有明亮的窗户，因为那样有可能会让观众觉得他们好像是看着你在阳光下的轮廓似的。你若是戴着眼镜，那就可能需要稍微调整一下灯光，找出一个最佳的低眩光位置。应当避免使用环形灯，因为你若是戴着眼镜，环形灯就有可能在镜片上留下数圈可怕的圆形反光。用纯平的LED灯很不错。有的时候，只需把灯光调高一点儿，就能消除或者减少眼镜镜片上的眩光。

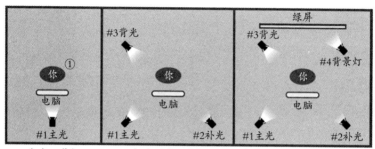

|（a）一盏灯 | （b）两或三盏灯 | （c）四盏灯（用于绿光屏）|

典型的家庭录像设置。你可以用1～4盏灯。

（4盏灯更适用于绿屏，而绿屏很容易用其他背景代替。）

　　一定要注意你在屏幕上的位置。通常情况下，你一开始时会坐得很高、很直，但接下来累了之后，你的身体会开始松垮，从而导致上身落到屏幕的下半部分。你会以为那样很不错，因为你的头部似乎位于屏幕边框的正中央；可问题就在于，你的手部动作有可能位于镜头取景框下方而被切掉。有些人会把笔记本电脑放到盒子上，因为站着录像的时候，你更容易显得精力充沛，也更容易充分利用手势。至少在开始的时候，你要尽量注意双手在屏幕上的位置。你应当让学生能够看到你的双手，尤其是在强调要点的时候。由于你的程序性系统，所以随着时间推移，让双手保持着一种学生看得见却又很自然的姿势就会变成习惯，你根本无须去考虑了。

　　应当确保所有光源用的都是同类灯泡，以免摄像机的光源混淆。这些方面结合起来，就会给你的形象赋予一种完整而真实的基调。假如摄像时的背景能够反映出你自身的一点儿情况，那就太好了。假如做得到，你不妨试着打破用书柜做背景的常见做

贝丝的脸太靠近摄像机，故她的双手被镜头剪切掉，从而失去了一种重要的教学工具。注意她的眼镜上有眩光，虽说她看不到，可观众却看得明明白白。她还有轻微的曝光不足问题，因为她的脸部有点儿朦胧。

贝丝的虚拟背景是一张校园的照片。虽然照片上显得凌乱不堪，但熟悉的建筑和吉祥物，会让学生即便是在虚拟世界里也感觉很自在。

芭芭拉示范了人们普遍会犯的那种错误，即全身塌坐在椅子上，让自己的脸位于画面的正中央（亦称"草原犬鼠效应"，the prairiedog effect）。这样就在无意当中让双手被剪切掉了。她还有过度曝光的问题——打在她脸上的光线过多。

此图中，特伦斯的头部完美地位于画面的上半部分［虽说位置很高，但并没有出现脑袋顶部被剪掉的"弗兰肯斯坦效应"（the Frankenstein effect）］。画面下半部分有充足的空间，让他可以露出双手。

法。只不过，有的时候你只能用一个书柜做背景。就算如此，那也没关系，可以在书柜里摆上你最喜欢看的一些书籍。假如房间里的墙壁和地板都属于硬质材料，那你可以试着加些地毯和表面柔软的东西，比如毛毯或者垫子，将回音降至最低程度。

同步教学

所谓同步，一般是指利用Zoom这样的视频会议平台，通过流媒体实时传播你的影像与视频资料。你将看到，面对面的课堂与同步教学课堂之间有很多相似之处。

问题在于，你并不是完全属于实时教学。学生在其终端看到的授课，会有细微的延迟和跳跃，更不用说有音质的损失了。这些方面就有可能导致所谓的"Zoom疲劳"（Zoom fatigue），即随着经过剪辑或者失真的音频以及对肢体语言捕捉不完整而带来的精神疲惫现象（我们是很难从位于屏幕一角的小画面中看出面部表情的）[13]。

你如何才能让学生集中精力，专注于学习任务呢？首先，给学生讲课的时候，你应当直视镜头（而不是看着你的电脑屏幕！）。对于在线教学，这种直接的目光注视有着至关重要的作用，与你亲自面对面给学生授课时一样。应当尽量把摄像头摆在与你的眼睛平齐的高度。（假如你要抬头或者低头看镜头，那就有可能在无意中显得像是软弱或势利一样。）如果想要显得像个真正的专业人士，你就应当努力直视镜头本身，而不要看着镜头旁边的灯光——就算那种讨厌的灯光事实上有可能吸引你的目光，也应如此。

就授课本身而言，你会很高兴地得知，在线课堂上效果很好的一些方法其实就是我们所熟知的直接教学法的一些变化形式。下面几点一定要牢记于心：

1. 确定基本规则。课程刚刚开始的时候就要定下规矩，然后才去做其他的事情。要求学生帮着制定基本规则，这一点十分重要。虽说这样做需要用较多的时间来进行讨论和列出学生的建议，但从长远来看，它可以提高学生对规则的认可感。确定下来的规则，你应当储存到教学管理系统（LMS）中的显著位置。典型的规则，可能包括：

- 进入课堂时应当静音。
- 端正坐姿，面对镜头。
- 不要穿着睡衣上课。
- 房间里应当光线明亮，我们才能看到你。
- 不要跟狗狗玩耍，也不要跟走进你所在房间的别人讲小话。就算静了音，这种做法也会产生干扰作用。
- 上课期间不要给朋友发短信。

你还需要为涉及类似下述问题的学生确立程序：

- 他们怎样提问？

- 假如要离开课堂去洗手间，他们应该怎样做？
- 他们怎样参与课堂讨论？由谁发言？什么时候发言？

由于同步教学差不多接近于面对面的现场教学，因此每次上课的时间都必须保持一致，就像你在现实的课堂上教学一样。

2. 60秒规则。利用好开始上课之后前60秒钟左右的时间，吸引学生的注意力，鼓励他们准时上课。你需要某种手段，并且这种手段越令人惊讶，效果就越好。要记住，好奇心和新奇感会上调与记忆相关的神经蛋白质含量，从而让学生能够更牢固地记住所学的知识。偶尔讲一讲个人的轶事，能让学生与你形成更融洽的师生关系。

3. 5分钟规则。应当尽量做到明示性教学的时间不超过5分钟（对于年龄较小的学生，明示性教学的时间应当更短），然后再进行分组讨论，或者做某件能让学生做出积极响应的事情。除了偶尔简短地说上几句幽默风趣的题外话，你应当把注意力集中在想要讲授的核心概念上。（我们在后文中将说明，偶尔的幽默在网上学习中具有至关重要的作用。）

你可以与学生共享电脑屏幕，这样学生就能看着你在"谷歌文档"里打字，或者在"文稿演示"中播放幻灯片了。不过，假如你还能在屏幕上进行手写，那就更好了[14]。手写会迫使你放慢速度，并且强调一些具体要点，从而让学生更容易理解你所教的核心概念。

我们喜欢用手写板上所带的"笔"〔无论是"和冠"

（Wacom）还是"苹果"牌的平板电脑（iPad），都很好用]。在进行演示和详细讲解时，应当在视频的一角显示你的影像以及共享的屏幕。把自己的影像显示在屏幕一角的方框里，叫作"画中画"。这种做法，既能让你显示出自己的存在，也能显示出你的热情，从而让学生专注于学习。（不过，这种做法也有缺点，因为学生不得不同时处理两幅独立的图像。）

4．无处藏身的规则。每次对学生进行简短的明示性教学之后，重要的一点就在于吸引学生的注意力。

- 分组讨论。许多在线平台都会为教师提供如何让学生进行分组讨论的方法。你应当学会利用这种重要的工具；必要的话，你可以让家人或朋友参加一次初步练习，从而确保自己知道如何让分组讨论变得更容易。（有些平台允许你进行切换，这样你就可以像学生一样，加入讨论室并看到里面的情况；如若不然，你就可以考虑为此而创建一个次级账号。）在线分组讨论的好处在于，你可以比面对面教学时速度更快地对学生进行分组：只要按一下按钮，就可以将学生随机打乱，让他们有可能与其他同学结成新朋友。

- 要记住，由于所用的平台不同，分组讨论室里的学生有可能看不到你的讲解。有一种解决方案，那就是提供链接方式，让学生去查看一份"谷歌文档"或者含有明示性教学内容的幻灯片。哈佛大学（Harvard）的朗达·邦迪埃（Rhonda Bondie）提出了一个聪明的办法，那就是在每个分组讨论室里指定一名学生，负责记录该小组对一个共享文档或者幻灯片的讨论情况[15]。你可以对这些记录文档进行实时监控，从而了解各个小组是否在正常进行讨论，并在必要的时候为个别小组提供帮助。

- 许多同步平台还让你可以使用轮询功能（Polls）。这种功能既有助于你督导学生的理解情况，也可以让你停止明示性教学。你可以利用像directpoll.com、www.sli.do、polleverywhere.com或者"微软365表格"（Microsoft Office 365 Forms）之类的平台，提前设置好轮询功能，然后把链接发布在一间聊天室里，重复使用轮询功能。在线教学时很难看到学生的肢体语言，而轮询功能提供了持续性的反馈信息，让老师有了实时调整教学的机会。

- 点名要学生回答问题。《像冠军一样教学》一书的作者道格·列莫夫建议说，我们应当采用一种经过了检验的做法，那就是无论学生是否举手，都要冷不丁地点名叫学生回答问题[16]。（假如你担心冷不丁地点名回答会让学生觉得不自在，那就不要再担心了。研究表明，冷不丁地点名要学生回答问题，实际上不但会让学生因为参与了学习而更感自在，还能在你确实提出问题之后，让他们更加乐意自告奋勇地来回答你的问题[17]。）出其不意地点名回答问题，让老师可以检查学生对所学知识的理解情况，可以营造一种心怀责任感的文化，并且保持课程的进度节奏。在随机点名叫学生回答问题时，如果使用一款可以随机生成学生名单的应用程序，你就可以节省时间和确保公平。ClassDojo就是我们最喜欢使用的一款应用程序。

教学技巧：利用聊天室，让学生重新专注于学习

- 你在网上提出一个问题之后，可能有好几个学生同时回答，而你在恢复秩序的过程中，就会反复浪费时间。有一个更好的办法，那就是口头提出问题，并且申明你会等着聊天室里5位学生打出来的回答。

- 建议学生在聊天室里提出问题。有的时候聊天室里提出的问题，会比一个小小的举手符号更容易让你看到。

- 指定另一个人（可以是一位专职的助手、一位已经完全掌握了所学内容的学生或者一位志愿参与的家长）来督导聊天室的讨论顺利进行。应当经常停下来，处理信息和问题。

- 学生不可避免地会对盯着电脑屏幕感到厌烦。假如你感觉到学生的注意力开始不集中了，那就应当像我们在第3章中介绍过的那样，进行一次"脑力休息"。可以让学

生关掉视频1分钟。然后，让学生伸展伸展身体、走动走动、上下跳一跳、做做瑜伽动作，或者仅仅是深吸一口气，享受一下周围的空气。你会惊讶地发现，1分钟左右之后，学生回来继续上课时，就会变得精力充沛了。

请你一试："西蒙说"[①]游戏

由于学生的老练程度不一，学生和老师都得学习一些解决问题的正确方法，比如点赞按键在哪里，或者谁应当先发言，故在线学习有可能进行得断断续续。可以采取一个好办法，那就是玩一玩"西蒙说"的游戏，让学生熟悉所用的平台和你的教学程序[18]。（假如学生已经过了玩"西蒙说"的年龄，那么你可以自嘲地说一句："请大家忍耐一下——我们回想一下自己的童年，一起玩一玩'西蒙说'的游戏，让大家熟悉熟悉这个平台，会很有好处的。"）当你希望学生熟悉一个特定的按键时，你可以说一句像"西蒙说'按下是/否按键'"这样的话。只需花上2分钟的时间，用这种游戏去熟悉所用的平台，就有可能让一堂课进行得更加顺畅。

① 西蒙说（Simon Says），英国一款传统的儿童游戏，一般由3人或更多的人参加（多数是儿童）。玩的时候，由其中一个人充当"西蒙"，其他人则必须根据情况对此人所说的话做出不同反应，如未做对，则淘汰出局，最后除"西蒙"以外留下的人就是获胜者。这种游戏可以帮助儿童加强自我控制和约束自身冲动行为的能力。亦译"你说我做"。——译者注

非同步教学

　　非同步教学通常是指老师把学习材料上传到一个学习管理系统（LMS）上，让学生可以随时去学习。你上传到网上的可以是任何一种学习材料，从视频到小测验、小组讨论题以及各种各样的文档，不一而足。小测验和小组讨论，对鼓励学生进行提取练习的作用尤其强大——这一点，正是非同步教学的一大优势。

　　有的时候，当你创建非同步教学材料时，最令人觉得轻松的方式就是上传文档，供学生去阅读和领会。但遗憾的是，这种方法却有可能让你失去身为老师能够为学生提供的最好一面，也就是你的在场和陪伴。没有老师的指导，有可能让学习变得困难得多，因为学生自己是很难驾驭学习材料的。工作记忆容量较小的徒步型学生，可能很快就会发现自己陷入了困境，不堪重负。

　　学习专家有时会说："让学生专注于课程学习的是彼此之间的互动。"因此，教师应当利用像小组讨论、共享便笺、同学互评和小测验之类的非同步支持性手段，让非同步学习内容变得生动活泼。这些手段确实很有用处，我们在本章中将加以论述。但现实情况是，学生会把注意力集中于视频上[19]。所以，讲解得很好的视频就是所有教学方法中最强大的工具之一[20]。

　　有的时候，你可以找到其他教师制作的、优秀的讲解性视频。但是，你的学生却希望听到你的声音、看到你的面孔，这是完全可以理解的。事实上，教师的存在被认为是"让学生始终专注并且完成在线课程最重要的组成部分之一"[21]。

就算你制作的是一段风格俗套、水平业余的视频，也能赢得学生的尊重，因为你这样做，至少是在努力走进他们所接触的那个世界。假如你主动亲近学生，学生也就更有可能来亲近你。如果你在课堂上关注的主要是社交关系，那么学生看到你在视频中的所作所为之后，也会觉得与你的联系更加紧密。

假如你已经觉得自己被教学任务压得喘不过气来了，那么，有个好消息要告诉你。我们接下来建议的一些方法，你应该只需几分钟就能学会。更加美妙的是，制作视频可以节省你急需的时间，因为你可以重复使用这些视频。

超简单的视频制作方法：尽管去做！

在引导你学习制作优质视频的基础知识之前，我们希望先指出其中的要害之处。制作优质视频的关键，在于制作出你的第一份视频。第一份视频不一定非得很了不起。它甚至不一定是优质视频，只要是一份视频就行了。

有些免费或者收费很少的程序，比如Screencastify和Screencast-O-Matic，都是利用屏幕捕获技术来创建视频的。利用屏幕捕获技术，你在电脑屏幕上看到的任何东西，连同其所附带的声音，都可以转换成一份视频。"完全演示"（Explain Everything）则是一款根据这些方法开发出来的交互式白板工具，尤其适用于触摸屏。

另一种方法，则是利用"文稿演示"的"录制幻灯片演示"（Record Slide Show）功能，在播放"文稿演示"幻灯片的同时录下你的声音，并且可以根据需要，用"画中画"（picture-in-picture）的方式将你嵌入其中。然后，"文稿演示"就会为每幅幻灯片生成一个音频文件（以及一段选配的"画中画"视频）。你可以将自己的影像移动到演示文稿的不同位置，根据你当时认为最合适的方式，做到全屏显示、出现在屏幕一角或者根本不显示。你也可以采用混合模式！如此一来，学生就可以用"幻灯播放"的模式去浏览"文稿演示"文档，听到和看到你对每幅幻灯片的讲解了。

不过，你还可以更进一步，利用"文稿演示"的导出功能，将演示文稿转换成一份MP4格式的视频。"文稿演示"的一大优点在于，假如日后想进行修改，你就可以轻而易举地重新录制和改动个别的幻灯片。就算是用"文稿演示"创建的一段短视频，其中你让自己的面孔位于屏幕一角，正在就一道特别棘手的家庭作业题给出一些提示，可能也会让学生信心大增。创建优质演示文稿的标准规则，也适用于由此生成的短视频：一张含有500个词的幻灯片可以说毫无价值，而一张只是分项列出了5个关键短语的幻灯片，则有可能弥足珍贵。

你若是希望能与学生一起使用指导性的笔记，那就可以把演示文稿保存为两个不同的版本：完整版本供你自己参考，另一个版本则删掉了其中的关键性词汇，或者问题的解答部分。讲课的时候，你应使用只有部分内容的那个版本，边讲边"填"答案；这样一来，你的教学就会变得更具互动性。

学生真的需要看到你吗

一些老师有时会问我们，教师在视频中出现是不是真的有那么重要。为了回答这个问题，我们不妨先做一个思维实验。假设你在屏幕上向全班学生播放你的一段讲课视频（其中没有你的影像）。你的声音则是通过一台扬声器，让学生都听得到。那么，我们的问题就是：你能不能在不现身的情况下，让学生始终关注和长时间地对视频中的教学内容感兴趣呢？尤其是在学生根本没有机会与你面对面的时候，你能做到这一点吗？

解决在线授课时学生旷课问题的最佳长久之计，就是授课过程中你始终存在。一般来说，学生旷课率最低的课程，也就是老师出勤率最高的课程。

——亚伦·约翰逊（Aaron Johnson），
《优秀的在线教学》（*Excellent Online Teaching*）[22]

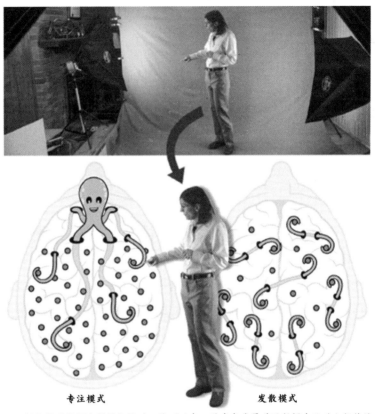

专注模式   发散模式

　　假如想让视频变得更加炫酷，你可以在一种素色背景前面拍摄自己（人们传统上会使用绿色的背景，故得名"绿屏"），然后运用编辑技巧，将自己嵌入视频当中。现代的视频技术有如魔法，让你即便是坐在办公室那种普通的背景当中，也能做到这一点。上图所示，是芭芭拉正在自家地下室里拍摄大型开放式在线课程"学会学习"时的情景。这种方法的优点是，你可以把自己融入讲解的内容当中，从而减轻学生工作记忆的负担。

　　你或许会想：看一看可汗学院的萨尔·可汗（Sal Khan）吧，他可从来没在自己的视频里现过身。的确如此；但另一方面，学生们通常都是自愿观看他的视频。这种学生已经有了动力去学他所教的知识；即便他们只是由于无法理解自己老师的讲解才获得了这种动力，也是如此。可你的学生呢，却不一定是自愿来上你的课。分享你的个性，你就可以与学生之间建立融洽的关系，并且激励他们——这一点至关重要，是让学生专注于课程内容的第一步。

录制自己的视频时，你应当提防所谓的"拐杖词"（crutch words）。它们就是你会反复使用的一些词语——你自己注意不到，可对于观看或聆听你讲课的学生而言，这些词语却有可能让他们觉得心烦。常见的"拐杖词"有"对""好"和"嗯"。它们通常就是你在课堂上进行现场教学时所用的同一类"拐杖词"，故对摄录材料进行监督，就会为你提供一个改善你的网络教学与面对面教学的宝贵机会。

许多人一开始都觉得很难看清自己在视频中的表现，很难听清自己在视频中的声音。有这样的感受，是完全正常的事情；但你应当受到鼓舞，因为制作的视频越多，你的不自在感就会越少。虽然随着一个小时一个小时地过去，你的专业技术似乎没有多大变化，但几个星期、几个月之后，你就会注意到，自己的专业技能有了突飞猛进。你完全可以把自己想象成一位飞行员，需要逐渐积累飞行时间，才能在蓝天上恣意翱翔。或者，你也完全可以把自己想象成一位兼具程序性系统和陈述性系统的学习者。

视频应该有多长

基本上，你应当把教学材料分解成尽可能小的几个部分，但又不能小到学生需要连续观看多段视频才能理解所学概念的程度。我们的建议是：假如你正在创建一组在线教学材料，那么，不管是作为课程的主体内容还是补充材料，其中每个视频的长度都应当在3~12分钟，也就是差不多相当于你进行一次明示性教学的时间。较短的视频"能让学习者专注于零碎的新知识，并且让他们能够掌控新知识的传播"[23]。请注意，这并不是说你应当录制一段时长为1个小时的视频，然后将它剪辑成10段时长为6分钟的视频，而是说你应当对每段视频都稍加留意，让其中含有一段很短的介绍、优质的讲解以及一种能将主旨融入上下文的总结。令人称奇的是，删减一两分钟的教学内容，常常就能调整好视频教学的节奏。

尽管如此，你还应当认识到，只需利用屏幕录制技术，我们就可以把整整1个小时的同步教学过程变成一段时长为1个小时的视频。这种视频虽说冗长，却也可以成为一种有用的工具，至少对K–12年级里年龄较大的学生来说，就是如此[24]。他们可以利用这种视频来进行复习和澄清，或者在没能参加同步教学课的情况下进行首次观看[25]。最后，标题很有趣、名为"6分钟法则的神话"的一项研究已经表明，至少对大学生而言，时长为20~25分钟的视频也很有效。

然而，长视频的一大问题就在于，它们有点儿像是要求学生去阅读百科全书似的。比如说，就算你在一节同步教学课上进行了很多的活动，可一旦你把那节课转换成视频，它就会彻底变成一堂冗长的讲述式教学课。我们都知道，冗长的讲述式教学会给学生的学习带来多大的问题！即使你在一段长视频当中或者之后插入像测验题之类的互动内容，也无法缓解这种视频给学生带来的无聊感。

优秀的视觉效果是视频创作中特别重要的一个组成部分，而获得好的视觉效果却需要时间。尽管下述这种说法可能看似不合常理，但你还是应当注意：较短的视频需要额外的规划和较长的准备时间。

增添一丝乐趣——即便你天生并不风趣

让在线教学材料（不管是以文档、视频的形式，还是以实时同步教学的形式）变得具有吸引力的挑战，为我们引出了一个重要的问题。如果说网络世界与现实世界之间具有一种重大差别，那就是网络世界并不具有即时性。在现实世界里，你可以径直走向一名学生。在网络世界中，你可能只是偶尔现一现身，出现在屏幕上一个小小的角落里。用这种方式进行短时间的教学，还不算太糟。可是，如此教上好几个小时，就不太好了。

与面对面学习时一样，网络教学中的幽默可以有如一根魔杖，弥补这种教学方式中的很多（就算不能说全部）缺陷。偶尔一点儿积极乐观和不具侵犯性的幽默，能够营造出一种更加令人兴奋和放松的学习环境，让教师的评价变得更高，让学生感受到更强的学习积极性，使学生能够更加容易地记住关键知识，并且更多地享受到课程学习的乐趣。这样做还能让学生与你保持紧密融洽的师生关系[26]。

我们并不是说，你必须变成一位喜剧演员！比方说，假如你找到了一种方法，每隔5~7分钟就增添一点儿有趣的或意想不到的内容，或者至少在你的每一个视频中添加一点儿这样的内容，那么，学生就会开始去寻觅那种小小的、意想不到的多巴胺快感了。这种快感会让他们能够在一次次的幽默之间受到激励，从而劲头十足地去学习那些较难理解、有时还很无聊的内容[27]。就算你觉得自己没有喜剧方面的特长，也不用担心。学会增添一点儿幽默，就像是学习骑自行车——你完全不必达到世界级的水准。

有没有什么东西可以让学生笑起来呢？电影片段、表情包以及表情符号就可以。《2020年教学法案》（ *The TEACH Act of 2002* ）允许美国隶属于经过了认证的非营利性教育机构的教师在其教学材料中使用电影和视频中的片段。世界各国的许可制度都不尽相同，因此应当仔细查看所在的国家对你所属机构类型的许可规定[28]。

偶尔运用一下幽默，比如表情包、动图（GIF）、电影或电视节目的剪辑片段，都可以让你的教学增添趣味。但应当查看一下你所在国家和机构的规定。

第一天上完网课之后，狗狗也会晕头转向。

你听得到我的声音吗？
你听得到我的声音吗？
你听得到我的声音吗？
你听得到我的声音吗？
你听得到我的声音吗？
你听得到我的声音吗？

请你一试：带着慧眼看电视或视频

对于电视或者"油管"（YouTube）的价值，人们的观点大相径庭。毕竟，尽管其中有许多精彩的故事与教学内容，但其中也有众多的糟粕。"油管"上的一些教学视频，已经有了上千亿的累计观看量。观看其中一些最受欢迎的节目，不仅能够帮助你提高自己的在线教学水准，也能帮助你与学生保持紧密融洽的联系。

不妨用1个星期的时间，给自己定下一个目标：每天花半个小时左右，观看学生喜欢和广受欢迎的一段教育视频、一部纪录片或一个电视节目。自己应当做一做笔记，了解节目是如何编辑的。他们是用动作来吸引观众的注意力吗？是用某种手段吗？是用意想不到的材料吗？是用幽默吗？你又如何才能将这些点子中的一些融入自己的在线教学和课堂教学中去呢？

"油管"上的典型教育节目

⊙速成课程（Crash Course）

⊙迈克尔·史蒂文斯（Michael Stevens）的"科普小讲堂"（Vsauce）

⊙《醉酒史》（*Drunk History*）（我们并不是在提倡醉酒，但它确实很有趣！）

通过本地图书馆可以获取的流媒体影片（和电子书）资源

⊙Kanopy

⊙Hoopla

⊙Libby

自上而下与自下而上的关注

我们一直都在做出一种不言而喻的假设：教学的时候，你紧紧地吸引了学生的注意力。经验丰富的教师，会用许多不同的方法来保持学生的注意力：从目光交流到打个响指，再到戏剧性地跳到课桌上，不一而足。

不过，你在上网课的时候，跳到课桌上的效果却不会像现场教学时那样好；更何况，那样做或许不是你的风格。在线教学时让学生保持注意力需要有点儿不同的方法，但任何一个人都可以掌握。

首先，我们必须了解注意的过程。学生有两种方法，可以把注意力转向你：即运用自上而下或者自下而上的过程[29]。

自上而下的关注过程涉及个人的自由意志[①]，它源自前额皮质，然后传回到大脑中的其他部位。自下而上的关注过程则是无意识的，源自大脑靠后的部位，那里会先感知到外界刺激，然后将刺激信息往大脑前部传送。

只有你吸引学生注意力的时候，其他的神经机制才能开始把学生正在努力理解和吸收的知识牢牢锁定。

[①] 好吧，好管闲事的人，我们知道你正在想些什么。但我们还是不要讨论哲学中的"自由意志"为好。——作者注

两种注意力过程的要求都很高。一旦同一场景持续的时间太久，学生的注意力往往就会开始分散。学生必须运用自上而下的关注过程，强迫自己的注意力回到学习上；换言之，他们必须通过自己的毅力，才能保持注意力。

另一种吸引学生再次集中注意力的方法，就是运用自下而上的关注过程，比如：

- 动作（尤其是让人产生快速靠近这种错觉的动作）
- 声音（电子游戏会巧妙地利用音效）
- 意想不到的东西（在这个方面，幽默会发挥作用）

我们很容易对自下而上的刺激做出反应，比用自上而下的方法强迫你重新集中注意力要容易得多。假如在视频中创建了自下而上地吸引学生注意力的内容，你就能够让学生专心致志，而不

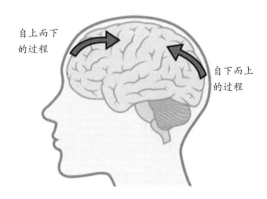

自上而下
的过程

自下而上
的过程

自上而下（左侧箭头所示）与自下而上（右侧箭头所示）两种关注过程，它们控制着学生注意力的方向。

必迫使他们去消耗自己的意志力了。

为了吸引学生的注意力，你可以试着不定期地运用一些小技巧。比如说，利用视频编辑手段，偶尔将你的身体从屏幕的一侧移到另一侧；在全身影像和半身影像之间切换；用飞入的箭头来强调某一点；胜利完成推导过程之后，发出一声"哈哈"（ta-da）。

但要注意，并非一切都必须是动作、声音或者意料之外的东西。优秀的视频编辑技巧可以提供激情，足以时不时地运用自下而上的潜意识过程却又无须做过分之事，将学生的注意力拉回到屏幕上。这些适度的视频技巧，能够让学生更容易将注意力集中于你的讲解之上，因为目光自然而然地游离开去之后，他们无须强迫自己，让注意力重新回到你的身上。相反，他们的注意力会被反复吸引到你在屏幕中讲解的内容上。要想知道什么时候在视频中插入一种吸引注意力的手段，看一看你在观看自己制作的视频片段时，注意力什么时候开始分散就行了。

要记住，老师的头部在屏幕角上的一个方框里讲话并不算是真正的动作，因为这种状态太过静止，也很好进行预测。实际上，之所以说设计巧妙的非同步视频常常是优质在线教学的基础，原因就在于此。非同步视频的内容，更加符合能够吸引学生注意力的特点。

脚本并非始终需要，但可能有用

很多教师每天所讲的内容太多，因此就算是把一天的教学内容逐字记下来形成脚本，工作量也会让你觉得不寒而栗。你自然不会想把一节同步教学课中所讲的每一个字都写下来。要知道，实时教学的部分魅力，就在于它们具有即时性、活力和自发性。但在创建短视频，比如创建你的概述性视频，或者创建讲解一个特别棘手的概念的视频时，脚本就可以派上用场了。有些教师会使用"半脚本"。在这种脚本中，他们只是列出提纲，而不用将每个字都写下来。"首先，我要干那个。然后，我要解释这个。接下来，我要展示这个。"这种方法能让你紧扣主题，同时避免出现照着脚本朗读的不自然感。

脚本具有一些优点，因为它既能让你更加精确地控制自己所说的话，也能让你设计出一些了不起的比喻与视觉效果。一旦写好了脚本、做好了拍摄准备，你就可以把脚本放到屏幕上，最好是放在摄像机镜头的正下方。（一些提词器应用程序可以让这一点变得很简单。）应确保脚本在屏幕上所占的区域不要太宽，以便阅读时你的眼睛不会来回移动（这样会让你显得贼眉鼠眼）。写出一份脚本，也有助于你制作字幕。对于所有学习者来说，尤其是对那些具有特殊需要的学生和非母语者，能够看到字幕这一点都很重要[30]。

制作PPT时，就算不该如此，但我们使用大量文字的现象仍然很普遍。至于原因，就在于幻灯片上的文字可以提醒你要说些什么。假如使用脚本的话，那么你始终都知道要说些什么，故将幻灯片上的文字减至最低程度就容易得多了。

评估和参与

就像我们可能很容易被动地阅读一本书那样，我们可能也很容易被动地去观看一段视频。如何来防止这种被动性，让学生更深入地去学习所教的内容呢？哦，当然是利用提取练习了！协作学习、讨论和测验，在提取过程中都发挥着至关重要的作用。这些让学生参与的练习，可以巩固你在视频中所教的内容。

在线协作

学生们如今已经习惯了在网上共享文档、进行协作学习的做法。当然，他们也可以进行"实时"交流，或者通过聊天室进行交谈。网上还有大量不同的非同步教学参与工具，比如Padlet、Quizlet、Kahoot！、GoNoodle、PeerWise、iDoRecall和Quizizz。

这些工具用途广泛，能够让学生通过在线公告板进行互动、创建学习闪视卡和小测验、回答与讨论同学提出的问题，等等。向学生引介这些工具，能够让他们更加容易进行互动。

测验

我们喜欢在线非同步测验的一点，就在于这些测验可以做到"及时"进行。有大量的证据表明，多项选择题可以极其有效地帮助学生去学习[31]。许多的教学管理系统（LMS）或者像HapYak和Zaption之类的工具，都可以让你在视频当中嵌入测验题，或者播完视频之后立即嵌入测验题。经常出现的测验题，可以让学生的注意力回到所学的内容上，并且大幅提高学生的成绩[32]。至于该在什么时候添加测验题，我们并没有什么一成不变的规则。有些教师会在视频中讲述一些引人入胜的故事，因此在视频结束之前用一些具有干扰性的题目去打断视频的连贯性，就没有任何意义了。还有一些像Edpuzzle或者PlayPosit这样的工具，它们能够帮助你围绕视频构建一堂完整的课程，甚至能够跟踪数据，让你了解到学生完成视频中所嵌题目的情况。

引导性问题

老师在学生观看短视频的时候创建一个含有引导性问题的文档，可能很有好处。一项研究表明，学生若是在观看视频的同时回答这些引导性问题，他们在过后进行的考试中的得分，就会显著提高[33]。

家庭作业

把视频里所包含的知识变成家庭作业的一部分，也有助于让学生积极主动地去学习视频中的教学内容。一项研究表明，与不涉及视频内容的类似作业相比，在家庭作业中嵌入教学视频内容的方法能够提高学生对困难概念的理解[34]。还应尽量做到，让学生能够在20分钟内完成你布置的家庭作业[35]。

论坛讨论

论坛讨论能够让你评估学生对所学材料的了解程度，并让学生在不同的情况下对所学的内容进行提取练习。规模较小的分组讨论，既能增进学生之间的相互熟悉，又能培养他们之间的友谊。老师提出以"找出"（find）、"解释"（explain）、"描述"（describe）、"确定"（identify）和"比较"（compare）等行为动词打头的问题，就可以促成一场积极主动而又充满活力的讨论[36]。

应当确保你提出的问题不会让学生说出完全相同的正确答案。为了确保回答的多样性，你可以要求学生从指定的阅读材料中找出3条最重要的引文，然后说明他们选择每条引文的理由。接下来，让他们与另一位学生结成对子，比较他们所选的引文，并且确定其中的一条，与另一个小组进行分享和展开辩论。

开始一节同步教学课之前，可以让学生在一个论坛里发发帖子，以便你可以了解他们有哪些问题和想法。假如学生既应当发帖，也应当回复别人的帖子，那就应当确保你明确规定了原始帖子的截止日期和回复的截止日期，并且它们之间至少要相隔一天。你若是平均每周都能做到在讨论论坛中简短地插上几次话，就能让学生感受到你的存在，而你自己也不至于变得不堪重负。规定帖子的最低字数，也很有好处。学生明白你对回帖长短的要求之后，就可以调整他们的回复的深度，以便达到（有时还会超出）你的期望。

请你一试：让学生制作视频

很多学生都喜欢制作视频，他们在这方面的本领，甚至有可能比老师好得多。假如你希望学生真正掌握一个主题，那就可以要求他们制作一个视频来阐释该主题[37]。如今有许多的免费视频编辑和屏幕捕获程序，比如TechSmith Capture、Adobe Spark和iMovie。你可以在Flipgrid上给学生布置"制作一个视频"的作业。假如你进行的是同步教学，那就可以要求学生制作一段屏幕共享视频（你可以规定视频的最大时长）。然后，留下制作得最好的一些阐释性视频，并且（适当获得学生的许可）在接下来的数年之内反复加以利用，来帮助学生学习。

对于这种作业，唯一需要注意的是，学生有可能过度沉迷于视频制作的过程，以至于他们从你指定要掌握的那个主题中学到的知识很少[38]。因此，应当确保你的评估针对的是你真正希望学生学到的知识，而不仅仅是学生的浮光掠影与兴奋之情。

同步（或面对面）教学与非同步教学相结合：边学边连

我们在第1章中率先说明的"边学边连"这种混合型的教学方法，亦可以用于在线教学，但这一点取决于学生的年龄和能力水平（因为较为老成的学生往往也更有自主性）。比方说，你可以在每个周一制作出视频和文本，让学生能够进行在线学习（"我做"）。然后，提供一些初步练习或者讨论题，帮助学生理解所学的内容。这段时间，旨在让学生开始"学习"——至少也要让他们在第一遍尽量多学到一些知识。

在每个星期三，你可以针对学生的学习情况提供个性化的反馈意见，并且通过同步教学，另行增添学习内容和练习（"大家做"）。这一天，有助于学生强化他们在所学主题方面创建的神经连接。

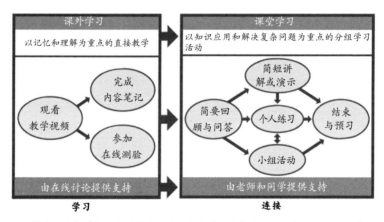

将非同步教学与同步（或者面对面）教学结合起来，就形成了一种"边学边连"的教学方法。

当学生首次学习一个新概念或者一项新技能时，他们就是在长期记忆中的神经元之间创建新的神经连接组。有些学生属于从零开始，需要你付出额外的时间与帮助，才能创建出牢固的神经连接。一些赛车型学生可能不需要额外的帮助就可以开始周五的学习活动。

到了每个星期五，你就可以要求学生上交家庭作业，或许还可以进行一次小测验了，目的就是让学生把知识串联起来。你应当让学生展示他们的本领，然后把新学的知识应用到现实生活当中，并且与其他的主题关联起来（"你做"）。从本质上看，你是把星期一、星期三和星期五这几天分解成了"学习""回应"和"连接"3个阶段。（有时，老师会把星期五的学习内容挪到周末；能不能如此，取决于你所在学校的惯常做法。）

分析教学：制作视频

在你平时的面对面课堂教学中，学生最难掌握的主题是什么呢？这个主题就可以变成你制作的第一个视频的教学主题。

1. 下载你精心挑选的屏幕捕获软件并为自己录像，应当利用你在课堂上通常所用的影像资料（一般都只是一组简单的"文稿演示"幻灯片）。我们建议你用"画中画"的形式拍摄自己，以便你习惯于看到自己在屏幕上的模样。"画中画"并非最理想的制作技巧，但它算是一种极好的开始方式。记得恰当地确定自己的位置，以便头部和双手都能在屏幕上显示出来。

2. 将视频发布到教学管理系统（LMS）上，并且紧接着添加一道测试题或几个问题。

3．要求学生观看视频和回答测试题，或者完成另一项具有创造性的练习，表明他们已经理解了视频的基本内容。

4．问问自己，你接下来想要制作一个什么样的视频。你能不能更进一步，增添一点儿激情，从而超过自己在第一个视频中的表现呢？可不可以增添一个箭头，一个出现之后会不停地摆动的箭头，来指出一个至关重要的主题呢？或者，能不能添加一段游戏化的音乐呢？

观看和聆听自己在视频中的讲课情况，会给你带来一些深刻的见解；这些认识也能提高你面对面的教学水平。看完自己制作的第一个视频之后，你应当问一问自己：我愿意再看一遍吗？为什么？这个视频中，有没有什么深刻的见地？它是否有趣呢？你在视频中显得和蔼可亲吗？你能不能在接下来的数年里继续使用这个视频呢？假如其中有一个问题的回答是否定的，那么，你很可能就需要重新考虑，对视频做出调整才行了。

本章要点

» 在线教学有两种主要形式：同步教学（"此时"）与非同步（"随时"）教学。

» 对学生而言，最好是既能看到又能听到他们正在学习的材料（多媒体理论）。

» 第一次参加在线课程的学习时，学生都会觉得茫然失措。老师应当制作一段简短的视频，帮助学生形成一幅认知地图，使之能够学会浏览在线教学所用的网站。

» 利用电子邮件来巩固和补充你发布在教学管理系统（LMS）中的学习内容。你应当主动接触那些旷课的学生，努力让他们跟上学习进度。

» 注意你制作的音频质量。你应当拥有一个优质的麦克风，才能做到这一点，还要注意灯光与摄像机的位置。

» 制作优质非同步教学材料的一个关键之处，就在于制作出的视频能够突出你这位老师的存在。

» 制作优质视频的第一步，就是制作一段质量低劣的视频。视频的时长应当保持在5分钟左右，而在讲解过程中，你至少应在视频中出现一两分钟，让学生能够看到你。

» 在网络课堂中时不时地穿插一点儿幽默，尤其重要。

» 尽量让参加网课的学生运用他们那种自下而上的无意识

关注过程，而不要运用自上而下、需要极大毅力的关注过程。少量的动作、声音，以及运用意想不到的材料，有助于学生去运用这种自下而上的关注过程。

» 在线分组讨论、测验以及其他的互动工具，能够有力地巩固学生刚学的新知识。

» 将同步教学与非同步教学（或者面对面教学与异步教学）两种方法结合起来，有可能效果最佳——能够让学生专注于学习并对自己的学习负责。

10

绘制通往课程终点的路线图：

教案的力量

时值8月，你正在游泳池边悠闲地阅读本书。再过几个星期就要开学了。你的思绪，飘到了你对所教科目的酷爱上。你会思索，如何才能点燃学生的学习激情。对文学的热爱，或许就是促使你当上了一名英语教师的原因。或者，你可能是一位数学老师，还记得米娅（Mia）终于能够计算一条直线的斜率时，自己的那种兴奋之情（一个人必须站起来，才能大步奔跑）。身为老师，指导学生变成下一代科学家、艺术家、技术人员、教师和历史学家，就是你的动力[1]。不过，成功可不会如魔法一般轻而易举地获得，而是一个过程。成功就是一段旅程。

要在短短的180天里让学生看到整个世界，是一个崇高的目标——因为知识领域太多，时间又太少。考虑到中途学生还要上洗手间、学习上会出现问题以及一些意想不到的弯路，那么，他们用于学习的时间甚至会进一步缩短。

我们已经深入探讨了学习的发生机制。最简单地说，就是神经元之间的连接随着练习而得到强化，随着新的和多种多样的学习经历而得到拓展。你所教的学生（包括徒步型和赛车型两种）就像运动员一样，各就各位——预备——跑！他们的终点（即大脑新皮质），就是储存长期记忆的地方。

学生有两条学习途径可走，即陈述性途径和程序性途径。其中一条需要的时间可能较久，有的时候最好是两条途径一起利用；但对于学生应当走哪条途径或者多久应该转换一条途径，却没有什么明确的规则。最重要的是，让所有学生都到达终点线。

这一点听起来简单得很，可老师们都知道，它绝非易事。大脑是一个复杂的领域。你所做的教学决定，对帮助学生在这个领域里游刃有余地学习有着至关重要的作用。随着开启这段冒险旅程的兴奋之情逐渐增加，你就会规划自己的课堂，为开学的头几个星期备课了。

不过，到9月底，你的教案就用完了。与此同时，你早已淹没在一大堆的问题当中，比如考试、补习、加快教学进度、家长的邮件、教职员工会议、学生的心理健康问题、食物不安全的问题、学生霸凌、校园暴力、评分等，不胜枚举。结果是什么呢？时间日渐不够用，备课就被忽视了。你只好拿来去年的教案，改一下日期，将就着用了。

经验丰富的教师往往也是一流的规划者[2]。他们会从绘制一份"地图"开始，也就是说，从制订一份教学计划开始[①]。教案能

---

① 制订整个学年的课程计划，超出了本书的论述范围。在本章中，我们会提供一种框架，帮助你每天都去实施神经科学所支持的一些教学策略。——作者注

够让教师精准地表达出他们希望学生获得什么样的成就，以及学习取得成功是个什么样子。他们所写的教案，可能并非入职之前的教师在培训期间学到的那种标准格式[3]；不过，大师级别的教师在独辟蹊径的时候，通常都会仔细地考虑到这种标准格式中的基本组成部分。接下来，我们会将这些组成部分进行分解，为你提供一种可以遵循的示范性顺序，其中还包括一些有用的"旅行提示"。一旦找到了自己的立足点，你就会发现制订教学计划是多么简单（和有趣！）了。

制定路线：标准→目标→焦点问题→评估

经验丰富的高级教师会从心中所想的最终目标开始。倘若学

开辟新途径

制定路线：　　　　　　**到达终点：**
1. 标准　　　　　　　　　9. 反思
2. 目标　　　　　　　　　10. 庆祝
3. 焦点问题
4. 评估

引导旅程：
5. 课前练习
6. 吸引手段
7. 课程主体：学习→连接
8. 结课

生明白自己的终点在哪儿，以及到达终点时的情形，他们就会取得更多的成就[4]。大师级别的教师依赖的是标准，以及基本词汇、技能、公式、概念和模式等方面的合适内容，学生必须在一门课程的这些方面取得进步。

标准

所谓的标准，就是指概括地制定的"学生在每个年级水平应当知道和能够达到的学习目标"[5]。在美国，教学标准是按科目划分的。在梳理一页又一页标准时，你有可能产生一种难以应对的感觉，很可能与你跟几十个人一起计划一场复杂的旅行时产生的感觉是一样的。哎呀！

不要去挑战整个世界，而应当缩短你的旅程，即优先考虑那些最基本的知识和技能。

你应当牢记，标准是为教师制定的；要知道，八年级的学生需要下面这种"英语语言艺术共同核心国家标准"（Common Core State Standard for English Language Arts）干什么呢？

共同核心国家标准（CCSS）：八年级——英语语言艺术（ELA）：引述最有力的支持对文本中的明确内容进行分析以及从文本中得出推论的书面证据。[6]

由于教学标准太过笼统，因此大师级别的教师会将它们进行拆分，判断哪些学习材料、例子和资源对学生最为有效。对标准进行的这种解构，就成了目标的一部分。

目标：一个人努力与行动的目的

目标可能被称为学习意图、学习目标、能力要求、学习效果、学习标靶，等等。虽然每个术语之间都具有细微的差异，但使用这些术语的目的，都是为了从（宽泛的）标准逐渐过渡到（具体的）课程上。目标说明了学生应当知道、理解和能够做到的方方面面[7]。它们为老师设定了教学目标、为学生设定了学习目标，还确定了到什么程度才算是成功。

一种目标的核心，就是其中所用的动词，即学生应该做到些什么[8]。这种动词就说明了课程需要学生付出的脑力训练。辨识和回忆，要比对知识加以应用或者综合更为容易[9]。这种动词表明了学生的预期表现，而反过来，学生的预期表现又会让你更容易制定用于教学期间和教学之后的评估措施。一项教案的持续时间长短取决于教学目标的要求，可以是几天，或者少于1个课时。

我们在前文中已经介绍过的八年级英语语言艺术标准，可以衍生出这样一个教学目标：利用信息组织图，八年级的英语语言艺术学生应当能够在《泄密的心》①中找出3个意象的例子，并且解释每个例子是如何有助于营造意境的。

焦点问题

经验丰富的高级教师会看到终点线，并且将终点标注出来，让他们所带领的"旅行者"看到。学生需要了解目标，才能试着去实现目标。如若不然，他们就会漫无目的地徘徊，并且经常会迷路。

许多教师都会把他们制定的课程目标公布在黑板上，刚开始上课的时候就加以申明。我们发现，这种方法有一个问题，那就是学生对课程目标的反应并不是特别好。他们一看到其中难以理解的语句，就会不予理睬。解决办法是什么呢？那就是努力把你的教学目标变成一个以课程为基础的焦点问题。例如：在《泄密的心》中，爱伦·坡是如何运用意象来营造意境的？

为什么要变成一个问题呢？因为问题会激发学生的好奇心。而且，问题可以促进多巴胺的分泌，这样不但会吸引学生的注意力和兴趣，也有助于他们把问题的答案更牢固地留存于长期记忆当中。回答问题是主动式学习的核心，因为这会迫使学生去思考

---

① 《泄密的心》(*The Tell-Tale Heart*)，19世纪美国作家埃德加·爱伦·坡（Edgar Allan Poe，1809—1849）创作的一部短篇小说，是其恐怖小说的代表作。——译者注

教学目标就像图中的山巅，但我们有几条途径
可以到达：陈述性途径或者程序性途径，徒步或者
开着赛车。

和查验他们已经储存进长期记忆中的知识。假如大家在上课期间
始终牢记这个焦点问题，它就能让学生（和我们这些老师）始终
都把注意力集中于实现教学目标这个方面。

评估

教师和学生都知道他们的最终目的地在哪里，可他们有什么
证据，能够证明师生已经到达了目的地呢？这种证据，就是形成
性评估和总结性评估。形成性评估是说明学生一路上取得了进步

的标志[10]。这是一种快速的非正式评价考核，出现在教学期间。它们让教师能够评估每个学生距实现教学目标还有多远的距离。想到形成性评估时，你不妨想一想提取练习。这种练习提供给学生的反馈信息，表明了学生的前进方向、他们已经取得的进步以及接下来的努力目标[11]。这就像是一个全球定位系统（GPS），学生若是拐错了弯，经验丰富的高级老师就会帮助学生"重新计算"，使之回到正轨上。

而另一方面，总结性评估则能提供学生已经成功抵达终点线的证据。总结性评估可以很简单，像一节课结束时的"课堂反馈条"（exit ticket）[12]，或者涵盖了多堂课的章节考试[13]。

引导旅程：安排好课程的顺序

你已经确定了目标，同"乘客"进行了交流，并且制定了评估办法。明白了自己要去哪里，就有了一半的乐趣！你已经做好了准备，要制订出到达那里的计划了。这个计划中，包括了你要使用的材料，以及在旅行过程中要走的路。你会仔细检查，确保自己带足了装备，并且注意到了那些可能需要其他给养的"旅行者"。

虽然我们承认你可能无法始终掌控自己所教的课程，但你可以选择最佳的教学策略去帮助学生学习。你的徒步型学生可能会选择一条风景较为优美的路线，而赛车型学生则有可能在快车道上一路疾驰。工作记忆容量以及先验性知识方面的差异，意味着他们在学习速度上也有差异。同样，有些"旅行者"可能更喜欢独自旅行，而其他人却最好是结成对子和小组来旅行。

课前练习

应当准时开始上课。学生进入教室后，你就必须让他们忙碌起来。这项学习任务通常被称为"课前练习"，或者道格·列莫夫所称的"现在就做"（Do Now）[14]。尽管学习任务各不相同，但你应把每天的"课前练习"公布在同一位置，好让学生进入教室之后，马上就清楚他们需要干什么。如此一来，"课前练习"就会变成习惯，会让学生抓紧"你的时间"。假如你允许学生在一堂课的前几分钟里跟朋友们说话或者去洗手间，那么，学生就是抓紧"他们的时间"，从而导致你在努力让每个学生都专心学习的过程中，浪费所有学生的教学时间。

你应当利用"课前练习"来进行复习或者预习。有些教师会让学生拿出前一天晚上的家庭作业，与同桌对比两三道问题的具体答案。其他一些教师呢，有可能让学生简单扼要地写出当天的焦点问题的答案。无论你进行的是复习还是预习，学生都应当能够在自己的座位上独立完成"课前练习"。学生们做"课前练习"的时候，你可以利用这几分钟的时间，站在教室门口迎接其他刚到的学生，直观地查点出勤状况，并且调整教学的内容——这一切，全都应当在两节课的过渡时间里进行，不能超过开始上课后3~5分钟。

 ## 教学技巧：流程

在开学第一周就制定教学流程，不但可以节约教学时间，也可以为整个学年确立一种高效的课堂管理制度。这些流程中，许多都涉及习惯的养成——也就是说，涉及触发程序性学习系统中的行为或者反应。养成习惯，就意味着学生能够自动而不假思索地去做他们需要做的事情了。

你可以考虑制定下述方面的教学流程：

- 进入课堂，完成"课前练习"

- 分发或者收集学习材料

- 上洗手间或者喝水

- 听讲和回答问题

- 分组

- 提交作业

吸引学生的手段

　　并不是每个学生都会兴奋不已地去学习你所教的知识。你必须引起他们的兴趣，并且让课程与他们的兴趣具有相关性才行。就像为教案设计出一个好的框架问题一样，好的吸引手段可以刺激多巴胺的分泌，让学生牢牢记住你所教的内容。好的吸引手段，会让学生产生获得意外的惊喜回报的预期——这就意味着，你的吸引手段应当变化多样。（这一点不易做到，但谁又说过教学是件容易的事情呢！）好处是你可以在不同的班级或者学年之间反复利用这些手段，对它们进行细微的调整和改善。你也可以将自己在其他教师的课堂上看到的优点吸纳进来。假如一位同事有一种很好的方法，何不将它付诸行动，运用到你自己的课堂上去呢？

　　有效的吸引手段可以将学生已经学会的知识与你即将教授的关键内容联系起来。比方说，要想吸引学生去学习以数学为基础的物理课程，你可以将它与重点是时间、距离以及将宇航员送上火星（Mars）这一任务的太空旅行联系起来。当你提出一个具有挑战性的、需要解决的现实问题之后，学生就会变得较有学习热情了（尤其是那些以当宇航员为梦想的学生！）。

　　你也可以把吸引学生的手段看成为了诱惑我们去看某部电影而设计出来的预告片。例如，为了吸引学生来学习关于爱伦·坡如何运用意象来营造氛围的那堂课，我们可以实实在在地播放最近一部恐怖电影的预告片，然后问问学生，是哪些意象和效果让这部预告片显得如此恐怖。假如在观看这段预告片时，你模仿出变得害怕起来的样子（就算你此前已经看过那个片段十几遍了），就可以带动学生的情绪。一些简短的、时长为1~2分钟的多媒体片段，对我们那些21世纪的学习者尤其有效。但在按下播放键之前，应当确保学生都明白了观看这段剪辑的目的。然后，将多媒体片段与即将讲授的课程明确关联起来。

每一个人都应当参与到这种方法中来；你不能只是提出一个引人深思的问题，然后叫一两位学生来回答。你可以让每个学生都迅速写下自己的答案，然后用"快速循环"的方法，要求他们轮流进行口头回答。或者，让学生把他们的书面回答发布到一个在线协作性白板工具上（比如Jamboard），让所有学生都看到。

可以说，一旦"下好饵钩"，就到了你把学生紧紧吸引住，让他们为接下来的学习做好准备的时间。然后，应当逐渐过渡到焦点问题和课程安排上，以及一份预先计划好的待完成任务表上。这份任务表可以在你和学生努力应对课程的过程中，减轻教与学对你们的工作记忆提出的苛刻要求。假如课程安排中含有学生必须对课桌上的材料展开讨论的任务，也是很有好处的。

教学技巧：范例性的吸引手段框架

说到创造出一种好的吸引手段时，其中的关键就在于细节。下面这些范例性的框架，也许可以激发你的灵感。

- 提出一个可以激发学生兴趣的现实问题或者案例研究。
- 给学生提供一段与你所教的课程有关、具有激发性，甚至是很可笑的引文，然后让他们分享各自的想法。
- 做一个快速实验，让他们好奇心大增。
- 对学生进行轮询，以便他们把课程融入现实生活中，并且变成个人的知识。
- 邀请学生志愿者进行角色扮演。
- 为学生提供你即将要教的概念的例子与非例子，要求学生注意它们之间的异同。

课程主体：边学边连

我们建议，你开始的时候应当像"司机"一样掌控全局，在学生第一次学习的时候就给予他们支持。一旦学生表明他们已经理解了"地形"，可以自己导航前进了，就应当让他们接过"方向盘"，去连接新的途径。当然，他们绝对不会是完全依靠自己去前进，因为在学生主导的学习中，你会变身为坐在后座上的"司机"。

学习

一般来说，学生经由陈述性途径来学习不熟悉的、很难的知识时，效果最佳。在陈述性途径中，工作记忆会凭借海马体的协助，将新信息传送至大脑新皮质中。

我们向学生解释他们正在学习的内容和逐步演示该做什么的时候，就是在以陈述性途径为目标。学生会在直接教学最初的"我做，大家做"两个阶段中进行学习。他们会认识新的知识，并且做好了在神经元之间开始创建连接这一过程的准备。

在你逐渐转入课程主体教学的过程中，应当让学生轻松地开始学习新的知识。你可以从挖掘和依赖学生的先验性知识开始。对于你即将要教的概念，学生可能已经拥有了一种图式。新信息若是与已有的知识和经历相结合，就可以被学生快速吸收和储存起来。假如学生没有先验性知识，那么，如今就该由你去帮他们创建出这种知识。学生需要这段过渡性的时间才能适应，因为他们有可能很快就变得不堪重负。这种情况，就像是你一头扎进一口冰冷的池子深处。大多数人发现，慢慢地进入池子，不会让人觉得那么冰冷刺骨。在引导学生学习的过程中，你需要考虑下面几条策略和技巧。

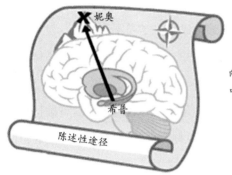

陈述性途径经由海马体一路
向上，通往山巅（即大脑新皮质
中的长期记忆）。

利用有声思维。讲解新的内容时，应当让学生"看得见"你的想法。把你的思维过程用语言表达出来，有助于学生理解如何去解决一项类似的复杂任务[15]。预测学生可能碰到的"拦路虎"，然后示范出你解决棘手问题的方法。学生一般都明白，犯错是学习中的一部分。他们不知道的是你会对他们的错误做出何种反应。你会不会让他们觉得难堪呢？一旦他们看到，即使犯了错也安然无恙，他们就会更乐意去承担风险，并从自己所犯的错误中发现价值。

谨防过度教学。老师所教的内容越多，学生学到的知识也就越多，这一点似乎是一种常识。但身为一名崇尚脑科学学习的老师，你却很清楚：事实不一定如此。有些教师会深吸一口气，开始讲课，然后一直讲、一直讲，直到下课铃响起[16]。虽然教学的时间并没有明确的限制，但教小学生时有一条不错的经验法则，那就是教学5分钟，然后停下来做1分钟的提取练习。至于初中生和高中生，老师则可以讲解10分钟，然后用2分钟来提取所学的知识。教学过程中的这些停顿，对加速巩固大脑新皮质中的神经连接具有至关重要的作用。

计划好要提的问题。老师每天都会提出几百个问题，而其中的大多数又属于低层次的记忆性问题。我们提出这种简短问题的目的，是为了确保学生都在集中注意力，以及保持好上课的节奏。我们老师不要受到愚弄，以为这种贯穿教学过程的简短的记忆性问题可以取代更加深入和更有思想深度的提取练习。这两种类型的提问方式，对学习来说都是必不可少的。学生对一个概念还不熟悉——即处于直接教学的早期阶段时，向学生提出一些理解性的问题很重要，目的是确保他们对所学材料形成字面上的理解。毕竟"低级"的记忆性思维是获得较高层次思维的先决条件。

不过，问题需要随着复杂性的增强而发展变化。你可以利用某种先进的规划手段，设计出一些超越表层知识的问题，在学生之间开启对话[17]。你应当尽量做到少说、多听，有意设计出一些开放性的问题，逐渐增强学生的概念性理解。例如，不要问"1米等于多少厘米？"，而应问"两个多少厘米加起来，等于1米长？"

展示和讲述。应当把课堂讲解与多媒体教学结合起来[18]。播放一段时长为1分钟、讲解人类呼吸系统作用的视频片段，效果可能比老师的冗长讲解好得多。多媒体教学之所以有效，是因为这种方法能够让学生的工作记忆同时记住语言和图片信息，从而意味着不大可能出现工作记忆不堪重负的问题。

至于把多媒体纳入课程教学当中的方法，迈耶提出了一些建议[19]：

- 观看多媒体材料之前，让学生针对即将学习的内容进行预先练习，其中包括词汇、图表、事件以及其他的重要知识。

- 在观看过程中，为学生提供一种组织新信息的方法。应向学生提出一些引导性的问题，帮助他们记住更多的信息。

- 将多媒体材料分成易于应对的多个片段[20]。一个片段播完之后应当停止讲解，给学生留出片刻的巩固时间，然后才接着播放另一个片段。

做笔记。学生习得笔记方法之后，做笔记就会提高他们的学习效果[21]。至于学生是在听你讲解、参与讨论、观看视频片段还是阅读一篇文章，都没关系，因为这些学习活动都需要做某种形式的笔记。在学习过程中，该做笔记的时候老师应当对学生加以提示，比如说："我们即将谈到联邦政府与州政府在组织体制方面的异同。请同学们绘制一幅T形图①，一边列举相似之处，另一边列举不同之处。"或者："我们即将说明蜜蜂的3个特征。请在笔记本上列表将它们记下来。"

---

① T形图是一种含有两列的信息组织图，是用注意左右两列中对比鲜明的特点来对一个概念进行比较。例如，在前文第7章里，我们就用一列为眼睛、另一列为耳朵的一幅T形图，对比了学生"表现很好"听上去和看上去分别是个什么样子。——作者注

那些做笔记经验较为丰富的学生，有你的提示可能就足够了。经验较少的学生，则会从老师指导的笔记中获益，以提高他们的听力技巧、改善他们的笔记准确性和条理性。这一切全都可以提高学生的记忆能力[22]。你在做笔记方面的支持可以采用概要的形式，供学生在上课期间去完成。

分解组合。绝大多数学生，一次最多只能在工作记忆中记住4条信息。工作记忆跟不上学习速度时，学生就会彻底放弃，不再听讲。因此，你应当把所教的内容和技能分解成小的、学生容易理解的部分。

下面一些建议，可以在教学过程中让知识变得更容易被学生处理和记住。让学生：

- 找出异同。

- 将一长串知识分别归入多个小类别当中。

- 创建一份信息组织图，如流程图、表格、时间轴、过程中的步骤图，或者维恩图[①]。

让赛车型学生放慢速度。在要求学生提供反馈信息时，不要被那些赛车型学生愚弄，因为后者能够迅速掌握（或者，他们起码也是以为自己能够很快掌握）所学的材料。虽说这种学生举手时你很难做到不加理睬，但他们并不能代表所有的学生。你应当确保每个学生都懂了——这就意味着，你不能只顾着那些热切

---

① 维恩图（Venn diagram），一种以图形的交合来表示多个集合之间逻辑关系的图形。亦译"文氏图""温氏图"。——译者注

地、自告奋勇地回答问题的学生。让所有学生都简短地把答案写下来（或许，你也可以让他们补全一个主干结构完整的句子），可能就是评估每个学生理解水平的好办法。

经常走动。我们已经说过，你不能坐在座位上讲课。同样，毫无悬念地始终站在教室前面上课，也是一种不恰当的做法。相反，你应当在学生当中走动走动。可以利用遥控器来播放幻灯片，或者让学生替你将要点写到黑板上。在教室里走动时，你会更容易注意到学生开小差的行为，并且能够利用离学生较近这一点，及时制止他们的不当行为。在教室里四下走动，还能让你更有可能注意到学生的症结所在，因为你较容易低头看一看他们的笔记，并且因为距离够近，故而能够发现他们的非语言性暗示。再则，在教室里来回走动也能让你变得精力充沛，因为这样做有助于血液流经大脑，提高你的认知能力。此外，经常走动也是想出点子的一个好办法呢！

提取知识。倘若我们期待学生证明他们能够独立掌握知识，却没有老师为他们提供充足的指导和纠正性的反馈意见，以便他们独立自主地开始学习，那么，我们就会让学生产生受挫感。受挫的学生要么是逃避学习，要么就会采取行动，将这种受挫感发泄出来。因此，你应当鼓励学生，让他们在你的督导之下进行大量的提取练习。学生记住一项规程的步骤或者练习一种新的技能时，就是在强化他们的神经连接。

在前述各章中，我们已经跟你分享了各种主动式学习的技巧（思考—结对—分享、快速循环、回想法和交叉法），它们都会为学生提供提取练习。但我们很清楚，学生都喜欢追求新鲜事物（老师也是如此）。在对每一部分内容进行教学时，你可以试一试下面这些形成性的评估手段，让你所掌握的提取练习技巧变得丰富多彩：

- 要求学生在你讲课的过程中，创建一个可层叠式（foldable）文档来抓住要点。可层叠式文档就是学生创建的三维信息组织图，他们在日后可以利用这种文档来对自己进行测验。

- 为学生提供此前你在课程中已经用到的3~4个关键词。让他们运用这些关键词，与同桌用一句话进行课程总结。然后从每对学生中选出一人，用全班快速循环的方式，分享他们组织出来的句子。快速循环能让学生听到以不同方式进行复述的信息。

- 让学生列出3个有可能被同学误解的概念或者术语。

- 利用单独的白板，或者一张带有白板笔的层压白纸，供学生完成含有多个步骤的问题，或者回答层次更高的问题。

- 让学生把他们的理解画出来，而不是写出来；或者可以既画下来，也写出来。

- 播放一小段歌曲，让学生跳跳舞或者绕着教室行进（当然，这取决于你班上学生的年纪）。歌曲停下之后，每个学生都会坐在别人的课桌前，相互检查他们所做的笔记，并且提供反馈信息。

- 让学生一起"打雪仗"。学生应当从一份含有5～10道题的活页练习册上选出1道题进行解答。然后，他们要把纸揉成一团，像雪球一样丢出去。给学生10秒钟的时间去抓住一个"雪球"，然后回到座位上，检查彼此的答案，再去完成下一道题。重复进行这种练习，直到练习册上的题目全都做完。等你跟学生一起回顾过所有的题目之后，就拿起一个垃圾桶，让他们把揉皱的纸团丢进去。

- 创建一幅文字简图，来组织关键内容领域里的词汇。把简图设计成表格形式，术语放在第一列中。最上面那一行，则填入你从下述几项里选定的标题：意思、样子、关键属性、例子和非例子。

- 精通技术的老师和学生可以利用一些应用程序和网站，比如Kahoot!、Quizzlet和Nearpod，来对学生进行测验。学生一旦确立了使用这些技术性工具的惯例，就能顺畅地把提取练习整合进去了。

反对竖大拇指的方式。有些教师讲解了一部分知识之后，可能要求班上的学生竖起大拇指，表示他们已经理解，然后才会继续讲课。但你应当慎用这样的手势。学习成绩一直很好的新生，有可能对自己的能力过分自信，因而会过早地对你竖起大拇指。不确定自己究竟有没有理解的学生，则因为不想在同龄人面前显得愚蠢，也会跟着竖起大拇指。假如你觉得必须使用手势，那就可以尝试让学生闭上眼睛或者低下头去的办法，这样他们就看不到彼此的手势了。

进行预防。在问题出现之前加以预防，对营造一个安全而高效的课堂环境可能大有裨益。假如你知道乔伊（Joy）和科琳（Colleen）是好朋友，那就不要让她们挨着坐在一起。你不妨想一想自己参加业务提高研修班，坐在自己最喜欢的同事边上的情形。你们会情不自禁地讲小话，这样既会干扰别人，也会妨碍他们（以及你们自己）学习。

连接

学习需要周而复始地循环，直到学生熟练掌握基本内容和技能。理想状态下，这种情况会同时出现在每个学生身上，只不过，很少出现这样的情况。我们都知道，徒步型学生需要额外的练习和不同层次的指导或者支持，而赛车型学生却会随时准备转向更加独立的、以学生为主导的学习活动。学生达到了熟练掌握的程度之后，他们就准备进入"连接"阶段了；在这一阶段他们会努力巩固和拓展自己创建的神经连接。

通常来说，学生必须转换神经通路，才能进入"连接"阶段。为了让知识变得更加牢固，学生已经通过陈述性途径而习得的知识，需要利用程序性系统中备份的知识来加以巩固。信息通过感官进入基底神经节，然后径直传送到大脑新皮质中。这样说起来又快又简单，对吗？其实没那么快。我们已经了解到，采用程序性途径学习时，学生常常需要稳定和反复的练习，并且可能需要付出时间。

结合

尽管采用程序性途径来学习需要进行大量的练习，但并不是任何一种练习都可以。在相同的背景下机械地重复练习相同的知识，不会让我们的学生变成独立自主或者坚韧灵活的思考者。相反，练习需要涉及各种主题和交叉进行。交叉练习法要求学生不断地提取知识、梳理出一般性的规则，并且在各种各样的情况下运用那些规则。假如我们回到关于爱伦·坡利用意象营造氛围的那一课，那么，我们就可以采用结合法，让学生从他们读过的其他短篇小说中寻找运用意象营造氛围的例子。我们也可以仍在《泄密的心》一文的范围之内，要求学生找出他们之前业已学习过的其他文学手法，并且说明它们的作用。

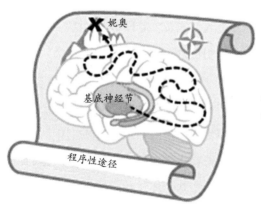

程序性途径经由基底神经节一路往上，到达山巅（即大脑新皮质中的长期记忆）。

间隔

课程教学并不是一气呵成的。学习需要长期进行。请记住，教案不一定要撰写得恰好每次45分钟。长期记忆所需的那种提取练习，必须逐渐渗入其他的课程当中。这有点儿像是你在旅程当中回到自己最喜欢的那座瞭望台，然后才继续踏上冒险之旅。虽说你始终都在前行，但你会在脑海中反复回想起一些关键的停靠之地，好让旅程的记忆保持得更加长久。

需要注意的是：交叉练习与间隔反复是学生在"连接"阶段需要进行的两类练习，它们会导致学生有可能产生抵触心理的"必要困难"。学生之所以会抵触，是因为这种练习会让他们产生受挫感。它常常会导致学生在学习过程中出现更多的错误。因此，确保学生在课程的"学习"阶段打下坚实的基础，就成了他们在"连接"阶段降低焦虑感的关键。

拓展

学习的目标，是让学生能够将他们学到的新知识和技能拓展到新的情况下。学生的神经连接若是很牢固，他们就可以继续前进，采用更加独立的学习方法了。以学生为主导的学习，需要教师提供的指导会降到最低程度。从本质上来说，就是学生掌握了主动权，开始推动自己去学习了。不过，老师并没有掉队；相反，老师更像是他们的"后座司机"，能够在"司机"偏离正轨后及时进行干预。

下面就是一些以学生为主导的拓展活动的例子：

- 为班级的Padlet墙做贡献。（Padlet墙是什么呢？你可以把它看成班级的一块在线公告板。）例如，学习了关于诗歌的一个单元之后，学生就可以找出一些照片，代表这个单元每首诗歌所用的象征，并且解释它们蕴含的意义。

- 利用Screencastify（或者类似的屏幕捕获程序）创建一段短视频，扼要重述刚刚所学的内容以及如何能用一种不同的方式去加以运用。屏幕捕获程序让学生能够记录他们自己，连同他们桌面上的任何一款应用一起呈现出来。让学生说明所学内容的新用途，有助于他们将所学的知识迁移到新的情境中去。其他学生可以针对信息的准确性以及同学对所学材料的创新应用提出有见地的批评意见，把它作为一种后续跟进的手段。

- 针对所学的内容开发更高级的测试题。让学生与其他同学一起，检验他们开发出来的测试题，必要时还应加以修改。然后，让学生将他们开发的测试题上传到Quizizz上，分享给班上的其他同学。Quizizz允许学生匿名查看自己的回答与班上其他同学的回答之间的对比情况。

- 假如学生围绕一个所学的主题产生了争议，那就可以研究对立双方的情况，准备进行一场辩论。

- 完成一项"网络探索"活动，拓展课内所学的内容与技能[23]。首先，老师会提出一个开放式的问题，供学生解答。然后，学生应当利用预先选定且让他们能够浏览所学材料的网站，得出他们自己的解决方案。

- 解决现实生活中的一个问题。例如，学习了经由水传播的疾病之后，让学生扮演一位初出茅庐的流行病学家，调查一种疾病的暴发情况。

- 给他们刚刚阅读过的故事撰写一个不同的结局，或者把他们自己当成一个额外的角色，嵌入故事当中。

- 进行一次虚拟的实地考察。学习了动物及其栖息地的知识之后，让学生通过网络摄像头观察动物在自然环境下的情况。学生应当像科学家一样，记下他们的观察结果、提出问题、注意异同，并且得出结论。

- 评估通过多种资料进行研究的主题中一个具有争议的方面。学生应当创建一幅信息组织图，展示资料之间的异同，尤其要注意遣词造句和缺失的信息。

提醒一句。设计出有效的、以学生为主导的学习活动，并不适合由胆小怕事的老师来做。这种教学需要老师做大量的准备工作。你一定要注意，不能被所谓的"品趣志式的计划"（Pinterest planning）所诱惑——即把制作艺术品和手工艺品当成拓展活动。很多时候，虽然立体模型、小册子、招贴画和"文稿演示"幻灯片看起来很漂亮，它们却不会拓展学生的神经通路。检验你以学生自己为主导的学习活动是否有价值的一种可靠方法，就是回到标准之上。仔细查看标准中的动词，将它们与你事实上正在让学生进行的学习活动加以对照。回想故事中的事件顺序，与分析故事中不同人物对一种共同经历的反应，是有天壤之别的。假如一项活动不符合教学标准，那就可能需要取消了。

下课：教案中最容易被忽视的部分

我们这些老师常常都太过专心于上课，以致完全忘记了时间；等我们意识到这一点的时候，课堂时间就只剩几秒钟了。学生听到下课铃声之后，只好赶紧收拾好东西，把你晾到一边，去上下一堂课了。在第3章中，我们探究过巩固对学习过程的重要性，认为大脑获得休息具有至关重要的作用。这就意味着，下课之前你和学生都需要花点时间进行一次比喻意义上的呼吸，同时放松下来，简单地复述一下已学的知识，并且进行预习。

复习

不要直接告诉学生，他们已经学习了哪些内容（毕竟，你早已知道这一点），而应当让他们来告诉你。点名叫班上的多名学生来回答。他们运用新学的词汇时，你不妨让另一位学生说一说那个词的意思，并且举出例子。学生讲述他们在课上干了些什么的时候，你可以问一些后续跟进的问题：你学到了什么？这种知识是如何依赖于你以前所学的知识的？你会怎样去运用这种知识或者技能？让其他同学相继对每种回答进行补充，最终形成一个全面的答案。

证明

课堂反馈条，就是对当天课程进行的一种简单的总结性评估。它会让你看出，每位同学是否都努力完成了学习目标。最简单的课堂反馈条，就是让学生回答你刚开始上课时就已提出并在上课期间始终加以强化的那个焦点问题。创建课堂反馈条时，你应当记住：在短时间里把想法连贯地写下来，对学生来说非常困难，而那些工作记忆容量较小的学生更是如此。要求正在学习"美国内战"的学生把两天内学到的、关于奴隶制度的一切内容全都写下来，既会让学生难以应对，也不太可能获得什么学习效果[24]。就算是一个较为具体的问题，比如"南部邦联（Confederates）是如何挑战联邦军队（Union Army）的？"对学生来说，可能是一道应付不了的难题。对于这些学生，你可以考虑用给出句子主干的方法，要求学生回想和分析你已经教过的一些重要知识，比如："南部邦联的火炮，威力没有联邦军队的那么强大，但南部邦联_____。"

对于每天要教一百多名学生的老师而言，把下课前的"课堂反馈条"都留到一天结束的时候，即到晚上再去看，有可能让人觉得苦不堪言。所以，你应当反其道而行之，在学生下课朝教室门口走去之前，就查看他们的"课堂反馈条"。你可以先在一队队学生中间穿梭巡查，然后走向教室门口，趁着那些没有完成"课堂反馈条"的学生还没有跑出教室，就将他们拦下来。在学生离开课堂之前检查"课堂反馈条"，可以确保他们不会带着错误的知识下课。

为了继续激起学生的学习热情（哪怕是在课堂上的最后几分钟里），你可以试着利用一些彩色的便笺纸，让学生迅速写下他们的回答，然后贴到教室的窗户上或墙上[25]。这是一种同时评估多名学生的快捷方法，你可以轻而易举地从所有学生的回答中找出错误的回答，然后与答错的学生碰面，为他们加以澄清。你还可以为不同的班级使用不同颜色的便利贴，或者在同一个班里为不同的小组使用不同颜色的便利贴。

假如你全然不想使用那种便利贴，那就尝试一种技术性的、对环境要求也不高的替代方法。你可以切换到电子格式，即让学生用"推文"（Tweet）将他们的"课堂反馈条"发给你，并且发布到公告板上，供全班同学去评论[26]。"推文"是一种最多只能有280个字符的短信息，故学生的回答必须做到简明扼要。当然，"推特"并不是你可选的唯一技术，例如，"谷歌表单"（Google Forms）中就有一种"课堂反馈条"模板，你可以用于创建自己的"课堂反馈条"让学生去完成，然后提交电子版。

在终点线上

最后！你终于抵达了目的地。但是，此时还不要大肆庆祝。一旦你到达终点，就会有任务要完成。现在你和学生就应该反思自己一路上所到之处的经历了——其中包括你们取得的突破，以及途中走过的弯路。

改变学习主题之前进行自我评估。一个单元或者一个研究专题的学习结束时，应当回顾和思考一下整个学习的过程。有一种快捷的方法，可以让学生仔细审视他们所走的途径和表现，那就是要求他们完成一幅"优点与改进"（glows and grows）的T形图。"优点与改进"图提供了一种均衡的反馈方法，其T形图的一侧标注"优点"，另一侧标注"改进"。"优点"可以为学生提供一个机会，去评价他们表现突出的方面。"优点"主要集中于学生在学习上取得的进步，尤其是他们以前欠缺的一些技能方面的进步。而在T形图的另一侧，学生则应列出他们在学习道路上碰到的坎坷与障碍，以及他们为了前进而采取的措施。成长需要他们在学习上获得进步——但有的时候，在学生取得的进步与他们掌握目标所需付出的努力之间，却仍然存有差距。利用他们在"改进"一栏中所写的内容，学生就可以为自己设定新的目标了。

老师提供一些句子的开头部分或者一些问题来让学生开始自我评估，这种做法特别有效。例如："假如能在1～5分之间给自己打分，我会给自己打……分，因为……"

优点

- 上这堂课之前，我从来都不知道……
- 我有了3个新发现……
- 我以前错误地认为……但如今我知道……

改进

- 我在……方面很困难。
- 一种帮助我学得更好的策略是……
- 如果我能用不同的方法去做一件事情……

目标

- 我要勤加练习的一项技能是……
- 学了……的知识，让我想去探究……

反思和修改教案。我们很容易遗漏掉这一步。日常教学工作会占用你的很多时间，因此对一门有可能要到明年才会再教的课程教案，你有可能延后才会去进行反思与修改。不过，就算只花上几分钟的时间，用上一包便利贴，也有可能对你的教学和专业发展产生重大影响。下面几项就可以让你开始对教案进行反思与修改。

- 找出赛车型学生速度太快，甚至有可能加速偏离了正轨的方面，以及哪些方面曾让徒步型学生进步得更快。你可以增添一些什么样的支架或者改进措施呢？与一位上进心十足的同事一起开动脑筋，想出好点子，可能很有好处（和激励作用）。

- 补充讲解的内容。我们这些老师，常常会在忙碌之中想出一些效果确实很好的例子。应当迅速把这些例子记下来，以便日后能够记得。

- 修改试题和评分标准。一旦对几次考试、几篇作文或者几项专题研究进行过批改评分，我们就会开始看出学生的症结所在。此时可以回过头去，将你的评估标准阐释得更加清晰。在批改评分的时候身边放一份空白试卷或者一份评分标准可能很有用处，因为你可以实时对它们进行编辑修改。

要记住，教学的过程和目标同样重要。就算要修改的地方太多，让你觉得不堪重负，那也用不着慌张。你并不是非得一次就把所有的问题都处理好。你可以从做出一两处改动开始，然后列出一份清单，以便你到了可以缓缓气的时候（比如寒假或者暑假），能够回过头去继续修改。

庆祝

现在，你就即将沐浴在成功的和煦阳光下了。抽出片刻时间，庆祝一下学生取得的成就吧——他们的成功，也就是你的成功！这种庆祝可以很简单，比如学习任务完成得好的时候跟学生击掌相庆、将学生的个人荣誉写在便利贴上，或者给学生家里发送一封表扬邮件。你的打算可能很好，想着自己记得住，可时间会不知不觉地从你的身边溜走，因此你必须趁自己还记得足够清楚的时候就行动起来。像Bloomz和ClassDojo之类的应用程序，就能够让你效率十足地跟家长分享照片和你对学生的表扬。

衷心感谢你，崇尚脑科学教学的老师

现在，就请你暂停片刻，为自己读完这本书而取得的成就庆祝一番吧！我们已经说过，《脑科学学习法》这个书名，听起来可能有点儿狂妄。但随着你逐渐理解大脑的学习机理，你就会看出，教学并不是一种常识性的职业，并不是任何一个人都能胜任的。高效教学需要一些反直觉性的深刻见地，需要理解人类大脑一些奇妙的复杂特点。

列奥纳多·达·芬奇（Leonardo da Vinci）曾经在自然科学各学科中投入了大量的时间，才创作出了众多的艺术杰作。他研究过解剖学，以了解肌肉组织；他研究过物理学，以理解光线在物体上的反射情况；他研究过化学，以制作出精美的颜料。而在这一切的背后，列奥纳多还做了数千页的笔记，其中全都是素描与解释。教学是一门艺术，科学则能引领着你，让你更好地理解如何将自己的这门艺术表达出来。你的笔记当中，一页页都是课程内容与教学策略。你与列奥纳多并无不同，都是利用科学来完善自己的技艺。

就像前文中的那位"指挥"一样（但你的记忆力更好！），你会负责解释乐谱、定下节奏、批判性地倾听，并且调整节拍，努力提高你手下那支合奏队伍（即学生）的演奏水平①。你会精心安排知识、提供资源和策略，引导学生用更好的方法去掌握所学的内容与技能。工作记忆与长期记忆、程序性途径与陈述性途

---

① 这一句当中，"乐谱"（score）、"节奏"（tempo）和"演奏"（performance）等词都带有双关性，因为它们对应的英语单词分别还有"分数""速度"和"成绩"的意思。——译者注

径、以学生为主导与以教师为主导、在线教学与面对面教学——你对人们学习方式广泛多样的理解，是一些研究巨头数十年的探索达到了高潮的结晶。而你自己在学习第一线所做的非凡工作正在帮助所有人创造一个更加美好的未来。

再见，亦是相逢

边学边连

　　我们认为，"边学边连"这种方法，远远不止是一门关于神经元连接起来掌握新的技能和发掘深层理解的科学。我们已经体会到"连接"阶段具有团体精神的一面。"连接"也意味着强化为学生提供支持的教育工作者之间的联系，他们可以相互鼓励，拓展各自所掌握的教学技能。想要尝试一种新的教学策略？可以与另一位老师联手，然后比较各自所得的结果。需要点子来吸引学生专心听讲？不妨与一位同事联手，开动脑筋、想出办法。难以对教学材料进行差异化处理？可以与一位特殊教育老师联手。对学生抵触学习的情绪束手无策？不妨与学生本人、辅导员和家长联起手来。想要跟上教师这一职业不断变化的要求？可以与进修机会、行政管理人员和在线社区联起手来。

　　本书的3位作者芭芭拉、贝丝和特伦斯有着迥然不同的背景，但他们就像神经元一样联起手来，为你提供了一些最有益的广博视角。现在，轮到你来进行"连接"了！你连接得越多，学到的东西也就越多。如今，你不只是一位老师，还是一位掌握了脑科学教学方法的老师。

本书是我们3位合著者的心血结晶。感谢你加入我们的队伍，一起来了解学习这门艺术与科学当中正在发生的重大变革。衷心祝愿你和学生联起手来，成为积极主动、快乐无边的学习者，直到永远！

附录一：如何在协作团队中进行自我管理[1]

通常情况下，你会发现队友与你一样，都对学习很感兴趣。然而，你偶尔也有可能遇到一个从中作梗的人。这份讲义的目的就是为你提供一些实用性的建议，让你可以应对此种情况。

首先，我们不妨假设：在这个评分期里，老师指定你与另外3位同学分成一组：玛丽（Mary）、汉丽埃塔（Henrietta）和杰克（Jack）。玛丽没有什么问题。尽管学习一些较难的内容时有困难，但她很努力，并且愿意采取一些措施，比如向老师寻求额外的帮助。汉丽埃塔却很让人恼火。她人很好，可就是不肯努力把学习搞上去。她会怯生生地把完成了一部分的家庭作业交上来，承认自己整个周末都看电视去了。然而，杰克却完全是个麻烦。下面就是他做过的一些事情：

- 杰克很少交他负责的那一部分作业。就算交了，几乎也总是错的。很显然，他不过是花了一点点时间，把那些看起来像是答案的内容草草写下来而已。

- 无论是进行面对面的小组学习还是进行在线小组学习，他都会开小差，或者干脆消失。他似乎总能找出离开座位的理由，比如需要上洗手间、喝水，从而在无形当中分散班上其他学生的注意力。

- 小组在课外进行交流时，他会不理不睬，过后却声称自己从未收到过任何信息。假如小组决定在上学前或者放学后碰面，他就会用一大堆无法到场的借口来推脱。

- 杰克的写作水平还算可以，可他会把草稿弄丢，也不会再去看自己写的作业。你已经不再给他分配小组任务，因为你不希望到了老师严格规定的最后期限时，小组作业还没有完成。

- 当你们想对他的行为进行讨论时，他会大声而自信地反驳。他认为问题都是别人造成的。他说得如此理直气壮，以至于有时你自己都认为他说的没错。

- 更糟糕的是，每次小组要在班上发言时，杰克都会抓住机会率先发言。他能言善道，会把小组想出来的点子和学习成果都据为己有。

你们这个小组的其他成员最后都很沮丧，便去跟老师米恩斯韦尔先生（Mr. Meanswell）讨论这种情况。于是，老师去找杰克谈话，可杰克却真诚而又信誓旦旦地说，他不明白大家究竟想要他做什么。米恩斯韦尔先生说，问题一定在于小组没有进行有效的沟通。米恩斯韦尔先生注意到，玛丽和汉丽埃塔两个人的样子都很生气和不安，而杰克只是显得困惑不解和有点儿伤心，却完全没有内疚之色。米恩斯韦尔先生简单地得出了结论，说你们是一个运作异常的小组，其中的每个人都有责任，并且十有八九，杰克的责任还最小。

总而言之，责任要由你和你的组员来承担。杰克不用做任何功课，就会获得跟其他组员一样的好成绩……而且，他的所作所为还让你们看上去都坏得很。

这个小组的错误之处：忍受

这是一个由"忍受者"构成的小组。从一开始起，杰克做错事情之后，他们就是忍受问题，并且对小组能够不惜代价地完成学习任务而感到自豪。然而，你和其他队友越好（或者越是认为自己好），你们就会越发任由杰克去占整个小组的便宜。容忍杰克的问题，你们就是在无意当中对杰克进行训练，把他培养成了那种认为自己完全可以逃避应尽的义务，然后把别人的功劳据为己有的人。

小组原本应该采取的措施：反省

对不正常的团队行为加以反省，以便让出现问题的成员付出代价，而不是让其他队员付出代价，这一点很重要。批评可以帮助一个人成长，但也有一些人会不公平地指责、责备或者批评你，甚至有可能说一些不实之语，让你觉得难以置信。〔自1944年影片《煤气灯下》（Gaslight）上映之后，这种现象就被称为"煤气灯效应"（gaslighting）了。影片中，一个邪恶的角色否认自己能够看到女主人公所看到的东西，试图让后者怀疑自己的感知，从而失去理智。〕不管有可能受到什么样的指责，你都必须保持自己对现实的感知。你应当表明，对于什么样的行为可以容忍，你是有限度的。将这种限度跟组员说明白，并且始终如一地贯彻执行。例如，你所在的小组原本可以这样做：

- 杰克不回复小组的信息，或者因为事情太多而抽不出时间参加小组会面时，就算其他组员提出了替代方案，也必须有人把这种情况告知老师。小组不应当浪费时间，不应当继续努力让他参加。

- 假如杰克什么作业都没有上交，那么，他的名字就不应当出现在小组完成的作业当中。（注意：假如你明知某位组员在通常情况下都对完成小组任务有所贡献，那么，就算此人出现了某种意想不到的问题，你也应当给予帮助。）许多老师都会允许一个小组"开除"一名学生，因此那名学生在评分期余下的时间里，就必须独自去完成学习任务了。假如这种学生在完成一两项作业或者参与专题研究的过程中没有做出什么贡献，你就可以与老师讨论能否采取这种做法了。

- 如果杰克交上来的家庭作业或者专题研究准备工作做得很不充分，你就必须明确告诉他，由于他没有做出什么有意义的贡献，因此他的名字不会出现在最终提交的小组作业中。不论杰克说什么，你都应当坚持自己的观点！假如杰克辱骂你，那就可以把他的作业交给老师。应当在他第二次上交此种垃圾作业的时候就这样干，以免他占太多的便宜，而不应当等到一个月后，等到你们实在觉得沮丧的时候才采取这种措施。

- 应当尽早定下高标准，因为像杰克这样的人都有一种神奇的本领，能够发现自己可以钻多少空子。

- 唯一能够解决杰克问题的人，就是杰克自己。你无法去改变他——你只能改变自己的态度，让他无法再利用你。假如你们替他承担了所有的学习任务，杰克就不会有改变自身行为的动力。

　　像杰克这样的人，可能都是一些操纵他人的老手。等到你发现此人的问题层出不穷，而他本身就是造成问题的罪魁祸首时，评分期已经结束，而他又会加入一个毫无戒心的新组，再次施展这种操控伎俩了。所以，应当在初期——即在杰克利用你和其他组员之前，就不允许出现此类不正常的模式！

对待汉丽埃塔：沉住气，慢慢来

尽管汉丽埃塔曾经与其他组员一起挺身而出，努力与杰克那种令人气恼的行为做斗争，可她其实也没有做到竭尽所能。

对待汉丽埃塔这种人的最佳办法，就是你对付杰克之流时所用的方法：给他们设定严格而明确的期望。尽管汉丽埃塔这样的学生不像杰克之类的学生那么喜欢操纵他人，但他们无疑也会考验你的忍耐限度。假如你设定的限度软弱无力，那么你也不得不分担责任，去让汉丽埃塔的作业做得如你的一样好了。

可我不喜欢吩咐别人干什么

假如你是一位好好先生，一向不愿意与别人发生冲突，那么，与杰克或者汉丽埃塔之流的人一起学习，可能就有助于你的成长，并且习得"坚定不移"这种重要的性格特质。只不过，你在学习过程中要对自己有耐心才行。开始几次试着做到坚定不移之后，也许你就会发现，自己在这样想：现在他们不会喜欢我了——真是得不偿失！其实很多人都跟你一样，在最初几次坚定立场之后，产生过完全相同的苦恼反应。只要不停地尝试，坚持自己的期望就行了！终有一日，这种做法会变得更加自然，而你也不会因为自己对别人抱有合理的期望而感到那么内疚了。与此同时，你会发现，自己有了更多的时间去跟朋友一起玩或者去参加课外活动，因为你不用在做自己的功课的同时，还要替别人做功课了。

易被他人利用的常见性格

- 你愿意让别人觉得快乐，即便自己要付出代价，也在所不惜。
- 为了不放弃队友，你愿意反复做出个人牺牲——却没有意识到，这样做的过程中你是在贬低自己。
- 你可以配合，却做不到知人善用。
- 哪怕贡献方面的一丁点儿改善，你也会看成"进步"。
- 你不愿意让别人失败并因此而从其自身的错误中吸取教训。
- 你会一心想着"团队的利益"——却没有根据常识认识到，这种态度会很容易让你被别人所利用。

还有一种相关的情况：你在包揽一切

一旦意识到大家都把事情留给你去做，或者大家的功课都做得很不好，以至于你得全部重做，那么你就必须采取行动了。首先是向队友们发出正式的口头提醒，若是这种提醒没有效果，那就应该去找老师，要求老师将你换到另一个小组。（你不能自作主张，跑到另一个小组里。）老师多半会提出一些问题，然后采取适当的措施。

日后在工作和个人生活中的做法

在一生当中，你免不了会遇到像杰克和汉丽埃塔之类的人。汉丽埃塔这样的人性格相对较为温和，甚至有可能成为你的朋友。然而，像杰克那样的人却有可能慢慢获得你的信任，然后通过散播流言蜚语和"煤气灯效应"，将这种信任摧毁。假如碰到此种情况，那么，牢记我们提出的上述技巧就会大有裨益。

附录二：杰出教师的核查单

打好行装准备旅行时，制作一份核查单，将待办事项和各种提醒列出来，并不是一种罕见的做法。作为你在教学旅程中的"向导"，我们也创建了一份一流教师所用的核查单，来帮助你在设计出了很棒的一堂课之后记住其中的要点。这份核查单既可以让你安排好这段"旅程"的顺序，也能在一路上协助你做出教学决策。

1．课前练习
☐每天都公布在同一个地方

☐复习或预习关键信息、词汇或者技能

☐进入教室后独立完成

☐所用时间不超过3～5分钟

2．吸引手段
☐吸引学生的注意力

☐应当含有让全班学生主动参与的内容

☐提出和分析焦点问题——可以反映出学习目标上的期望

☐为课程提供一份预先确定的待完成任务清单

□向课程主体过渡

3．学习

□将先验性知识与新信息联系起来

□结合老师的示范与各种各样的例子，为讲解提供支持

□在处理复杂的学习任务时，将思维过程用语言表达出来

□将教学内容分解成易于应对的数个部分，以免学生的工作
　记忆不堪重负

□给出做笔记的提示或者结构，帮助学生组织重要信息

□含有嵌入式的提取练习，以及对每个教学内容模块的形成
　性评估检查办法

□提出一些深层次的开放式问题，增强学生的概念性理解

□结合多媒体——先与学生一起预习，提供一些引导性的问
　题，然后间歇性地停下来，解决问题和进行澄清

4．连接

□在不同主题与上下文之间进行交叉练习或者混合练习

□在新的学习中嵌入针对以前所学知识的提取练习，以便随
　着时间的推移巩固知识

□通过以学生为主导的学习机会，将学生的知识与技能拓展
　至解决新的问题和任务

5．结课

□复习课程，让学生标出关键知识、提供例子，并且解释新
　知识如何建立在以前所学知识和技能的基础上

□让学生对实现学习目标负起个人责任

6．反思（必要时，由学生在老师的指导之下完成）

□通过反思自己在培养技能方面的优点与进步，对学习过程
　进行自我评价

□设定目标，解决技能差距

致　谢

没有哪一个人的力量，会有大家团结起来时那么强大；因此，我们要特别感谢贝丝那帮闺密的支持：朱迪·罗戈夫斯基（Judy Rogowsky）、斯蒂芬妮（Stefanie）和麦迪森·"露露"·奥伯多夫（Madison "Lulu" Oberdorf）。

衷心感谢帮助过贝丝"学习"的那些杰出教师（以出场先后为序）：斯蒂芬·罗戈夫斯基（Stephen Rogowsky）、吉尔达·奥兰（Gilda Oran）、玛丽·克罗皮耶夫尼基（Mary Kropiewnicki），以及宝拉·塔拉尔（Paula Tallal，她是我的高智商母亲）。还要感谢贝丝那些不断帮助她进行"连接"的同事，他们是：克雷格·扬（Craig Young）、乔伊·凯雷（Joy Carey）和安·玛丽·坎托尔（Ann Marie Cantore）。

芭芭拉感谢她的"英雄老公"（Hero Hubby）菲尔（Phil），以及忍受她多年一心扑在写作事业上的家人。

特别要感谢理查德·费尔德教授：他审慎而睿智的评论，既对本书的问世发挥了极大的帮助作用，也极大地推动了芭芭拉职业生涯的发展。

还要大力感谢企鹅兰登书屋（Penguin Random House）的编辑和制作团队，特别是我们才华横溢的编辑乔安娜·吴（Joanna

Ng）、天赋异禀的文字编辑南希·英格利斯（Nancy Inglis）、制作编辑克莱尔·沙利文（Claire Sullivan）、卓尔不凡的公关人员凯茜·马洛尼（Casey Maloney），以及杰出的市场营销专家罗舍·安德森（Roshe Anderson）。还要衷心感谢我们那位出色的文学代理人丽塔·罗森克兰兹（Rita Rosenkranz）。我们也要感谢下述不吝提供了种种深刻见解的人士：

珍·艾伦（Jen Allen）、罗娜·安德森（Rona Anderson）、山姆·安德森（Sam Anderson）、乔安妮·拜亚斯（Joanne Byars）、帕特丽夏·索托·贝赛拉（Patricia Soto Becerra）、菲利普·贝尔（Philip Bell）、珍宁·贝姆佩查特（Janine Bempechat）、特蕾西·博拉（Tracy Bhoola）、弗朗索瓦·布莱斯（Françoise Bleys）、艾琳·布赖森（Eileen Bryson）、约书亚·布芬顿（Joshua Buffington）、保罗·伯格梅耶尔（Paul Burgmayer）、妮可·巴特菲尔德（Nicole Butterfield）、芭芭拉·卡尔霍恩（Barbara Calhoun）、卡尔·卡普塔（Carl Caputa）、克利·凯雷（Kelly Carey）、朱莉·F. 蔡斯（Julie F. Chase）、帕特丽夏·丘奇兰德（Patricia Churchland）、梅根·柯林斯（Megan Collins）、安娜丽莎·科伦坡（Annalisa Colombo）、黛西·克里斯托杜卢（Daisy Christodoulou）、玛丽莎·迪奥达塔（Marissa Diodata）、沙恩·迪克森（Shane Dixon）、詹姆斯·M. 多尔蒂（James M. Doherty）、基萨·迪普雷（Keesa DuPre）、艾米·艾岑（Amy Eitzen）、玛莎·法米拉罗·恩赖特（Marsha Familaro

Enright）、克里斯蒂娜·福尔斯（Christina Force）、达里尔·弗里德利（Daryl Fridley）、劳伦·富尔曼（Lauren Fuhrman）、艾琳娜·加里多（Alina Garrido）、大卫·C. 吉尔里（David C. Geary）、安吉尔·格雷厄姆（Angel Graham）、大卫·汉德尔（David Handel）、罗曼·哈德格雷夫、艾比·哈特曼（Abbey Hartman）、詹姆斯·P. 霍伯特（James P. Haupert）、乔恩·赫德里克（Jon Hedrick）、安吉拉·赫斯（Angela Hess）、琳达·詹森（Lynda Jensen）、亚伦·约翰逊、简·卡沃斯基（Jane Karwoski）、阿萨·凯利（Asa Kelly）、劳拉·克里斯（Laura Kerris）、蒂姆·诺斯特（Tim Knoster）、阿努帕姆·克里希纳穆提（Anupam Krishnamurthy）、纳库尔·库马尔（Nakul Kumar）、玛莎·E. 朗（Martha E. Lang）、霍普·利维（Hope Levy）、黛布拉·迈尔霍夫（Debra Mayrhofer）、金伯利·梅罗拉（Kimberly Merola）、马克·梅斯纳（Mark Messner）、艾米丽·摩根（Emily Morgan）、萨拉·莫罗尼（Sara Moroni）、利亚德·穆德里克（Liad Mudrik）、托马斯·奥·芒耶（Thomas O Munyer）、帕特丽夏·内斯特（Patricia Nester）、阿尼萨·R. 努曼（Aneesah R. Numan）、斯科特·奥伯多夫（Scott Oberdorf）、埃利阿尼·帕尔蒙特利（Ellyane Palmenteri）、艾莉森·帕克（Allison Parker）、艾米·帕斯库奇（Amy Pascucci）、尼拉姆·帕特尔（Neelam Patel）、卡洛琳·帕特森（Carolyn Patterson）、安东尼·M. 佩德勒（Anthony M. Peddle）、杰夫·菲利普斯（Geoff Phillips）、温

迪·皮勒斯（Wendi Pillars）、希文·雷纳尔（Heaven Reinard）、布莱恩·拉赫曼（Brian Rahaman）、艾米·罗杰斯（Amy Rogers）、贝恩德·罗梅克（Bernd Romeike）、马洛里·罗姆（Mallory Rome）、莫妮卡·罗素（Monica Russell）、丹尼尔·桑萨姆（Daniel Sansome）、奥拉夫·舍维（Olav Schewe）、大卫·舒格尔（David Schurger）、玛丽·席林（Mary Schilling）、安德里亚·施瓦茨（Andrea Schwartz）、罗丝·斯科特（Rose Scott）、凯莉·塞德拉维修斯（Kelli Sederavicius）、南希·施佩（Nancy Shipe）、妮可·斯莫林斯基（Nicole Smolinsky）、科琳·斯诺沃（Coleen Snover）、让娜·斯托扬诺娃（Jana Stojanova）、黛布·史崔克（Deb Stryker）、约翰·斯威勒、布伦达·托马斯（Brenda Thomas）、卡罗尔·安·汤姆林森、何塞·路易斯·图伯特（José Luis Tubert）、迈克尔·乌尔曼、亚历山德拉·乌尔班（Alexandra Urban）、奥斯汀·沃尔兹（Austin Volz）、杰克·威克尔特（Jack Weikert）、娜塔莉·韦克斯勒、劳拉·王尔德（Laura Wilde）、迈克·维尔迪（Mike Wilday）、弗朗西斯·威尔金森（Frances Wilkinson）、丽贝卡·威洛比（Rebecca Willoughby）、休·R. 威尔逊（Hugh R. Wilson）、朱莉·沃尔（Julie Woll）、泽夫·沃尔曼（Ze'ev Wurman）、克里斯汀·泽奇（Kristin Zech）、哈尔·泽施（Hal Zesch）、布莱恩·辛克（Brian Zink）和斯图阿特·左拉（Stuart Zola）。

图片来源

本书中，一小部分与工作记忆有关的图片最初出版为奥克利，2019在此经《泰晤士报教育副刊》（TES）许可转载。

第3页："神经科学有助于理解教与学"，选自托马斯等，2019，图1，由"威利开放获取"（Wiley Open Access CC.BY）出版。

第32页：工作记忆容量随年龄增长而变化，数据来自盖瑟科尔和阿洛韦，2007，第7页，经剑桥大学（University of Cambridge）精神病学系（Department of Psychiatry）的苏珊·盖瑟科尔教授许可引用。

第114页："混乱的储物柜"，由爱默生·诺斯（Emerson Noss）和摩根·米卡维茨（Morgan Mickavicz）（两人都是中学教师），以及美国宾州本顿市本顿初级/高级中学（Benton Middle/High School, Benton, PA）的詹妮弗·艾伦（Jennifer Allen，校长）协助筹划。©詹妮弗·艾伦2021。

第115页：发起进攻的苏联士兵，图片来源：俄新社（RIA Novosti）档案，图片第44732号/泽尔马（Zelma）/ CC-BY-SA 3.0；网址：https://commons.wikimedia.org/wiki/File:RIAN_archive_44732_Soviet_soldiers_attack_house.jpg。

第143页：直接教学法，©2021 芭芭拉·奥克利。

第173页：陈述性与程序性学习途径就像跷跷板，©2021 芭芭拉·奥克利。

第257页：压力曲线（Inverted Stress Curve），©2021 芭芭拉·奥克利。

第292页：在线教学时的坐姿，©2021 贝丝·罗戈夫斯基、芭芭拉·奥克利、特伦斯·谢诺夫斯基。

第304页：绿屏，©2021 芭芭拉·奥克利。

第309页：你听得到我的声音吗？©2021 巴夫提·巴夫提乌。

第320页："边学边连"的教学方法，根据罗（Lo）与休（Hew），2017，图3制成的流程图。"开放存取、知识共享版权归属4.0国际许可"（Open Access, Creative Commons Attribution 4.0 International License），网址：http://creativecommons.org/licenses/by/4.0/。

其他的所有插图，均由保罗·吉拉德（Paul Girard）绘制。

参考书目

P. K. 阿加瓦尔和P. M. 贝恩（P. M. Bain），《强力教学：解除学习科学的束缚》（*Powerful Teaching: Unleash the Science of Learning*），乔西－巴斯出版社（Jossey-Bass），2019。

P. K. 阿加瓦尔等，《提取练习对工作记忆容量较小的学生益处更大》（*Benefits from retrieval practice are greater for students with lower working memory capacity*），见于《记忆》杂志（*Memory*）25，第6期（2017）：第764—771页。

T. P. 阿洛韦与R. G. 阿洛韦，《研究工作记忆与智商在学业成就中的预期作用》（*Investigating the predictive roles of working memory and IQ in academic attainment*），见于《实验儿童心理学杂志》（*Journal of Experimental Child Psychology*）106，第1期（2010）：第20—29页。

C. 阿马罗－希门尼斯（C. Amaro-Jiménez）等，《运用科技手段教学：在识字课上通过"推特"来获得课堂反馈条》（*Teaching with a technological twist: Exit tickets via Twitter in literacy classrooms*），见于《青少年与成人识字杂志》（*Journal of Adolescent & Adult Literacy*）60，第3期（2016）：第305—313页。

J. 安德雷耶（J. Anderer），《笔的威力胜过键盘：手写有助于我们学习和记住更多知识》（*The pen is mightier than the keyboard: Writing by hand helps us learn, remember more*），见于《研究发现》（*Study Finds*）（2020年10月5日），网址：https://www.studyfinds.org/writing-by-hand-better-for-brain/。

J. W. 安东尼（J. W. Antony）等，《提取是记忆巩固的捷径》（*Retrieval as a fast route to memory consolidation*），见于《认知科学趋势》（*Trends in Cognitive Science*）21，第8期（2017）：第573—576页。

J. W. 安东尼与K. A. 帕勒（K. A. Paller），《睡眠时海马体对巩固陈述性记忆的作用》（*Hippocampal contributions to declarative memory consolidation during sleep*），见于《海马体：从细胞到系统》（*The Hippocampus from Cells to Systems*），由D. E. 汉努拉（D. E. Hannula）和M. C. 迪夫（M. C. Duff）编著，第245—280页。施普林格出版社（Springer），2017。

J. J. 阿里亚斯（J. J. Arias）等，《在线教学与面对面教学：学生学习成效与随机作业的比较》（*Online vs. face-to-face: A comparison of student outcomes with random assignment*），见于《商业教育与教学学术电子期刊》（*e-Journal of Business Education & Scholarship of Teaching*）12，第2期（2018）：第1—23页。

F. G. 阿什比（F. G. Ashby）与V. V. 瓦伦丁（V. V. Valentin），《感知类学习的多重体系：理论与认知测试》（*Multiple systems of perceptual category learning: Theory and cognitive tests*），见于《认知科学分类手册》（*Handbook of Categorization in Cognitive Science*）第二版，由H. 科恩（H. Cohen）和C. 列斐伏尔（C. Lefebvre）编著，第157—188页。爱思维尔科学出版社（Elsevier Science），2017。

R. 巴克斯（R. Bacchus）等，《评价标准若不堪用：探索范例与学生评价标准的共同构建》（*When rubrics aren't enough: Exploring exemplars and student rubric co-construction*），见于《课程与教学法期刊》（*Journal of Curriculum and Pedagogy*）17，第1期（2019）：第48—61页。

A. 巴德利（A. Baddeley），《工作记忆：回顾与展望》（*Working memory: Looking back and looking forward*），见于《神经科学自然评论》（*Nature Reviews Neuroscience*）4，第10期（2003）：第829—839页。

A. 巴德利等，《记忆》（*Memory*）第二版，心理学出版社（Psychology Press），2015。

巴赫尼克（Bahník）、斯捷潘（Štěpán）和马雷克·A. 弗兰卡（Marek A. Vranka），《众多大学申请者样本表明成长型心态与学术能力无关》（*Growth mindset is not associated with scholastic aptitude in a large sample of university applicants*），见于《性格与个体差异》（*Personality and Individual Differences*）117，（2017）：第139—143页。

T. E. J. 贝伦斯（T. E. J. Behrens）等，《什么是认知地图？为灵活的行为组织知识》（*What is a cognitive map? Organizing knowledge for flexible behavior*），见于《神经元》（*Neuron*）100，第2期（2018）：第490—509页。

J. 贝姆佩查特，《为（高质量）家庭作业辩护：它为何能够促进学习，以及家长可以怎样提供帮助》［*The case for（quality）homework: Why it improves learning, and how parents can help*］，见于《教育未来》（*Education Next*）19，第1期（2019）：第36—44页。

A. M. 本宁霍夫（A. M. Beninghof），《有效的合作教学：将学生学习最大化的结构与策略》（*Co-Teaching That Works: Structures and Strategies for Maximizing Student Learning*），乔西–巴斯出版社，2020。

J. 伯格曼（J. Bergmann）与A. 萨姆斯（A. Sams），《翻转课堂：每一天、每一堂课都要顾及每一个学生》（*Flip Your Classroom: Reaching Every Student in Every Class Every Day*），国际教育技术学会（International Society for Technology in Education），2012。

J. D. 伯克（J. D. Berke），《多巴胺意味着什么？》（*What does dopamine mean?*），见于《自然神经科学》（*Nature Neuroscience*）21，第6期（2018）：第787—793页。

J. R. 宾德尔（J. R. Binder）等，《趋向一种基于大脑成分的语义表征》（*Toward a brain-based componential semantic representation*），见于《认知神经心理学》（*Cognitive Neuropsychology*）33，第3-4期（2016）：第130—174页。

R. A. 比约克（R. A. Bjork），《怀疑轻松感和不畏困难感：回顾施密特与比约克（1992）》［*Being suspicious of the sense of ease and undeterred by the sense of difficulty: Looking back at Schmidt and Bjork（1992）*］，见于《心理科学展望》（*Perspectives on Psychological Science*）13，第2期：第146—148页。

R. A. 比约克和E. L. 比约克（E. L. Bjork），《遗忘乃学习之友：对教学与自主学习的启示》（*Forgetting as the friend of learning: Implications for teaching and self-regulated learning*），见于《生理学教育进展》（*Advances in Physiology Education*）43，第2期（2019a）：第164—167页。

R. A. 比约克和E. L. 比约克，《用主题或者技能阻碍学习或实践能促进学习的神话》（*The myth that blocking one's study or practice by topic or skill enhances learning*），见于《教育中的神话：教师的循证指南》（*Education Myths: An Evidence-Informed Guide for Teachers*），由C. 巴尔顿（C. Barton）编著，约翰·卡特教育出版公司（John Catt Educational），2019b。

R. A. 比约克和J. F. 克罗尔（J. F. Kroll），《词汇学习中的必要困难》（*Desirable difficulties in vocabulary learning*），见于《美国心理学杂志》（*American Journal of Psychology*）128，第2期（2015），第241—252页。

R. 邦迪埃（R. Bondie），《在线小组讨论教学的实用技巧》（*Practical tips for teaching online small-group discussions*），见于《督导与课程开发快报》（*ASCD Express*）15，第16期（2020）。

K. 博格斯特罗姆（K. Borgstrom）等，《20个月至2岁之间词汇学习能力有显著提高：一项纵向ERP研究》（*Substantial gains in word learning ability between 20 and 24 months: A longitudinal ERP study*），见于《大脑与语言》（*Brain and Language*）149（2015）：第33—45页。

A. 博克瑟（A. Boxer）编著，《明示性教学与直接教学的研究指南：教师的循证指南》（*The researchED Guide to Explicit & Direct Instruction: An Evidence-Informed Guide for Teachers*），约翰·卡特教育出版公司，2019。

C. J. 布雷姆（C. J. Brame），《有效的教育视频：将学生学习视频内容的效果最大化的原则与指导方针》（*Effective educational videos: Principles and guidelines for maximizing student learning from video content*），见于《CBE：生命科学教育》（*CBE: Life Sciences Education*）15，第4期（2016）：第1—6页。

S. M. 布鲁克哈特（S. M. Brookhart），《恰当的标准：有效评分标准的关键》（*Appropriate criteria: Key to effective rubrics*），见于《教育前沿》（*Frontiers in Education*）3，第22条（2018）。

P. C. 布朗（P. C. Brown）等，《坚持：成功学习的科学》，哈佛大学出版社（Harvard University Press），2014。

M. 布伦迈尔（M. Brunmair）与T. 里希特（T. Richter），《相似性很重要：交叉学习及其调节手段的元分析》（*Similarity matters: A meta-analysis of interleaved learning and its moderators*），见于《心理学公报》（*Psychological Bulletin*）145，第11期（2019），第1029—1052页。

A. P. 伯格因（A. P. Burgoyne）等，《思维定势的基础有多牢固？说法似乎比证据更强大》（*How firm are the foundations of mind-set theory? The claims appear stronger than the evidence*），见于《心理科学》（*Psychol Sci*）31，第3期（2020）：第258—267页。

A. C. 巴特勒（A. C. Butler），《相对于反复学习，反复测试会产生更好的学习迁移》（*Repeated testing produces superior transfer of learning relative to repeated studying*），见于《实验心理学杂志：学习、记忆与认知》（*Journal of Experimental Psychology: Learning, Memory, and Cognition*）36，第5期（2010）：第1118—1133页。

V. 卡杜罗（V. Cardullo），《运用认知学徒的方法，让中年级学生为21世纪的认知需求做好准备》（*Using a cognitive apprenticeship approach to prepare middle grades students for the cognitive demands of the 21st century*），见于《中级教育理论、研究与政策国际手册》（*International Handbook of Middle Level Education Theory, Research and Policy*），由D. C. 弗丘（D. C. Virtue）编著，劳特利奇出版社（Routledge），2020。

B. 凯雷（B. Carey），《大科学会不会太大了？》（*Can big science be too big?*），见于《纽约时报》，2019年2月13日，网址：https://www.nytimes.com/2019/02/13/science/science-research-psychology.html。

B. 卡雷提（B. Carretti）等，《工作记忆对解释具有特定阅读理解困难的个人表现的作用：一项元分析》（*Role of working memory in explaining the performance of individuals with specific reading comprehension difficulties: A meta-analysis*），见于《学习与个体差异》（*Learning and Individual Differences*）19，第2期（2009）：第246—251页。

P. F. 卡瓦略（P. F. Carvalho）与R. L. 戈德斯通（R. L. Goldstone），《交叉练习何时可以促进学习？》（*When does interleaving practice improve learning?*），见于《剑桥认知和教育手册》（*The Cambridge Handbook of Cognition and Education*），由J. 邓洛斯基（J. Dunlosky）和K. A. 罗森（K. A. Rawson）编著：第411—436页，剑桥大学出版社（Cambridge University Press），2019。

学术、社会与情感学习协同会（CASEL），《CASEL指南：有效的社会和情感学习项目——学前班与小学版》（*CASEL Guide: Effective Social and Emotional Learning Programs—Preschool and Elementary School Edition*）（2013），网址：https://casel.org/wp-content/uploads/2016/01/2013-casel-guide-1.pdf。

N. J. 塞佩达（N. J. Cepeda）等，《言语回想任务中的分散式练习：回顾与定量综合》（*Distributed practice in verbal recall tasks: A review and quantitative synthesis*），见于《心理学公报》132，第3期（2006）：第354—380页。

N. J. 塞佩达等，《学习中的间隔效应：最佳记忆的时间脊线》（*Spacing effects in learning: A temporal ridgeline of optimal retention*），见于《心理科学》（*Psychological Science*）19，第11期（2008）：第1095—1102页。

W. –C. 张（W. –C. Chang）与Y. –M. 古（Y. – M. Ku），《笔记技能教学对小学生阅读的影响》（*The effects of note-taking skills instruction on elementary students' reading*），见于《教育研究杂志》（*Journal of Educational Research*）108，第4期（2015）：第278—291页。

Y. K. 张（Y. K. Chang）等，《急性运动对认知表现的影响：一项元分析》（*The effects of acute exercise on cognitive performance: A meta-analysis*），见于《大脑研究》（*Brain Research*）1453（2012）：第87—101页。

O. 陈（O. Chen）等，《有效的示例效应、生成效应与要素交互性》（*The worked example effect, the generation effect, and element interactivity*），见于《教育心理学杂志》（*Journal of Educational Psychology*）107，第3期（2015）：第689—704页。

O. 陈等，《知识反转效应是更普遍的要素交互效应的一种变化形式》（*The expertise reversal effect is a variant of the more general element interactivity effect*），见于《教育心理学评论》（*Educational Psychology Review*）29，第2期（2017）：第

393—405页。

I. 奇里科夫（I. Chirikov）等，《在线教育平台以较低的成本和同等的学习效果拓展了大学理工科的教学》（*Online education platforms scale college STEM instruction with equivalent learning outcomes at lower cost*），见于《科学前沿》（*Science Advances*）6，第15期（2020）：eaay5324。

D. 克里斯托杜卢，《教师与技术？一场教育技术革命的理由》（*Teachers vs Tech? The Case for an Ed Tech Revolution*），牛津大学出版社（Oxford University Press），2020。

E. A. 克里斯托弗（E. A. Christopher）与J. T. 谢尔顿（J. T. Shelton），《工作记忆的个体差异昭示了音乐对学生成绩的影响》（*Individual differences in working memory predict the effect of music on student performance*），见于《记忆与认知应用研究杂志》（*Journal of Applied Research in Memory and Cognition*）6，第2期（2017）：第167—173页。

C. A. C. 克拉克（C. A. C. Clark）等，《学前执行功能的能力预示了早期的数学成就》（*Preschool executive functioning abilities predict early mathematics achievement*），见于《发育心理学》（*Developmental Psychology*）46，第5期（2010）：第1176—1191页。

E. 科尔文（E. Colvin）等，《探究在参照标准进行评估的情形下学生运用评分标准的方式》（*Exploring the way students use rubrics in the context of criterion referenced assessment*），见于《高等教育研究与发展：高等教育的形态》（*Research and Development in Higher Education: The Shape of Higher Education*），由M. H. 戴维斯（M. H. Davis）与A. 古迪（A. Goody）编著，第42—52页，澳洲高等教育研究与发展协会出版公司（HERDSA），2016。

K. F. 科尔文（K. F. Colvin）等，《基础物理慕课中的学习：所有学生平等学习，包括一场校内现场课》（*Learning in an introductory physics MOOC: All cohorts learn equally, including an on-campus class*），见于《开放和分散式学习的国际研究综述》（*International Review of Research in Open and Distributed Learning*）15，第4期（2014）：第263—283页。

版权清算中心（Copyright Clearance Center），《教学法案：学术机构的新角色、规则和责任》（*The TEACH Act: New roles, rules and responsibilities for academic institutions*）（2011），网址：https://www.copyright.com/wp-content/uploads/2015/04/CR-Teach-Act.pdf。

N. 科万（N. Cowan），《工作记忆与短期记忆多面观》（*The many faces of working memory and short-term storage*），见于《心理计量学公告与评论》（*Psychonomic Bulletin*

385

and Review）24，第4期（2017）：第1158—1170页。

N. 科万，《短期记忆对被激活的长期记忆的反应：回应诺里斯的综述（2017）》［*Short-term memory in response to activated long-term memory: A review in response to Norris*（2017）］，见于《心理学公报》145，第8期（2019）：第822—847页。

N. 科万等，《科学观点是如何改变的？源自一项拓展对抗性协作的笔记》（*How do scientific views change? Notes from an extended adversarial collaboration*），见于《心理科学展望》15，第4期（2020）：第1011—1025页。

M. 克雷格（M. Craig）等，《休息：清醒的平静可促进洞察力》（*Rest on it: Awake quiescence facilitates insight*），见于《大脑皮质》（*Cortex*）109（2018）：第205—214页。

J. 克莱默（J. Cranmore）与J. 塔恩克斯（J. Tunks），《音乐和数学学习的大脑研究：一项综合集成研究》（*Brain research on the study of music and mathematics: A meta-synthesis*），见于《数学教育学报》（*Journal of Mathematics Education*）8，第2期（2015）：第139—157页。

H. C. 克伦威尔（H. C. Cromwell）等，《确定动机与情绪背后相互关联的神经系统：理解人类情感的关键一步》（*Mapping the interconnected neural systems underlying motivation and emotion: A key step toward understanding the human affectome*），见于《神经科学与生物行为评论》（*Neuroscience & Biobehavioral Reviews*）113（2020）：第204—226页。

B. 库兰（B. Curran），《改善教案》（*Better Lesson Plans*），劳特利奇出版社，2016。

E. J. 达利默（E. J. Dallimore）等，《出其不意地点名对学生自发参与学习的影响》（*Impact of cold-calling on student voluntary participation*），见于《管理教育杂志》（*Journal of Management Education*）37，第3期（2012）：第305—341页。

P. 达扬（P. Dayan）与A. J. 余（A. J. Yu），《相动性去甲肾上腺素：用于意外事件的一种神经中断信号》（*Phasic norepinephrine: a neural interrupt signal for unexpected events*），见于《网络：神经系统中的计算》（*Network: Computation in Neural Systems*）17，第4期（2006）：第335—350页。

P. 德·布吕克尔（P. De Bruyckere）等，《学会一事之后，你能更好地学会另一事吗？理解学习迁移》（*If you learn A, will you be better able to learn B? Understanding transfer of learning*），见于《美国教育家》（*American Educator*）44，第1期（2020）：第30—40页。

M. S. 德卡罗（M. S. DeCaro），《第四章：更高的工作记忆容量在什么时候会促进或者阻碍解决顿悟问题的能力？》（*Chapter 4: When does higher working memory capacity help or hinder insight problem solving?*），见于《顿悟：论新思想的起源》（*Insight: On the Origins of New Ideas*），由F. 瓦利-图兰吉奥（F. Vallée-Tourangeau）编著，第79—104页：劳特利奇出版社，2018。

M. S. 德卡罗等，《较高的工作记忆会妨碍顿悟》（*When higher working memory capacity hinders insight*），见于《实验心理学杂志：学习、记忆与认知》42，第1期（2015）：第39—49页。

S. 德阿纳（S. Dehaene），《人类负责阅读和算术的大脑皮层回路的进化："神经元循环"假说》（*Evolution of human cortical circuits for reading and arithmetic: The "neuronal recycling" hypothesis*），见于《从猴脑到人脑》（*From Monkey Brain to Human Brain*），由S. 德阿纳等编著，第133—157页，麻省理工学院出版社（MIT Press），2005。

S. 德阿纳，《我们是如何学习的：为何大脑比任何机器更擅长于学习……至少目前如此》（*How We Learn: Why Brains Learn Better Than Any Machine... for Now*），维京出版社（Viking），2020。

S. 德阿纳与L. 科恩（L. Cohen），《大脑皮质图的文化再循环》（*Cultural recycling of cortical maps*），见于《神经元》56，第2期（2007）：第384—398页。

M. J. 德恩（M. J. Dehn），《工作记忆与学校学习：评估与干预》（*Working Memory and Academic Learning: Assessment and Intervention*），威利出版社（Wiley），2008。

B. B. 德·科宁（B. B. de Koning）等，《用教学视频进行学习的发展与趋势》（*Developments and trends in learning with instructional video*），见于《电脑与人类行为》（*Computers in Human Behavior*）89（2018）：第395—398页。

L. 德·维沃（L. De Vivo）等，《整个醒/睡周期中突触缩放的超微结构证据》（*Ultrastructural evidence for synaptic scaling across the wake/sleep cycle*），见于《科学》（*Science*）355，第6324期（2017）：第507—510页。

D. D. 迪克森（D. D. Dixson）与F. C. 沃雷尔（F. C. Worrell），《课堂中的形成性与总结性评估》（*Formative and summative assessment in the classroom*），见于《理论到实践》（*Theory into Practice*）55，第2期（2016）：第153—159页。

B. 德雷耶（B. Dreyer），《德雷耶英语指南》（*Dreyer's English: An Utterly Correct*

Guide to Clarity and Style》，兰登书屋，2019。

Y. 杜代（Y. Dudai）等，《记忆的巩固与转化》（*The consolidation and transformation of memory*），见于《神经元》88，第1期（2015）：第20—32页。

K. 邓巴（K. Dunbar）等，《素朴理论会消失吗？用大脑和行为来理解概念中的变化》（*Do naïve theories ever go away? Using brain and behavior to understand changes in concepts*），见于《卡内基梅隆大学认知研讨会：用数据来思考》（*Carnegie Mellon Symposia on Cognition. Thinking with Data*），由M. C. 洛维特（M. C. Lovett）与P. 沙阿（P. Shah）编著，第193—206页，劳伦斯艾尔伯联合出版社（Lawrence Erlbaum Associates Publishers），2007。

B. 杜恩（B. Dung）与M. 麦克丹尼（M. McDaniel），《在课堂笔记中利用提纲与图解来提高学习效果》（*Enhancing learning during lecture note-taking using outlines and illustrative diagrams*），见于《记忆与认知应用研究杂志》4，第2期（2015）：第129—135页。

D. 邓宁（D. Dunning），《第五章：邓宁-克鲁格效应：论对自身无知的无知》（*Chapter 5: The Dunning-Kruger effect: On being ignorant of one's own ignorance*），见于《实验社会心理学进展》（*Advances in Experimental Social Psychology*）第44卷，由M. P. 扎纳（M. P. Zanna）与J. M. 奥尔森（J. M. Olson）编著，第247—297页，学术出版社（Academic Press），2011。

L. 杜森伯里（L. Dusenbury）与R. P. 威斯伯格（R. P. Weissberg），《小学中的社会情感学习：为成功做好准备》（*Social emotional learning in elementary school: Preparation for success*），宾夕法尼亚州立大学（The Pennsylvania State University）（2017），网址：https://healthyschoolscampaign.org/wp-content/uploads/2017/04/RWJF–SEL.pdf。

D. 伊格曼（D. Eagleman），《生龙活虎：大脑不断变化的内幕》（*Livewired: The Inside Story of the Ever-Changing Brain*），万神殿图书公司，2020。

A. 艾肯鲍姆（A. Eichenbaum）等，《围绕着通过电子游戏训练努力提升认知功能的一些基本问题》（*Fundamental questions surrounding efforts to improve cognitive function through video game training*），见于《认知与工作记忆训练：源自心理学、神经科学与人类发展学的观点》（*Cognitive and Working Memory Training: Perspectives from Psychology, Neuroscience, and Human Development*），由J. M. 诺维克（J. M. Novick）等编著，第432—454页，牛津大学出版社，2019。

J. W. B. 埃尔西（J. W. B. Elsey）等，《人类记忆的再巩固：一种指导性的框架和对证据的批判性综述》（*Human memory reconsolidation: A guiding framework and critical review of the evidence*），见于《心理学公报》144，第8期（2018）：第797—848页。

S. 恩格尔曼（S. Engelmann）与D. 卡宁（D. Carnine），《教学理论：原则与应用》（*Theory of Instruction: Principles and Applications*），国家直接教学研究所出版社（NIFDI Press），1982，修订版，2016。

K. 埃尔戈（K. Ergo）等，《奖励预测误差与陈述性记忆》（*Reward prediction error and declarative memory*），见于《认知科学趋势》24，第5期（2020）：第388—397页。

K. I. 埃里克森（K. I. Erickson）等，《体能活动、认知与大脑产出：2018年的体能活动指导原则综述》（*Physical activity, cognition, and brain outcomes: A review of the 2018 physical activity guidelines*），见于《体育锻炼中的医学与科学》（*Medicine & Science in Sports & Exercise*）51，第6期（2019）：第1242—1251页。

K. Λ. 埃瑞克松（K. A. Erickson）等，《剑桥专业技术专业表现手册》（*The Cambridge Handbook of Expertise and Expert Performance*），第2版，剑桥大学出版社，2018。

K. A. 埃瑞克松与W. 金奇（W. Kintsch），《长期的工作记忆》（*Long-term working memory*），见于《心理学评论》（*Psychological Review*）102，第2期（1995）：第211—245页。

J. 埃里克松（J. Eriksson）等，《工作记忆的神经认知架构》（*Neurocognitive architecture of working memory*），见于《神经元》88，第1期（2015）：第33—46页。

T. C. 埃斯克尔森（T. C. Eskelson），《正规教育如何及为何起源于文明之诞生》（*How and why formal education originated in the emergence of civilization*），见于《教育与学习杂志》（*Journal of Education and Learning*）9，第2期（2020）：第29—47页。

T. 埃斯蒂斯（T. Estes）与S. L. 明茨（S. L. Mintz），《教学：一种模式方法》（*Instruction: A Models Approach*），第7版，培生出版集团（Pearson），2015。

T. M. 埃文斯（T. M. Evans）与M. T. 乌尔曼（M. T. Ullman），《程序性缺陷假说从发育性语言障碍到数学学习障碍的拓展》（*An extension of the procedural deficit hypothesis from developmental language disorders to mathematical disability*），见于《心理学前沿》（*Frontiers in Psychology*）7，第1318条（2016）：第1—9页。

A. 埃克斯博奇托（A. Expósito）等，《教学视频剪辑在宏观经济学教学中的使用一探》（*Examining the use of instructional video clips for teaching macroeconomics*），见于《计算机与教育》（*Computers & Education*）144，103709（2020）。

J. 费尔柴尔德（J. Fairchild）与S. T. 亨特（S. T. Hunter），《"我们获得了

创造性的差异"：任务冲突和参与安全对团队创造性表现的影响》（*"We've got creative differences": The effects of task conflict and participative safety on team creative performance*），见于《创新行为杂志》（*The Journal of Creative Behavior*）48，第1期（2014）：第64—87页。

R. M. 费尔德（R. M. Felder），《到处都有冒充者》（*Imposters everywhere*），见于《化学工程教育》（*Chemical Engineering Education*）22，第4期（1988）：第168—169页，网址：https://www.engr.ncsu.edu/stem-resources/legacy-site/。

R. M. 费尔德与R. 布伦特（R. Brent），《理工科的教与学：实用指南》（*Teaching and Learning STEM: A Practical Guide*），乔西-巴斯出版社，2016。

D. 费希尔（D. Fisher）与N. 弗雷伊（N. Frey），《内容领域学习中信息组织图的运用与误用》（*The uses and misuses of graphic organizers in content area learning*），见于《阅读教师》（*The Reading Teacher*）71，第6期（2018）：第763—766页。

C. 弗莱厄蒂（C. Flaherty），《"尽可能做到人性化"》（*"As Human as Possible"*），见于《高校情报》（*Inside Higher Ed*）2020年3月16日，网址：https://www.insidehighered.com/news/2020/03/16/suddenly-trying-teach-humanities-courses-online。

C. T. 福斯诺特（C. T. Fosnot），《建构主义：理论、视角与实践》（*Constructivism: Theory, Perspectives, and Practice*），第2版，师范学院出版社（Teachers College Press），2013。

L. 弗雷（L. Fray）与J. 戈尔（J. Gore），《人们为何选择教书：实证研究的范围综述，2007—2016》（*Why people choose teaching: A scoping review of empirical studies, 2007—2016*），见于《教学与师范教育》（*Teaching and Teacher Education*）75（2018）：第153—163页。

M. 弗里德伯格（M. Freedberg）等，《内侧颞叶与纹状体学习系统之间的竞争性与合作性互动》（*Competitive and cooperative interactions between medial temporal and striatal learning systems*），见于《神经心理学》（*Neuropsychologia*）136,107257（2020）：第1—13页。

S. 弗里曼（S. Freeman）等，《主动式学习可以提高学生的科学、工程学与数学成绩》（*Active learning increases student performance in science, engineering, and mathematics*），见于《美国国家科学院院刊》（*Proceedings of the National Academy of Sciences of the USA*）111，第23期（2014）：第8410—8415页。

L. S. 福克斯（L. S. Fuchs）等，《用对比形式的练习辅导一年级数字知识的效果》

（*Effects of first-grade number knowledge tutoring with contrasting forms of practice*），见于《教育心理学杂志》105，第1期（2013）：第58—77页。

J. M. 富尔维沃（J. M. Fulvio）等，《以近期训练经验为基础选择特定任务的响应策略》（*Task-specific response strategy selection on the basis of recent training experience*），见于《公共科学图书馆：计算生物学》（*PLoS Computational Biology*）10，e1003425，第1期（2014）：第1—16页。

吉尔·甘地（Jill Gandhi）等，《两种心态干预对低收入家庭学生学业成绩与心理产出的影响》（*The effects of two mindset interventions on low-income students' academic and psychological outcomes*），见于《教育效能研究杂志》（*Journal of Research on Educational Effectiveness*）13，第2期（2020）：第351—379页。

S. E. 盖瑟科尔与T. P. 阿洛韦，《理解工作记忆：课堂指南》（*Understanding Working Memory: A Classroom Guide*），伦敦：哈考特评估测试公司（Harcourt Assessment），网址：https://www.mrc-cbu.cam.ac.uk/wp-content/uploads/2013/01/WM-classroom-guide.pdf，2007。

S. E. 盖瑟科尔等，《第八章：课堂上的工作记忆》（*Chapter 8. Working memory in the classroom*），见于《工作记忆与教育》（*Working Memory and Education*），由S. J. 皮克林（S. J. Pickering）编著，第219—240页，爱思维尔出版社（Elsevier），2006。

D. C. 吉尔里，《进化与文化在儿童认知中的反映：对数学发展与教学的启示》（*Reflections of evolution and culture in children's cognition: Implications for mathematical development and instruction*），见于《美国心理学家》（*American Psychologist*）50，第1期（1995）：第24—37页。

D. C. 吉尔里，《进化心智的教育》（*Educating the Evolved Mind*），见于《进化心智的教育：进化教育心理学的概念基础》（*Educating the Evolved Mind: Conceptual Foundations for an Evolutionary Educational Psychology*），由J. S. 卡尔森（J. S. Carlson）与J. R. 莱文（J. R. Levin）编著，第1—99页，IAP信息时代出版社（IAP-Information Age Publishing），2007。

D. C. 吉尔里与D. B. 伯奇（D. B. Berch），《第九章：进化以及儿童的认知与学业发展》（*Chapter 9. Evolution and children's cognitive and academic development*），见于《儿童发展与教育的进化论视角》（*Evolutionary Perspectives on Child Development and Education*），第217—249页，施普林格出版社，2016a。

D. C. 吉尔里与D. B. 伯奇，《儿童发展与教育的进化论视角》，施普林格出版社，

2016b。

D．C．吉尔里等，《导论：数学干预的认知基础和早期计算能力的影响》（*Introduction: Cognitive foundations of mathematical interventions and early numeracy influences*），见于《数学认知与学习》（*Mathematical Cognition and Learning*），第5卷，爱思维尔出版社，2019a。

D．C．吉尔里等，《第四章：专题小组关于学习过程的报告》（*Chapter 4: Report of the Task Group on Learning Processes*），见于《成功的基础：全美数学顾问小组的报告》（*Foundations for Success: Report of the National Mathematics Advisory Panel*），美国教育部（United States Department of Education），2008，网址：http://www2.ed.gov/about/bdscomm/list/mathpanel/report/learning-processes.pdf。

D．C．吉尔里等，《数学焦虑与学习态度中的性别差异：与数学能力的并行性与纵向关系》（*Sex differences in mathematics anxiety and attitudes: Concurrent and longitudinal relations to mathematical competence*），见于《教育心理学杂志》111，第8期（2019b）：第1447页—第1461页。

M．A．根斯巴赫（M. A. Gernsbacher），《改进在线讨论区的五个技巧》（*Five tips for improving online discussion boards*），见于《观察家》（*Observer*），2016年10月31日，网址：https://www.psychologicalscience.org/observer/five-tips-for-improving-online-discussion-boards。

R．格斯滕（R. Gersten）等，《帮助数学有困难的学生：对中小学的干预反应（RtI）》（*Assisting Students Struggling with Mathematics: Response to Intervention（RtI）for Elementary and Middle Schools*），NCEE 2009-4060，《网上考试系统（IES）实践指南：信息交换中心的作用》（*IES Practice Guide: What Works Clearinghouse*），美国教育部，2009，网址：https://files.eric.ed.gov/fulltext/ED504995.pdf。

R．格斯滕等，《第六章：专题小组关于教学实践的报告》（*Chapter 6: Report of the Task Group on Instructional Practices*），见于《成功的基础：全美数学顾问小组的报告》，美国教育部，2008，网址：https://www2.ed.gov/about/bdscomm/list/mathpanel/report/instructional-practices.pdf。

A．M．加拉维（A. M. Gharravi），《在以器官系统为基础的医学课程中，教师提供的笔记对医学生学习和考试成绩的影响》（*Impact of instructor-provided notes on the learning and exam performance of medical students in an organ system-based medical curriculum*），见于《医学教育与实践前沿》（*Advances in Medical Education and*

Practice）9（2018）：第665页—第672页。

A. 吉尔博（A. Gilboa）与H. 马拉特（H. Marlatte），《图式与图式介导式记忆的神经生物学》（*Neurobiology of schemas and schema-mediated memory*），见于《认知科学趋势》（*Trends in Cognitive Sciences*）21，第8期（2017）：第618页—第631页。

A. A. 冈萨雷斯（A. A. Gonzalez）等，《理工科学习焦虑的脑相关因素中的性别差异》（*Sex differences in brain correlates of STEM anxiety*），见于《npj学习的科学》（*npj Science of Learning*）4，第18篇（2019）：第1页—第10页。

J. 冈萨雷斯（J. Gonzalez），《你的课程是一只希腊古瓮吗？》（*Is your lesson a Grecian urn?*），见于"教学方法崇拜"网（Cult of Pedagogy），2016，网址：https://www.cultofpedagogy.com/grecian-urn-lesson/。

N. 哈吉哈尼（N. Hadjikhani）等，《看着我的眼睛：约束性地凝视眼部区域会引发自闭症患者出现异常高水平的皮下活化作用》（*Look me in the eyes: Constraining gaze in the eye-region provokes abnormally high subcortical activation in autism*），见于《科学报告》（*Scientific Reports*）7，第3163篇（2017）：第1页—第7页。

K. R. 汉密尔顿（K. R. Hamilton）等，《小学中高年级儿童中"时间折现"现象的纹状体基础》（*Striatal bases of temporal discounting in early adolescents*），见于《神经心理学》144，107492（2020）：第1—10页。

J. 哈蒂（J. Hattie），《可见的学习：800多项与学业成就相关的元分析的综合报告》（*Visible Learning: A Synthesis of Over 800 Meta-Analyses Relating to Achievement*），劳特利奇出版社，2009。

J. 哈蒂，《可见的学习：最大限度地促进学习》（*Visible Learning for Teachers: Maximizing Impact on Learning*），劳特利奇出版社，2012。

J. 哈蒂，《可见的学习：最大限度地促进学习》法文版，魁北克大学出版社（Presses de l'Université du Québec），2017。

J. 哈蒂与H. 廷伯利（H. Timperley），《反馈的力量》（*The power of feedback*），见于《教育研究评论》（*Review of Educational Research*）77，第1期（2007）：第81—112页。

T. 海登（T. Haydon）等，《为学习学术性内容时有困难的学生提供指导性笔记的有效性综述》（*A review of the effectiveness of guided notes for students who struggle learning academic content*），见于《预防学业不合格：对儿童和青少年的另类教育》（*Preventing School Failure: Alternative Education for Children and Youth*）55，第4期（2011）：第

226—231页。

F. 哈耶克（F. Hayek），《第四章：两类心智》（*Chapter 4: Two Types of Mind*），见于《哲学、政治学、经济学与思想史的新研究》（*New Studies in Philosophy, Politics, Economics and the History of Ideas*），第50—56页，芝加哥大学出版社（University of Chicago Press），1978。

S. 海耶斯（S. Hayes）等，《焦虑期间工作记忆容量的限制》（*Restriction of working memory capacity during worry*），见于《变态心理学杂志》（*Journal of Abnormal Psychology*）117，第3期（2008）：第712—717页。

D. 希科克斯（D. Heacox），《让差异化成为习惯：如何在学术多样化课堂中取得成功》（*Making Differentiation a Habit: How to Ensure Success in Academically Diverse Classrooms*），第2版，自由精神出版社（Free Spirit Publishing），2017。

M. 赫布歇尔（M. Hebscher）等，《大脑皮质的快速可塑性支持长期记忆的形成》（*Rapid cortical plasticity supports long-term memory formation*），见于《认知科学趋势》23，第12期（2019）：第989—1002页。

K. 亨克（K. Henke），《基于处理模式而非意识的记忆系统模型》（*A model for memory systems based on processing modes rather than consciousness*），见于《神经科学自然评论》11，第7期（2010）：第523—532页。

M. B. 轩尼诗（M. B. Hennessy）等，《应激反应的社交缓冲作用：多样性、机制与功能》（*Social buffering of the stress response: Diversity, mechanisms, and functions*），见于《神经内分泌学前沿》（*Frontiers in Neuroendicronology*）30，第4期（2009）：第470—482页。

K. 赫斯（K. Hess），《韦伯深度解读教学法与共同核心国家标准运用指南》（*A Guide for Using Webb's Depth of Knowledge with Common Core State Standards*），共同核心研究所（The Common Core Institute），2013，网址：https://education.ohio.gov/getattachment/Topics/Teaching/Educator-Evaluation-System/How-to-Design-and-Select-Quality-Assessments/Webbs-DOK-Flip-Chart.pdf.aspx。

L. 海默（L. Himmer）等，《排练能促进系统记忆巩固，睡眠则会令其持久》（*Rehearsal initiates systems memory consolidation, sleep makes it last*），见于《科学前沿》5，第4期，eaav1695（2019）：第1—9页。

P. J. 海因兹（P. J. Hinds），《专业知识的诅咒：专业知识与除偏方法对预测新手表现的影响》（*The curse of expertise: The effects of expertise and debiasing methods on prediction of novice performance*），见于《实验心理学杂志：应用》（*Journal of Experimental Psychology: Applied*）5，第2期（1999）：第205—221页。

V. 霍格海德（V. Hoogerheide）等，《把制作教学视频当成家庭作业既有效，又有趣》（*Generating an instructional video as homework activity is both effective and enjoyable*），见于《学习与教学》（*Learning and Instruction*）64（2019），101226。

C. 范·霍伊东克（C. van Hooijdonk）与B. 德·科宁，《学习教学动画时的语言冗余研究》（*Investigating verbal redundancy in learning from an instructional animation*），欧洲学习与教学研究协会（EARLI）［European Association for Research on Learning and Instruction（EARLI）］，特别兴趣小组（Special Interest Group），2016。网址：https://www.researchgate.net/publication/305345989_Investigating_verbal_redundancy_in_learning_from_an_instructional_animation。

L. 霍夫（L. Hough），《不必讲求速度：研究表明，学习速度较快不一定更好》（*No need for speed: Study shows that faster isn't necessarily better when it comes to learning*），见于《哈佛教育杂志》（*Ed. Harvard Ed. Magazine*）2019年秋季刊，网址：https://www.gse.harvard.edu/news/ed/19/08/no-need-speed。

C. S. 海特（C. S. Hyatt）等，《自恋与自尊：一种法理学网络分析》（*Narcissism and self-esteem: A nomological network analysis*），见于《公共科学图书馆：综合》（*PloS One*）13，第8期（2018）：e0201088。

M. 易卜拉欣（M. Ibrahim）等，《用教育视频学习时细分、标志及剔除的作用》（*Effects of segmenting, signalling, and weeding on learning from educational video*），见于《学习、媒体与技术》（*Learning, Media and Technology*）37，第3期（2012）：第220—235页。

R. S. 詹森（R. S. Jansen）等，《做笔记的认知成本与收益综合回顾》（*An integrative review of the cognitive costs and benefits of note-taking*），见于《教育研究评论》（*Educational Research Review*）22（2017）：第223—233页。

M. 江（M. Jiang），《Zoom电话耗人精力的原因》（*The reason Zoom calls drain your energy*），英国广播公司远程控制（BBC Remote Control），2020年4月22日，网址：https://www.bbc.com/worklife/article/20200421-why-zoom-video-chats-are-so-exhausting。

A. 约翰逊（A. Johnson），《优秀的在线教学：成功在线教学一学期的有效策略》（*Excellent Online Teaching: Effective Strategies for a Successful Semester Online*），亚伦·约翰逊出版社（Aaron Johnson），2013。

D. W. 约翰逊（D. W. Johnson）与R. T. 约翰逊（R. T. Johnson），《发挥协作性学习的作用》（*Making cooperative learning work*），见于《理论到实践》38，第2期（1999）：第67—73页。

S. A. 乔斯林（S. A. Josselyn）与S. 利根川（S. Tonegawa），《记忆有印记：回忆过去，畅想未来》（*Memory engrams: Recalling the past and imagining the future*），见于《科学》367，第6473期（2020）：eaaw4325。

B. R. 乔伊丝（B. R. Joyce）等，《教学模式》（*Models of Teaching*），第9版，培生出版集团，2015。

M. 卡杜拉（M. Kaddoura），《思考-结对-分享：促进学生批判性思维的一种教-学策略》（*Think pair share: A teaching learning strategy to enhance students' critical thinking*），见于《教育研究季刊》（*Educational Research Quarterly*）36，第4期（2013）：第3—24页。

S. 卡柳加（S. Kalyuga）与A. 伦克尔（A. Renkl），《知识反转效应及其教学启示：专题导论》（*Expertise reversal effect and its instructional implications: Introduction to the special issue*），见于《教学科学》（*Instructional Science*）38，第3期（2010）：第209—215页。

S. 康（S. Kang）与T. R. 库尔茨伯格（T. R. Kurtzberg），《拿起手机，风险自担：休息时选择媒体的认知代价》（*Reach for your cell phone at your own risk: The cognitive costs of media choice for breaks*），见于《行为成瘾杂志》（*Journal of Behavioral Addictions*）8，第3期（2019）：第395—403页。

C. 卡帕迪亚（C. Kapadia）与S. 梅尔瓦尼（S. Melwani），《任务多，创意也多：多任务处理对后续创造性的积极溢出效应》（*More tasks, more ideas: The positive spillover effects of multitasking on subsequent creativity*），见于《应用心理学杂志》（*Journal of Applied Psychology*）（2020）：提前在线发布。

J. D. 卡尔匹克（J. D. Karpicke），《基于提取的学习：主动提取可以促进有意义的学习》（*Retrieval-based learning: Active retrieval promotes meaningful learning*），见于《心理科学最新指南》（*Current Directions in Psychological Science*）21，第3期（2012）：第157—163页。

J. D. 卡尔匹克与J. R. 布伦特（J. R. Blunt），《提取练习比用概念映射法进行的精细研究学习效果更佳》（*Retrieval practice produces more learning than elaborative studying with concept mapping*），见于《科学》331，第6018期（2011）：第772—775页。

J. D. 卡尔匹克与P. J. 格里马尔迪（P. J. Grimaldi），《基于提取的学习：一种促进有意义学习的视角》（*Retrieval-based learning: A perspective for enhancing meaningful learning*），见于《教育心理学评论》24，第3期（2012）：第401—418页。

K. A. 基弗拉（K. A. Kiewra）等，《做笔记的功能与技巧》（*Note-taking functions and techniques*），见于《教育心理学杂志》83，第2期（1991）：第240—245页。

J. N. 金杰利（J. N. Kingery）等，《同龄人的接纳和友谊是小学中高年级学生适应中学过渡阶段的预测因子》（*Peer acceptance and friendship as predictors of early adolescents' adjustment across the middle school transition*），见于《美林–帕尔默季刊》（*Merrill-Palmer Quarterly*）57，第3期（2011）：第215—243页。

N. 金斯顿（N. Kingston）与B. 纳什（B. Nash），《形成性评估：一项元分析与研究呼吁》（*Formative assessment: A meta-analysis and a call for research*），见于《教育评估：问题与实践》（*Educational Measurement: Issues and Practice*）30，第4期（2011）：第28—37页。

P. A. 基施纳（P. A. Kirschner）等，《为何在教学过程中给予最少指导的做法无效：对建构主义教学、发现式教学、基于问题的教学、体验式教学和探究式教学失败的分析》（*Why minimal guidance during instruction does not work: An analysis of the failure of constructivist, discovery, problem-based, experiential, and inquiry-based teaching*），见于《教育心理学家》（*Educational Psychologist*）41，第2期（2006）：第75—86页。

P. A. 基施纳与J. J. G. 范·梅里恩博尔（J. J. G. van Merriënboer），《学习者真的最了解吗？教育中的都市传说》（*Do learners really know best? Urban legends in education*），见于《教育心理学家》48，第3期（2013）：第160—183页。

S. 基塔（S. Kita）等，《手势如何影响思考与说话？手势用于概念化的假说一探》（*How do gestures influence thinking and speaking? The gesture-for-conceptualization hypothesis*），见于《心理学评论》124，第3期（2017）：第245—266页。

D. 克拉尔（D. Klahr）与M. 尼加姆（M. Nigam），《早期科学教学中学习途径的等效性：直接教学与发现式学习的影响》（*The equivalence of learning paths in early science instruction: Effects of direct instruction and discovery learning*），见于《心理科学》15，第10期（2004）：第661—667页。

A. 科里亚特（A. Koriat）与R. A. 比约克，《在学习过程中监测自己知识的能力错觉》（*Illusions of competence in monitoring one's knowledge during study*），见于《实验心理学杂志：学习、记忆与认知》31，第2期（2005）：第187—194页。

科斯米迪斯等，《识字与正规教育：对工作记忆的影响》（*Literacy versus formal schooling: Influence on working memory*），见于《临床神经心理学档案》（*Archives of Clinical Neuropsychology*）26，第7期（2011）：第575—582页。

K. S. 克拉亨布尔（K. S. Krahenbuhl），《以学生为中心的教育与建构主义：挑战、担忧与为老师所做的澄清》（*Student-centered education and constructivism: Challenges, concerns, and clarity for teachers*），见于《清算中心：教育策略、问题与思想的杂志》（*Clearing House: A Journal of Educational Strategies, Issues and Ideas*）89，第3期（2016）：第97—105页。

D. R. 克拉斯沃尔（D. R. Krathwohl），《对布鲁姆学习分类法的修正：概述》（*A revision of Bloom's taxonomy: An overview*），见于《理论到实践》41，第4期（2002）：第212—218页。

S. 屈恩（S. Kühn）等，《默认网络模式在创新中的重要性———一项结构性的MRI研究》（*The importance of the default mode network in creativity — A structural MRI study*），见于《创新行为杂志》48，第2期（2014）：第152—163页。

L. 拉格斯特罗姆（L. Lagerstrom）等，《"6分钟法则"的神话：学生对在线视频的参与度》（*The myth of the six-minute rule: Student engagement with online videos*），论文编号（Paper ID）#13527，第14—17页，美国工程教育协会第122届年会（122nd ASEE Annual Conference），华盛顿州西雅图（Seattle, WA），2015。

T. J. 劳森（T. J. Lawson）等，《引导性问题可以促进学生以教育视频进行的学习》（*Guiding questions enhance student learning from educational videos*），见于《心理学教学》（*Teaching of Psychology*）33，第1期（2006）：第31—33页。

T. J. 劳森等，《掌握技巧，促进学生的教育视频学习：笔记与引导性问题》（*Techniques for increasing student learning from educational videos: Notes versus guiding questions*），见于《心理学教学》34，第2期（2007）：第90—93页。

D. 列莫夫，《像冠军一样教学2.0》，第2版，威利出版社，2015。

W. 李（W. Li）等，《快速眼动睡眠会在发育和学习中选择性地修剪和保留新突触》（*REM sleep selectively prunes and maintains new synapses in development and learning*），见于《自然神经科学》20，第3期（2017）：第427—437页。

V. 利库雷佐斯（V. Likourezos）等，《可变性效应：教学可变性何时有利》（*The variability effect: When instructional variability is advantageous*），见于《教育心理学评论》31，第2期（2019）：第479—497页。

J. 莱尔斯（J. Liles）等，《医学生的学习习惯：对哪些学习习惯最有利于在临床执业之前数年中获得成功的分析》（*Study habits of medical students: An analysis of which study habits most contribute to success in the preclinical years*），见于《医学教育出版》（*Med Ed Publish*）7，第1期（2018）：第1—16页。

C. K. 洛（C. K. Lo）与K. F. 休（K. F. Hew），《对K-12教育阶段翻转课堂中的挑战的批判性综述：可能的解决办法与未来的研究建议》（*A critical review of flipped classroom challenges in K-12 education: Possible solutions and recommendations for future research*），见于《科技教学中的研究与实践》（*Research and Practice in Technology Enhanced Learning*）12，第1期，第4篇（2017）：第1—22页。

B. 卢（B. Lu）等，《将基于脑源性神经营养因子的突触修复作为神经退行性疾病的病情改善策略》（*BDNF-based synaptic repair as a disease-modifying strategy for neurodegenerative diseases*），见于《自然评论：神经科学》（*Nature Reviews: Neuroscience*）14，第6期（2013）：第401—416页。

J. G. 卢（J. G. Lu）等，《"开启"创造力：任务切换可以通过减少认知定势而提高创造力》（*"Switching On" creativity: Task switching can increase creativity by reducing cognitive fixation*），见于《组织行为与人类决策过程》（*Organizational Behavior and Human Decision Processes*）139（2017）：第63—75页。

S. J. 鲁培恩（S. J. Lupien）等，《压力与应激激素对人类认知的影响：对大脑和认知领域的意义》（*The effects of stress and stress hormones on human cognition: Implications for the field of brain and cognition*），见于《大脑与认知》（*Brain and Cognition*）65，第3期（2007）：第209—237页。

I. M. 莱昂斯（I. M. Lyons）与S. L. 贝洛克（S. L. Beilock），《数学带来痛苦：数学焦虑预示着在做数学题之前就会激活疼痛网络》（*When math hurts: Math anxiety predicts pain network activation in anticipation of doing math*），见于《公共科学图书馆：综合》7，第10期（2012）：e48076。

M. 马塞多尼亚（M. Macedonia）等，《外语词汇学习中通过观察手势的编码深度》（*Depth of encoding through observed gestures in foreign language word learning*），见于《心理学前沿》10，第33篇（2019）：第1—15页。

M. L. 麦克（M. L. Mack）等，《逐段构建概念：海马体与概念形成》（*Building concepts one episode at a time: The hippocampus and concept formation*），见于《神经科学通讯》（*Neuroscience Letters*）680（2018）：第31—38页。

N. 麦克雷（N. Macrae），《约翰·冯·诺依曼：开创现代计算机博弈论、核威慑等的科学天才》（*John von Neumann: The Scientific Genius Who Pioneered the Modern Computer Game Theory, Nuclear Deterrence, and Much More*），万神殿图书公司，1992。

D. 马奥（D. Mao）等，《压后皮质中空间序列编码出现海马体依赖性》（*Hippocampus-dependent emergence of spatial sequence coding in retrosplenial cortex*），见于《美国国家科学院院刊》115，第31期（2018）：第8015—8018页。

M. 马蒂尼（M. Martini）等，《学习之后清醒地休息与使用社交媒体对保留新记忆的影响》（*Effects of wakeful resting versus social media usage after learning on the retention of new memories*），见于《应用认知心理学》（*Applied Cognitive Psychology*）34，第2期（2020）：第551—558页。

N. 马尔蒂罗斯（N. Martiros）等，《反向活跃的纹状体映射神经元与中间神经元选择性地划定为有用的行为序列》（*Inversely active striatal projection neurons and interneurons selectively delimit useful behavioral sequences*），见于《当代生物学》（*Current Biology*）28，第4期（2018）：第560—573页，e5。

R. E. 迈耶（R. E. Mayer），《是否应当针对纯粹的发现式学习采取一种"三振出局"的规则？》（*Should there be a three-strikes rule against pure discovery learning?*），见于《美国心理学家》59，第1期（2004）：第14—19页。

R. E. 迈耶，《剑桥多媒体学习手册》（*The Cambridge Handbook of Multimedia Learning*），第2版，剑桥大学出版社，2014a。

R. E. 迈耶，《多媒体学习的认知理论》（*Cognitive theory of multimedia learning*），见于《剑桥多媒体学习手册》，由R. E. 迈耶编著，剑桥大学出版社，2014b。

R. E. 迈耶，《多媒体如何能够改善学习和教学》（*How multimedia can improve learning and instruction*），见于《剑桥认知和教育手册》，由J. 邓洛斯基与K. A. 罗森编著，第460—479页，剑桥大学出版社，2019。

R. E. 迈耶等，《提高教学视频效果的5种方法》（*Five ways to increase the effectiveness of instructional video*），见于《教育技术研究与发展》（*Educational Technology Research and Development*）68，第3期（2020）：第837—852页。

J. L. 麦克莱兰（J. L. McClelland）等，《为何海马体与大脑新皮质中存在互补的学习系统：学习与记忆连接机制模型的成功与失败之洞见》（*Why there are complementary learning systems in the hippocampus and neocortex: Insights from the successes and failures of connectionist models of learning and memory*），见于《心理学评论》102，第3期（1995）：第419—457页。

C. 麦吉尔（C. McGill），《参与练习：如何激发学生的学习积极性》（*Engaging Practices: How to Activate Student Learning*），白水出版社（White Water Publishing），2018。

M. 麦格拉斯（M. McGrath）与B. 奥克利，《相互依赖与病态的利他主义》（*Codependency and pathological altruism*），见于《病态的利他主义》（*Pathological Altruism*），由B.奥克利等编著，第49—74页，牛津大学出版社，2012。

L. 麦肯齐（L. McKenzie），《在线、廉价与精英》（*Online, cheap — and elite*），见于《高校情报》，2018年3月20日，网址：https://www.insidehighered.com/digital-learning/article/2018/03/20/analysis-shows-georgia-techs-online-masters-computer-science。

B. M. 麦克拉伦（B. M. McLaren）等，《错误范例的延迟学习效应：在网络导师的指导下学习小数的研究》（*Delayed learning effects with erroneous examples: A study of learning decimals with a web-based tutor*），见于《国际教育人工智能协会》（*International Artificial Intelligence in Education Society*）25（2015）：第520—542页。

J. H. 麦克米伦（J. H. McMillan），《课堂评估：促进学生学习和积极性的原则与实践》（*Classroom Assessment: Principles and Practice That Enhance Student Learning and Motivation*），第7版，培生出版集团，2018。

N. 梅德罗斯–沃德（N. Medeiros–Ward）等，《论超级工作者与高效多任务处理的神经基础》（*On supertaskers and the neural basis of efficient multitasking*），见于《心理规律学报与评论》（*Psychonomic Bulletin & Review*）22，第3期（2015）：第876—883页。

E. A. 米恩德拉热夫斯卡（E. A. Miendlarzewska）等，《奖励激励对人类陈述性记忆的影响》（*Influence of reward motivation on human declarative memory*），见于《神经科学与生物行为评论》61（2016）：第156—176页。

M. 米勒（M. Miller）等，《师生必须了解的14个版权要素》（*14 copyright essentials teachers and students must know*），"丢掉那部教材"网（Ditch That Textbook），2016年4月4日，网址：http://ditchthattextbook.com/14-copyright-essentials-teachers-and-students-must-know/。

V. 明茨（V. Mintz），《为何我在远程学习中学到的知识比在学校里学到的多》（*Why I'm learning more with distance learning than I do in school*），见于《纽约时报》，2020年5月5日，网址：https://www.nytimes.com/2020/05/05/opinion/coronavirus-pandemicdistance-learning.html。

D. 莫伯斯（D. Mobbs）等，《幽默可以调节中脑边缘的奖励中枢》（*Humor modulates the mesolimbic reward centers*），见于《神经元》40，第5期（2003）：第1041—1048页。

A. 莫贺比（A. Mohebi）等，《学习与动机的可分离多巴胺动力学》（*Dissociable dopamine dynamics for learning and motivation*），见于《自然》（*Nature*）570，第7759期（2019）：第65—70页。

P. R. 蒙塔古（P. R. Montague）等，《蜜蜂会在不确定的环境中运用预测性的赫布学习来觅食》（*Bee foraging in uncertain environments using predictive Hebbian learning*），见于《自然》377，第6551期（1995）：第725—728页。

P. R. 蒙塔古等，《基于预测性赫布学习的中脑多巴胺系统的结构》（*A framework for mesencephalic dopamine systems based on predictive Hebbian learning*），见于《神经科学杂志》（*Journal of Neuroscience*）16，第5期（1996）：第1936—1947页。

P. L. 摩根（P. L. Morgan）等，《哪些教学实践对学习数学时有和没有困难的一年级学生最有帮助？》（*Which instructional practices most help first-grade students with and without mathematics difficulties?*），见于《教育评估与政策分析》（*Educational Evaluation and Policy Analysis*）37，第2期（2015）：第184—205页。

M. 莫希德（M. Mourshed）等，《如何提高学生的教育成效：数据分析法的新见解》（*How to Improve Student Educational Outcomes: New Insights from Data Analytics*），麦肯锡咨询公司（McKinsey & Company），2017，网址：https://www.mckinsey.com/industries/public-and-social-sector/our-insights/how-to-improve-student-educational-outcomes-new-insights-from-data-analytics#。

L. 马勒（L. Muller）等，《人类睡眠梭状波期间的旋转波会组织在夜间精确地重复的全局性活跃模式》（*Rotating waves during human sleep spindles organize global patterns of activity that repeat precisely through the night*），见于《生命科学在线》（*eLife*）5（2016）：e17267。

Y. 中平（Y. Nakahira）等，《分层结构中支持多样性的最佳点与感觉运动控制中的速度–精确性权衡》（*Diversity-enabled sweet spots in layered architectures and speed-accuracy trade-offs in sensorimotor control*）（预印本），arXiv：1909.08601（2019），网址：https://arxiv.org/pdf/1909.08601.pdf。

S. 中野（S. Nakano）与M. 石原（M. Ishihara），《工作记忆能够在不访问视觉意识的情况下比较两个可视项》（*Working memory can compare two visual items without accessing visual consciousness*），见于《意识与认知》（*Consciousness and Cognition*）78（2020）：102859。

全美州长协会最佳实践中心（National Governors Association Center for Best Practices），《英语语言艺术共同核心国家标准》（*Common Core State Standards for English Language Arts*），华盛顿特区（Washington, D.C.）：全美州长协会最佳实践中心、全美各州教育局长理事会（Council of Chief State School Officers），2010a，网址：http://www.corestandards.org/wp-content/uploads/ELA_Standards1.pdf。

全美州长协会最佳实践中心，《何为教育标准？》（*What Are Educational Standards?*），华盛顿特区：全美州长协会最佳实践中心、全美各州教育局长理事会，2010b，网址：http://www.corestandards.org/about-the-standards/frequently-asked-questions/。

K. 尼纳贝尔（K. Nienaber）等，《有趣的一面：教师的幽默风格会影响学生全心投入学习的可能性》（*The funny thing is, instructor humor style affects likelihood of student engagement*），见于《教与学学术期刊》（*Journal of the Scholarship of Teaching and Learning*）19，第5期（2019）：第53—60页。

N. 尼哈德（N. Niethard）与J. 博恩（J. Born），《回归基准：睡眠可以重新校准突触》（*Back to baseline: sleep recalibrates synapses*），见于《自然神经科学》22，第2期（2019）：第149—151页。

B. 奥克利，《一个巴掌拍不响："好"学生如何有可能在团队中导致问题行为》（*It takes two to tango: How "good" students enable problematic behavior in teams*），见于《以学生为中心的学习杂志》（*Journal of Student Centered Learning*）1，第1期（2002）：第19—27页。

B. 奥克利，《为何工作记忆可能就是答案》（*Why working memory could be the answer*），见于《泰晤士报教育副刊》（*Times Educational Supplement, TES*），2019年6月28日，网址：https://www.tes.com/magazine/article/why-working- memory-could-be-answer。

B. 奥克利等，《将学生小组变成高效的团队》（*Turning student groups into effective teams*），见于《以学生为中心学习杂志》2，第1期（2004）：第9—34页。

B. A. 奥克利（B. A. Oakley），《利他主义偏见与病态利他主义的概念与启示》（*Concepts and implications of altruism bias and pathological altruism*），见于《美国国家科学院院刊》110，增刊2（2013）：第10408—10415页。

B. A. 奥克利与T. J. 谢诺夫斯基（T. J. Sejnowski），《从创建全球最受欢迎的慕课之一中我们学到了什么》（*What we learned from creating one of the world's most popular*

MOOCs），见于《npj学习的科学》4，第7篇（2019）：第1—7页。

A. 奥康纳（A. O' Connor），《咖啡馆里的嘈杂声为何有可能提高创造力》（*How the hum of a coffee shop can boost creativity*），见于《纽约时报》，2013年6月21日，网址：http://well.blogs.nytimes.com/2013/06/21/how-the-hum-of-a-coffee-shop-can-boost-creativity/?ref=health&_r=1&。

G. M. 奥代（G. M. O' Day）与J. D. 卡尔匹克，《提取练习与概念映射的对比与结合》（*Comparing and combining retrieval practice and concept mapping*），见于《教育心理学杂志》，提前在线发布，网址：https://doi.org/10.1037/edu0000486（2020）。

E. 奥斯·阿斯克维克（E. Ose Askvik）等，《手写比打字对课堂学习更重要：对12岁儿童与年轻人的高密度脑电图研究》（*The importance of cursive handwriting over typewriting for learning in the classroom: A high-density EEG study of 12-year-old children and young adults*），见于《心理学前沿》11，第1810期（2020）：第1—16页。

M. 欧文斯（M. Owens）等，《焦虑何时有助于或者妨碍认知测试成绩？工作记忆容量的作用》（*When does anxiety help or hinder cognitive test performance? The role of working memory capacity*），见于《英国心理学杂志》（*British Journal of Psychology*）105，第1期（2014）：第92—101页。

M. G. 帕卡德（M. G. Packard）与J. 古德曼（J. Goodman），《影响多个记忆系统相对运用情况的因素》（*Factors that influence the relative use of multiple memory systems*），见于《海马体》（*Hippocampus*）23，第11期（2013）：第1044—1052页。

J. M. 帕尔瓦（J. M. Palva）等，《神经元的同步性可以揭示工作记忆网络和预测个体的记忆容量》（*Neuronal synchrony reveals working memory networks and predicts individual memory capacity*），见于《美国国家科学院院刊》107，第16期（2010）：第7580—7585页。

S. C. 潘（S. C. Pan）与R. A. 比约克，《第11章第3节：习得人类学习的精确心智模型：用户手册》（*Chapter 11.3. Acquiring an accurate mental model of human learning: Towards an owner's manual*），见于《牛津记忆手册第二卷：应用》（*Oxford Handbook of Memory, Vol. 2: Applications*），尚在出版中。

S. C. 潘等，《交叉练习能促进外语学习吗？训练安排对西班牙语动词变位技能的影响》（*Does interleaved practice enhance foreign language learning? The effects of training schedule on Spanish verb conjugation skills*），见于《教育心理学杂志》111，第7期（2019）：第1172—1188页。

P. B. 鲍罗斯（P. B. Paulus）等，《理解电子头脑风暴中的群体规模效应》（*Understanding the group size effect in electronic brainstorming*），见于《小组研究》（*Small Group Research*）44，第3期（2013）：第332—352页。

A. 皮奥拉特（A. Piolat）等，《做笔记时的认知努力》（*Cognitive effort during note taking*），见于《应用认知心理学》19，第3期（2005）：第291—312页。

H. R. 庞塞（H. R. Ponce）等，《促进生成性学习的研习活动：做笔记、信息组织图与提问》（*Study activities that foster generative learning: Notetaking, graphic organizer, and questioning*），见于《教育计算研究杂志》（*Journal of Educational Computing Research*）58，第2期（2019）：第275—296页。

K. P. 拉古巴尔（K. P. Raghubar）等，《工作记忆与数学：发育性的个体差异与认知方法综述》（*Working memory and mathematics: A review of developmental, individual difference, and cognitive approaches*），见于《学习与个体差异》20，第2期（2010）：第110—122页。

S. 拉蒙·卡哈尔（S. Ram ó ny Cajal），《我的生活回忆》（*Recollections of My Life*），由E. H. 克雷吉（E. H. Craigie）翻译，麻省理工学院出版社，1989（原版出版于1937年）。

J. 赖希（J. Reich）等，《新冠疫情期间州立教育机构的远程学习指导：初探》（*Remote learning guidance from state education agencies during the covid-19 pandemic: A first look*），预印本，2020，网址：https://edarxiv.org/437e2/。

G. D. 雷伊（G. D. Rey）等，《细分效应的元分析》（*A meta-analysis of the segmenting effect*），见于《教育心理学评论》31（2019）：第389—419页。

H. S. 洛克伍德三世（H. S. Rockwood Ⅲ），《合作型与协作型学习》（*Cooperative and collaborative learning*），见于《全国教学论坛》（*The National Teaching and Learning Forum*）5，第1期（1995a）：第8—10页。

H. S. 洛克伍德三世，《合作型与协作型学习》，见于《全国教学论坛》4，第6期（1995b）：第8—9页。

B. A. 罗戈夫斯基（B. A. Rogowsky）等，《将学习风格与教学方法匹配起来：对理解的影响》（*Matching learning style to instructional method: Effects on comprehension*），见于《教育心理学杂志》107，第1期（2015）：第64—78页。

B. A. 罗戈夫斯基等，《根据学生的学习风格偏好进行教学，并不能促进学习》（*Providing instruction based on students' learning style preferences does not improve learning*），

见于《心理学前沿》11（2020）。

B. 罗森斯海因（B. Rosenshine），《教学原理》（*Principles of Instruction*），2010，国际教育学院与国际教育局（International Academy of Education and International Bureau of Education），检索自网址：http://www.ibe.unesco.org/fileadmin/user_upload/Publications/Educational_Practices/EdPractices_21.pdf。

R. 罗森塔尔（R. Rosenthal）与L. 雅各布森（L. Jacobson），《课堂上的皮格马利翁》（*Pygmalion in the classroom*），见于《城市评论》（*The Urban Review*）3，第1期（1968）：第16—20页。

J. R. 拉德兰（J. R. Rudland）等，《压力悖论：压力如何有利于学习》（*The stress paradox: How stress can be good for learning*），见于《医学教育》（*Medical Education*）54，第1期（2020）：第40—45页。

J. D. 鲁尼恩（J. D. Runyan）等，《协调我们关于记忆巩固的知识：重温一种统一性理论》（*Coordinating what we've learned about memory consolidation: Revisiting a unified theory*），见于《神经科学与生物行为评论》100（2019）：第77—85页。

P.Ø. 塞克斯维克（P.Ø. Saksvik），《建设性的压力》（*Constructive stress*），见于《职业健康心理学的积极面》（*The Positive Side of Occupational Health Psychology*），由M. 克里斯滕森（M. Christensen）等编著，第91—98页，施普林格出版社，2017。

S. 索尔德（S. Sauld），《谁会使用隐藏式字幕？不仅仅是聋哑者或有听力障碍者》（*Who uses closed captions? Not just the deaf or hard of hearing*），3PlayMedia网，2020年1月17日，网址：https://www.3playmedia.com/2020/01/17/who-uses-closed-captions-not-just-the-deaf-or-hard-of-hearing/。

K. 斯卡格尔（K. Scager）等，《高等教育中的协作性学习：激发积极的相互依赖性》（*Collaborative learning in higher education: Evoking positive interdependence*），见于《CBE生命科学教育》（*CBE Life Sciences Education*）15，第4期（2016）：ar69。

C. 施雷维斯（C. Schreiweis）等，《人性化的Foxp2可通过促进从陈述性到程序性表现的转变来加快学习的速度》（*Humanized Foxp2 accelerates learning by enhancing transitions from declarative to procedural performance*），见于《美国国家科学院院刊》111，第39期（2014）：第14253—14258页。

W. 舒尔茨（W. Schultz）等，《预测与奖励的一种神经基质》（*A neural substrate of prediction and reward*），见于《科学》275，第5306期（1997）：第1593—1599页。

T. J. 谢诺夫斯基，《赫布之书》（*The book of Hebb*），见于《神经元》24，第4期

（1999）：第773—776页。

T. J. 谢诺夫斯基，《深度学习的革命》（*The Deep Learning Revolution*），麻省理工学院出版社，2018。

H. 谢夫林（H. Shevlin），《当前短期记忆认知科学中的争议》（*Current controversies in the cognitive science of short-term memory*），见于《行为科学最新观点》（*Current Opinion in Behavioral Sciences*）32（2020）：第148—154页。

Z. 希普斯特德（Z. Shipstead）等，《工作记忆容量与流体智力：维持与脱离》（*Working memory capacity and fluid intelligence: Maintenance and disengagement*），见于《心理科学展望》11，第6期（2016）：第771—799页。

维多利亚·F. 西斯克（Victoria F. Sisk）等，《成长心态在多大程度与在何种情况下对学业成绩很重要？两项元分析》（*To what extent and under which circumstances are growth mind-sets important to academic achievement? Two meta-analyses*），见于《心理科学》29，第4期（2018）：第549—571页。

A. M. 史密斯（A. M. Smith）等，《提取练习可以保护记忆免受急性压力》（*Retrieval practice protects memory against acute stress*），见于《科学》354，第6315期（2016）：第1046—1048页。

J. S. 施奈德（J. S. Snyder）与M. R. 德鲁（M. R. Drew），《多年内的功能性神经发生》（*Functional neurogenesis over the years*），见于《行为大脑研究》（*Behavioural Brain Research*）382（2020）：112470。

G. 索得隆德（G. Soderlund）等，《聆听噪音：噪音有益于多动症患者的认知表现》（*Listen to the noise: Noise is beneficial for cognitive performance in ADHD*），见于《儿童心理学与精神病学杂志》（*Journal of Child Psychology and Psychiatry*）48，第8期（2007）：第840—847页。

N. C. 索德斯特罗姆（N. C. Soderstrom）与R. A. 比约克，《学习与成绩：综合述评》（*Learning versus performance: An integrative review*），见于《心理科学观点》（*Perspectives in Psychological Science*）10，第2期（2015）：第176—199页。

M. 索利斯（M. Solis）等，《协作教学模式：全纳与联合教学的经验基础》（*Collaborative models of instruction: The empirical foundations of inclusion and co-teaching*），见于《学校心理学》（*Psychology in the Schools*）49，第5期（2012）：第498—510页。

S. 索南夏因（M. Sonnenschein）等，《教学类型、教学量与儿童阅读能力提高的关系》（*The relation between the type and amount of instruction and growth in children's reading competencies*），见于《美国教育研究杂志》（*American Educational Research Journal*）47，第2期（2010）：第358—389页。

G. 索伦蒂（G. Sorrenti）等，《社会情感技能训练对教育成功的因果影响》（*The causal impact of socio-emotional skills training on educational success*），慕尼黑经济研究中心工作论文（CESifo Working Paper），第8197号，2020年4月7日，网址：https://papers.ssrn.com/sol3/papers.cfm?abstract_id=3570301。

D. M. 圣玛丽（D. M. Ste-Marie）等，《高水平的语境干扰可促进书写技能的习得》（*High levels of contextual interference enhance handwriting skill acquisition*），见于《运动行为杂志》（*Journal of Motor Behavior*）36，第1期（2004）：第115—126页。

L. B. 斯特宾斯（L. B. Stebbins）等，《教育实验：一种有计划的变异模型，第4-A卷：跟进评估》（*Education as Experimentation: A Planned Variation Model. Vol. 4-A: An Evaluation of Follow Through*），Abt联合公司：根据合同向联邦教育署提交的研究报告（Abt Associates: Research report to the US Office of Education under Contract），第300-75-0134号，1977。

P. 斯蒂尔（P. Steel），《拖延的本质：对这种典型的自律失效进行的元分析与理论综述》（*The nature of procrastination: A meta-analytic and theoretical review of quintessential self-regulatory failure*），见于《心理学公报》133，第1期（2007）：第65—94页。

C. M. 斯蒂尔曼（C. M. Stillman）等，《性格专注力与隐性学习减少有关》（*Dispositional mindfulness is associated with reduced implicit learning*），见于《意识与认知：国际期刊》（*Consciousness and Cognition: An International Journal*）28（2014）：第141—150页。

J. 斯托卡德（J. Stockard）等，《直接教学课程的有效性：对半个世纪研究的一项元分析》（*The effectiveness of direct instruction curricula: A meta-analysis of a half century of research*），见于《教育研究评论》88，第4期（2018）：第479—507页。

B. R. 斯托克韦尔（B. R. Stockwell）等，《混合式学习可以促进科学教育》（*Blended learning improves science education*），见于《细胞》（*Cell*）162，第5期（2015）：第933—936页。

B. 斯特劳布（B. Straube）等，《言语与手势相结合的记忆效应：大脑皮质与海马体的激活与随后的记忆表现有关》（*Memory effects of speech and gesture binding: Cortical and hippocampal activation in relation to subsequent memory performance*），见于《认知神经科学杂志》（*Journal of Cognitive Neuroscience*）21，第4期（2009）：第821—836页。

J. 斯威勒（J. Sweller），《认知负荷理论、进化教育心理学与教学设计》（*Cognitive load theory, evolutionary educational psychology, and instructional design*），见于《关于儿童成长与教育的进化论视角》（*Evolutionary Perspectives on Child Development and Education*），第291—306页，施普林格国际出版公司（Springer International Publishing），2016。

K. K. 什普纳尔（K. K. Szpunar）等，《插入记忆测试可以减少学生走神的现象，提高在线课堂的学习效果》（*Interpolated memory tests reduce mind wandering and improve learning of online lectures*），见于《美国国家科学院院刊》110，第16期（2013）：第6313—6317页。

K. L. 舒哈尼（K. L. Szuhany）等，《锻炼影响脑源性神经营养因子的元分析综述》（*A meta-analytic review of the effects of exercise on brain-derived neurotrophic factor*），见于《精神病学研究杂志》（*Journal of Psychiatric Research*）60（2015）：第56—64页。

G. 舒姆斯基（G. Szumski）等，《全纳课堂中无特殊教育需求的学生的学业成绩：一项元分析》（*Academic achievement of students without special educational needs in inclusive classrooms: A meta-analysis*），见于《教育研究评论》21（2017）：第33—54页。

Á. 塔卡克斯（Á. Takács）等，《图雷特综合征患者的程序性记忆增强了吗？源自一项序列式学习任务的证据》（*Is procedural memory enhanced in Tourette syndrome? Evidence from a sequence learning task*），见于《大脑皮质》100（2018）：第84—94页。

H. 竹内（H. Takeuchi）等，《未能停止激活：完成一项工作记忆任务期间的大脑活动与创造力之间的联系》（*Failing to deactivate: The association between brain activity during a working memory task and creativity*），见于《神经影像》（*NeuroImage*）55，第2期（2011）：第681—687页。

A. 唐（A. Tang）等，《社交排斥中的神经发育差异：对儿童、青少年与成年人进行的一项事件相关性神经振荡研究》（*Neurodevelopmental differences to social exclusion: An event-related neural oscillation study of children, adolescents, and adults*），见于《情感》（*Emotion*）19，第3期（2019）：第520—532页。

F. 滕（F. Teng）等，《最大限度地挖掘字幕的潜力，帮助以英语为第二语言的小学生理解英语视频》（*Maximizing the potential of captions for primary school ESL students' comprehension of English-language videos*），见于《计算机辅助语言教学》（*Computer Assisted Language Learning*）32，第7期（2019）：第665—691页。

A. 蒂勒（A. Thiele）与M. A. 贝尔格罗夫（M. A. Bellgrove），《注意力的神经调节》（*Neuromodulation of attention*），见于《神经元》97，第4期（2018）：第769—785页。

M. S. C. 托马斯（M. S. C. Thomas）等，《年度研究综述：教育神经学：进展与前景》（*Annual research review: Educational neuroscience: progress and prospects*），见于《儿童心理学与精神病学杂志》60，第4期（2019）：第477—492页。

B. S. 蒂茨沃斯（B. S. Titsworth）与K. A. 基弗拉，《口头组织的讲课提示与学生做笔记是促进学生学习的辅助手段》（*Spoken organizational lecture cues and student notetaking as facilitators of student learning*），见于《当代教育心理学》（*Contemporary Educational Psychology*）29，第4期（2004）：第447—461页。

A. O. 托尔曼（A. O. Tolman）与J. 克雷姆林（J. Kremling）编著，《学生为何会抵触学习：理解和帮助学生的一种实用模型》（*Why Students Resist Learning: A Practical Model for Understanding and Helping Students*），铁笔出版社（Stylus Publishing），2016。

C. A. 汤姆林森（C. A. Tomlinson），《如何在学术多元化课堂上进行差异化教学》，第3版，督导与课程开发协会（ASCD），2017。

S. 利根川等，《记忆痕迹细胞在记忆系统巩固中的作用》（*The role of engram cells in the systems consolidation of memory*），见于《神经科学自然评论》19，第8期（2018）：第485—498页。

D. 谢（D. Tse）等，《图式与记忆巩固》（*Schemas and memory consolidation*），见于《科学》316，第5821期（2007）：第76—82页。

Z. 图里（Z. Turi）等，《论克服工作记忆的神奇容量限制的方法》（*On ways to overcome the magical capacity limit of working memory*），见于《公共科学图书馆：生物学》（*PLoS Biology*）16，第4期（2018）：e2005867。

B. O. 特纳（B. O. Turner）等，《程序性与陈述性两种学习系统的分级控制》（*Hierarchical control of procedural and declarative category-learning systems*），见于《神经影像》150（2017）：第150—161页。

K. 尤滕霍夫（K. Uittenhove）等，《工作记忆存储本质上是否具有领域特定性？》（*Is working memory storage intrinsically domain-specific?*），见于《实验心理学杂志：综合》（*Journal of Experimental Psychology: General*）148，第11期（2019）：第2027—2057页。

M. T. 乌尔曼，《陈述性/程序性模式：第一语言与第二语言的一种神经生物学动机理论》（*The declarative/procedural model: A neurobiologically motivated theory of first and second language*），见于《第二语言习得理论：导论》（*Theories in Second Language Acquisition: An Introduction*），由B. 范帕顿（B. VanPatten）等编著，第128—61页，劳特利奇出版社，2020。

M. T. 乌尔曼等，《语言发育障碍的神经认知》（*The neurocognition of developmental disorders of language*），见于《心理学年度评论》（*Annual Review of Psychology*）71（2020）：第389—417页。

M. T. 乌尔曼与J. T. 洛夫莱特（J. T. Lovelett），《陈述性/程序性模式对改善第二语言学习的意义：记忆增强技巧的作用》（*Implications of the declarative/procedural model for improving second language learning: The role of memory enhancement techniques*），见于《第二语言研究》（*Second Language Research*）34，第1期（2016）：第39—65页。

莱斯布里奇大学（University of Lethbridge）新闻稿，《新的研究揭示了海马体在空间导航与记忆中起着引导大脑新皮质的核心作用》（*New research reveals central role of the hippocampus in instructing the neocortex in spatial navigation and memory*），2018年7月16日。网址：https://www.uleth.ca/unews/article/new-research-reveals-central-role-hippocampus-instructing-neocortex-spatial-navigation-and#.X7BpUS2ZNTY。

美国国会（U.S. Congress），《残疾人教育法》（*Individuals with Disabilities Education Act*），2004，网址：https://uscode.house.gov/view.xhtml?path=/prelim@title20/chapter33&edition=prelim。

汤姆·范德比尔特（Tom Vanderbilt），《初学者：终身学习的快乐与变革性力量》（*Beginners: The Joy and Transformative Power of Lifelong Learning*），克诺普夫出版社（Knopf），2021。

M. T. R. 范·克斯特伦（M. T. R. van Kesteren）与M. 梅特尔（M. Meeter），《如何优化大脑中的知识构建》（*How to optimize knowledge construction in the brain*），见于《npj学习的科学》5，第5篇（2020）：第1—7页。

M. 维拉格（M. Virag）等，《自闭症谱系障碍患者的程序性学习及其巩固》（*Procedural learning and its consolidation in autism spectrum disorder*），见于《神经科学评论》（*Ideggyogyaszati Szemle*）70，第3—4期（2017）：第79—87页。

S. 沃格尔（S. Vogel）与L. 施瓦贝（L. Schwabe），《压力之下的学习与记忆：对课堂的启示》（*Learning and memory under stress: Implications for the classroom*），见于《npj学习的科学》1，第16011篇（2016）：第1—10页。

O. F. 弗拉尔（O. F. Vural），《问题嵌入式视频学习工具对在线学习的影响》（*The impact of a question-embedded video-based learning tool on e-learning*），见于《教育科学：理论与实践》（*Educational Sciences: Theory and Practice*）13，第2期（2013）：第1315—1323页。

E. J. 瓦姆斯利（E. J. Wamsley），《清醒休息时的记忆巩固》（*Memory consolidation during waking rest*），见于《认知科学趋势》23，第3期（2019）：第171—173页。

S. H. 王（S. H. Wang）与R. G. 莫里斯（R. G. Morris），《海马体与大脑新皮质在记忆形成、巩固与再巩固中的相互作用》（*Hippocampal-neocortical interactions in memory formation, consolidation, and reconsolidation*），见于《心理学年度评论》61（2010）：第49—79页。

X. 王（X. Wang）等，《在线学习中交互式信息组织图的益处：生成性学习理论的证据》（*Benefits of interactive graphic organizers in online learning: Evidence for generative learning theory*），见于《教育心理学杂志》，提前在线发布，2020。

M. 韦默（M. Weimer），《多项选择考试：重新审视其利弊》（*Multiple-choice tests: Revisiting the pros and cons*），见于《教师关注》（*Faculty Focus*），2018年2月21日，网址：https://www.facultyfocus.com/articles/educational-assessment/multiple-choice-tests-pros-cons/。

R. S. 韦恩斯坦（R. S. Weinstein），《50岁的皮格马利翁：驾驭其在学校教育中的力量与应用》（*Pygmalion at 50: Harnessing its power and application in schooling*），见于《教育研究与评估》（*Educational Research and Evaluation*）24，第3—5期（2018）：第346—365页。

N. 韦克斯勒（N. Wexler），《知识鸿沟：美国教育制度不完整的潜在原因及其解决之道》（*The Knowledge Gap: The Hidden Cause of America's Broken Education System — And How to Fix It*），埃弗里出版集团（Avery），2019。

C. 惠顿（C. Wheadon）等，《对英国小学写作课进行大规模评估的一种比较评判方法》（*A comparative judgement approach to the large-scale assessment of primary writing in England*），见于《教育评估：原则、政策与实践》（*Assessment in Education: Principles, Policy & Practice*）27，第1期（2020a）：第46—64页。

C. 惠顿等，《相比于以标准为基础的教师评估，对写作进行比较评判的分类准确性与一致性》（*The classification accuracy and consistency of comparative judgement of writing compared to rubric-based teacher assessment*），预印本，2020b，网址：https://osf.io/preprints/socarxiv/vzus4/download。

M. B. 威斯（M. B. Wieth）与R. T. 扎克斯（R. T. Zacks），《时间对解决问题的影响：非最佳时间却最理想的时候》（*Time of day effects on problem solving: When the*

non-optimal is optimal），见于《思维与推理》（*Thinking & Reasoning*）17，第4期
（2011）：第387—401页。

H. K. 黄（H. K. Wong）与R. T. 黄（R. T. Wong），《开学前几天：如何成为一名高
效的教师》（*The First Days of School: How to Be an Effective Teacher*），第5版，哈里·K.
黄出版社（Harry K. Wong Publications），2018。

H. K. 黄等，《课堂管理手册》（*The Classroom Management Book*），哈里·K. 黄
出版社，2014。

朱利安·黄（Julian Wong），《因恶其声而厌其人背后的科学》（*The science
behind hating someone for their voice*），见于《大米》（*Rice*）（2017），网址：https://
www.ricemedia.co/the-science-behind-hating-someone-for-their-voice。

P. C. 黄（P. C. Wong）等，《在语言学习中将神经遗传学与个体差异联系起来：
多巴胺假说》（*Linking neurogenetics and individual differences in language learning: The
dopamine hypothesis*），见于《大脑皮质》48，第9期（2012）：第1091—1102页。

W. 伍德（W. Wood），《好习惯、坏习惯：做出持久积极改变的科学》（*Good
Habits, Bad Habits: The Science of Making Positive Changes that Stick*），法勒、施特劳斯与吉
鲁出版社（Farrar, Straus and Giroux），2019。

L. 吴（L. Wu）等，《大团队促进科学技术的发展，小团队妨碍科学技术的发展》
（*Large teams develop and small teams disrupt science and technology*），见于《自然》566
（2019）：第378—382页。

K. 温斯奇（K. Wunsch）等，《急性社交心理压力与工作记忆的表现：身体活动调
节儿童认知功能的潜力》（*Acute psychosocial stress and working memory performance: The
potential of physical activity to modulate cognitive functions in children*），见于《英国医学
委员会儿科学》（*BMC Pediatrics*）19，第271篇（2019）：第1—15页。

T–T. 谢（T–T. Xie）等，《陈述性记忆会影响程序性记忆：语义关联与序列匹配的
作用》（*Declarative memory affects procedural memory: The role of semantic association and
sequence matching*），见于《体育与运动心理学》（*Psychology of Sport and Exercise*）43
（2019）：第253—260页。

X. 徐（X. Xu）等，《多项选择题：优化在座和在线评估的小技巧》（*Multiple-
choice questions: Tips for optimizing assessment in-seat and on line*），见于《心理学的教与
学学术研究》（*Scholarship of Teaching and Learning in Psychology*）2，第2期（2016）：
第147—158页。

Y. 薛（Y. Xue）与S. J. 梅泽尔斯（S. J. Meisels），《幼儿园早期识字课的教与学：源自幼儿期纵向研究的证据——1998年至1999年的幼儿园课堂》（*Early literacy instruction and learning in kindergarten: Evidence from the early childhood longitudinal study — kindergarten class of 1998-1999*），见于《美国教育研究杂志》41，第1期（2004）：第191—229页。

G. 耶尔（G. Yair），《美国的教育如战场：关于学生参与教学的拉锯战》（*Educational battlefields in America: The tug-of-war over students' engagement with instruction*），见于《教育社会学》（*Sociology of Education*）73，第4期（2000）：第247—269页。

V. X. 严（V. X. Yan）与F. 萨娜（F. Sana），《交叉效应是否会延伸到不相关的概念之上？学习者的信念与经验证据》（*Does the interleaving effect extend to unrelated concepts? Learners' beliefs versus empirical evidence*），见于《教育心理学杂志》113，第1期（2021）：第125—137页。

G. 杨（G. Yang）等，《睡眠可以促进学习之后树突棘的特异性形成》（*Sleep promotes branch-specific formation of dendritic spines after learning*），见于《科学》344，第6188期（2014）：第1173—1178页。

K-H. 杨（K-H. Yang），《网络探索模式对小学生数学课程学习的影响》（*The WebQuest model effects on mathematics curriculum learning in elementary school students*），见于《计算机与教育》72（2014）：第158—166页。

S. 左拉（S. Zola）与M. 戈尔登（M. Golden），《将视觉地图作为基于习惯的辅助技术，在阿尔茨海默病患者、阿尔茨海默病相关痴呆症患者及其护理人员中的运用》（*The use of visual maps as habit based assistive technology for individuals with Alzheimer's disease, Alzheimer's disease related dementias, and their caregivers*），见于《阿尔茨海默病与痴呆症》（*Alzheimer's & Dementia*）15，第7期增刊（2019）：第P1454—P1455页。

J. E. 祖尔（J. E. Zull），《改变大脑的艺术：通过探究学习的生物学机制，丰富教学实践》（*The Art of Changing the Brain: Enriching the Practice of Teaching by Exploring the Biology of Learning*），铁笔出版社，2002。

F. S. 兹瓦特（F. S. Zwart）等，《贯穿终生的程序性学习：对其影响非典型发育的系统性综述》（*Procedural learning across the lifespan: A systematic review with implications for atypical development*），见于《神经心理学杂志》（*Journal of Neuropsychology*）13，第2期（2019）：第149—182页。

注 释

如何学会高效学习

1. 人们经常使用无益的教、学方式：潘与比约克两人也曾在新闻报道中指出："各种各样的研究结果表明……人类很可能带有一种学习与记忆过程的心理模式，而这种模式在某些根本性的方面并不准确和/或并不完整。"

2. 成长型心态的观点多于证据，参见巴赫尼克等，2017，伯格因等，2020，甘地等，2020，西斯克等，2018。

3. 采用基于学习方式的教学，并不等同于提高学习成绩，参见罗戈夫斯基等，2015，罗戈夫斯基等，2020。

4. 更直接的见解，参见托马斯等，2019。

1 构建记忆：知识可提取，是学习的关键

1. 研究再次证实，女生与男生的数学能力相似。不过，在数学方面，考试成绩差的女生有可能比考试成绩差的男生更感焦虑。这种情况，有可能在老师尽最大努力帮助的女生当中导致一种普遍的数学焦虑心态和对数学的不良态度。参见吉尔里等，2019b，冈萨雷斯等，2019。

2. 赫布突触学习理论的现代版，就是"穗时序依赖型可塑

性"（spike-timing dependent plasticity）。这个复杂的术语，仅仅是指穿过突触的信号类型可以强化或者弱化突触，而这一点又取决于信号到达突触时的振幅（以及其他因素）。参见谢诺夫斯基，1999。

3．关于赫布学习理论更完整的历史，参见谢诺夫斯基，1999。

4．尽管不算严格的原始资料，但在下述网址，你可以看到关于树突如何出现、它们如何与轴突相遇的研究发现方面的概述：https://en.wikipedia.org/wiki/Dendritic_filopodia。

5．对记忆和巩固过程的最新综述，参见鲁尼恩等，2019。

6．我们所称的"连接组"，总体上与神经科学中的"记忆痕迹"这一概念相同。事实上，一种单一的记忆（比如一张脸的模样）可以在大脑的不同部位（其中甚至包括杏仁核）创建连接，从而将记忆痕迹与情感（情绪）链关联起来（参见乔斯林与利根川，2020）。我们在此不想牵涉太广，故将连接组显示为连续存在于大脑新皮质中的状态。此外，每当重新访问长期记忆中的一组连接（也就是说记起了某件事情）时，你似乎都是在对这些连接进行调整，从而形成了重新巩固过程中的组成部分。你在10岁时讲过的那个关于弗雷德叔叔（Uncle Fred）出洋相的故事，到你30多岁再讲时，之所以有可能变成一个大相径庭的故事，原因即在于此。就本书的目的而言，我们认为，重新巩固过程中可能出现的调整作用不大。至于对重新巩固过程的概述，参见埃尔西等，2018。

7．可变性效应，参见利库雷佐斯等，2019。

8．对工作记忆最新概念的综述，参见科万，2017。

9．学习能力的错觉，参见科里亚特与比约克，2005。

10．提取练习对学习很重要，参见卡尔匹克，2012；史密斯
等，2016。

11．学生需要老师教导，才能明白提取练习的重要性，参见
比约克，2018；卡尔匹克与格里马尔迪，2012。

12．工作样本问题的重要性，参见陈等，2015。

13．就学习而言，更快不一定更好，参见霍夫，2019。

14．主动提取可促进有意义的学习，参见卡尔匹克，2012。

15．心理意象加上语言信息可能有助于学习的观点，即
"双重编码理论"，是西安大略大学（University of Western
Ontario）的艾伦·派维奥（Allan Paivio）于1971年率先提出的一
种假说。理查德·迈耶的多媒体理论，极大地拓展了这一领域的研
究，参见迈耶，2014a。

16．《强力教学》，参见阿加瓦尔与贝恩，2020。

17．提取练习与用概念映射法进行的精细学习相比，可以带
来更大的学习效果，参见卡尔匹克与布伦特，2011。另外，一项
近期的研究将提取练习与概念映射结合起来了，参见奥代与卡尔
匹克，2020。令人惊讶的是，这种结合其实并无作用。

2 全纳式教学：同时满足赛车型、徒步型学习法

1．两种类型的思维方式，参见哈耶克，1978。

2．卡哈尔曾讲述过自己的生平故事，参见拉蒙·卡哈尔，1989。

3．卡哈尔对自身成功的思考，参见拉蒙·卡哈尔，1989，第309页。

4．工作记忆的神经认知结构综述，参见埃里克松等，2015。工作记忆有多种不同的定义，参见巴德利，2003，科万，2017，图里等，2018。

5．或者更严格地说，是"额顶叶和视觉区域中α-、β-和γ-频率带的区域间相位同步可能是一种系统级别的机制，用以协调和调节（视觉工作记忆中）维持的神经元对象表征。"参见帕尔瓦等，2010，埃瑞克森与金奇，1995。亦请参见科万，2019。

6．此图承蒙剑桥大学精神病学系的苏珊·盖瑟科尔教授许可，选自盖瑟科尔与阿洛韦，2007，第7页。

7．引自盖瑟科尔与阿洛韦，2007。

8．样例选自盖瑟科尔等，2006。

9．学院派心理学家常常会从一组标准的认知测试开始，比如"伍德科克·约翰逊四世测试"（Woodcock Johnson Ⅳ）。假如学生表现出有缺陷，则会进行专门针对工作记忆的额外测试，比如"记忆与学习广泛性评估"（Wide Range Assessment of Memory and Learning，略作WRAML2），以便排除像注意力缺

陷之类的其他问题。

10．此处的一些观点，由劳拉·王尔德引自麦吉尔，2018。

11．阿洛韦与阿洛韦，2010一作中解释说，工作记忆是对儿童学习潜力的一种相对纯粹的衡量指标，可以说明一名儿童的学习能力，而学习成绩和智商测试衡量的却是孩子已经学到的知识。希普斯特德等，2016一作中指出："工作记忆容量与流体智力之间的强相关性，并不是因为一种能力对另一种能力具有因果影响，而是由于一些单独的、需要集中注意力的心理功能，它们有可能相互对立，却会围绕着自上而下的处理目标组织起来。"希普斯特德所称的"流体智力"，是指通过逻辑推理解决新问题的能力，它与"晶体智力"（crystallized intelligence）相对，后者指的是运用所学知识的能力（其中典型的例子就是词汇）。

12．在长期记忆中创建和强化神经连接，可以拓展他们关于该主题的工作记忆，参见科万，2019，埃瑞克森等，2018。（埃瑞克森所称的"神经表征"，在很大程度上与我们所用的术语"神经连接组"同义。）

13．这是2019年5月18日与芭芭拉·奥克利及约翰·斯威勒之间的电子邮件通信。

14．工作记忆容量的增长，似乎出现在特定的练习领域，参见巴德利等，2015。正如巴德利在第92页所言："这当然是一个值得进一步去加以研究的领域，可我暂时还不会涉足其中！"

15．加以练习，工作记忆容量较小的人可以胜过工作记忆容量较大的人，参见阿加瓦尔等，2017，埃瑞克森等，2018。诺贝尔奖（Nobel Prize）获得者兼现代神经科学之父圣地亚哥·拉蒙·卡哈尔，就是一个绝佳的榜样。

16．知识反转效应，参见陈等，2017，卡柳加与伦克尔，2010。

17．詹森等，2017一作中说明了做笔记的能力与工作记忆之间的关系。

18．焦虑时工作记忆容量会受到制约，参见海耶斯等，2008。

19．《残疾人教育法（IDEA）》是美国的一部法律，旨在为所有符合条件的残疾儿童提供免费和适当的公共教育，确保那些儿童都能接受特殊教育和相关的服务。《残疾人教育法（IDEA）》中有13种公认的残疾类别。其中包括：（1）特殊学习障碍（SLD，例如阅读障碍、书写障碍、听觉处理障碍与非语言学习障碍）；（2）其他的健康损害，包括限制学生体力、精力或者敏捷性的疾病［例如，影响注意力与执行功能的注意力缺陷多动症（ADHD）］；（3）自闭症谱系障碍；（4）情感障碍；（5）言语障碍或语言障碍（比如口吃）；（6）视力损害，包括失明；（7）失聪；（8）听力损伤；（9）聋盲；（10）肢体障碍（比如脑瘫）；（11）智力障碍（比如唐氏综合征）；（12）脑外伤；（13）多种残疾。参见美国国会，2004。

20．全纳式与联合教学模式综述，参见索利斯等，2012。虽然根据"个性化教育计划"（Individualized Educational

Program，IEP）或"504计划"的规定，法律要求针对一些学生进行具体的调整和修改，但所有学生在学习新的、难以理解的知识和技能时，都可以从一定水平的支持中获益，参见舒姆斯基等，2017。

21．多种联合教学模式得到了阐释，参见本宁霍夫，2020。

22．至于将差异化教学纳入课堂的全面指南，参见希科克斯，2017。

23．对差异化是什么、不是什么的深入解释，以及教师的作用和管理差异化课堂的策略，参见汤姆林森，2017一作中第7页的引文。

24．这是2020年10月6日贝丝·罗戈夫斯基与卡罗尔·安·汤姆林森之间的电子邮件通信。

25．这是2020年10月6日贝丝·罗戈夫斯基与卡罗尔·安·汤姆林森之间的电子邮件通信。

26．更多关于"拔高教学"法的知识，参见汤姆林森，2017。

27．工作记忆与创造力，参见德卡罗等，2015，竹内等，2011。

28．疲劳虽然会减少工作记忆容量，却能提高创造力与洞察力，参见德卡罗，2018，威斯与扎克斯，2011。

29．工作记忆方面的个体差异，预示着音乐对学生成绩的影响，参见克里斯托弗与谢尔顿，2017。

30．数学与音乐之间的神经重叠，参见克莱默与塔恩克斯，2015。患有注意力缺陷多动症（ADHD）的学生，可能会从白噪声中获益，参见索得隆德等，2007。

31．做笔记时付出的认知努力，参见皮奥拉特等，2005。

32．做笔记的作用与技巧，参见基弗拉等，1991。做笔记的认知成本与益处综述，参见詹森等，2017。当天就应当对笔记进行复习，参见莱尔斯等，2018。

33．教师提供的笔记对学习与考试成绩的影响，参见加拉维，2018。关于如何使用"留有空白的讲义"，即让学生去完成教师提供的笔记中省略部分的另一种笔记策略，参见费尔德与布伦特，2016，第81—84页。

34．工作记忆容量较小的学生学数学时有困难的现象很常见，参见克拉克等，2010，拉古巴尔等，2010。

35．这方面的一种宽泛综述，参见德恩，2008，第303页。此人引用了3项元分析，得出了这样的结论："对工作记忆有缺陷的学生而言，直接教学法被认为是最有效的教学方法之一。"至于最近的研究，参见摩根等，2015。这是一项大规模的研究，涉及1,338所学校3,635个课堂上的3,635位教师与13,883名一年级学生。对直接教学、发现式学习以及这两种方法对学生的影响所进行的较一般性的讨论，参见克拉尔与尼加姆，2004。

吉尔里等，2019a一作中指出，"吉尔里等，2008一文中进行的元分析与'跟进计划'（Project Follow Through，斯特宾斯等，1977）所得的结果一致，表明数学学习有困难的学生会从教师主导的教学（格斯滕等，2008）中获益，这种教学可能有助于弥补一些具有领域普遍性的缺陷。"亦请参见福克斯等，2013，以及格斯滕等，2009。还有大量文献涉及新手从"有效示范效应"中所获的益处，其中利用有效问题进行的初始引导与不提供指导相比，对新手（其中包括那些工作记忆容量较小的人）的帮助更大。例如，请参见陈等，2015，拉蒙·卡哈尔，1989，斯托卡德等，2018。

36．练习对工作记忆容量较小的学生帮助更大，参见阿加瓦尔等，2017。一些数学改革教育家称，以学生为中心的教学方法之所以有效，部分原因在于这些方法为记忆提供了更多的表征。问题在于，假如这些多重表征没有牢固地嵌入长期记忆当中，那么，对于工作记忆容量较小的学生而言，它们就只会变得让人更感困惑。我们应当注意，无论用的是以学生为中心的教学方法还是以老师为中心的教学方法，都可能出现教学有效或无效的情况，这一点很重要。

37．阅读理解与工作记忆容量直接相关，参见卡雷提等，2009。

38．教学类型、教学量与儿童阅读能力提高之间的关系，参见索南夏因等，2010，薛与梅泽尔斯，2004。

39．主动式练习很重要，参见弗里曼等，2014。

40．对巩固过程的综述，参见鲁尼恩等，2019，利根川等，2018。

41．有效示范效应、生成效应与要素交互性，参见陈等，

2015。

42．查找和纠正错误，可以提高学习数学的中学生对小数的理解，参见麦克拉伦等，2015。

3 主动式学习：陈述性途径

1．研究表明，有一种经过了科学验证的简单方法可以提高考试成绩与记忆率，那就是主动式学习，参见弗里曼等，2014。

2．"希腊古瓮"项目，参见冈萨雷斯，2016。

3．引自弗里曼等，2014。

4．海马体与概念形成，参见麦克等，2018。

5．引自韦克斯勒，2019，第31页。

6．例子引自韦克斯勒，2019。

7．学习涉及提取练习，参见卡尔匹克与格里马尔迪，2012。

8．学习涉及两个基本的学习系统，参见麦克莱兰等，1995。（它是这一领域里的一篇经典论文。）

9．索引理论最初是在麦克莱兰等，1995一文中提出来的。阐述索引编码的观点，旨在解释海马体中的少量神经元会如何支持大脑新皮质中近期记忆的恢复。近期马奥等，2018中进行的验证性研究发现："索引理论认为，每当动物获得独特体验之后，海马体就会形成一种独特的神经活动模式，并将其发送到大脑皮层中的其他部位。此种独特模式的作用有如一种语境代码，储存在大脑皮层的不同区域。除了存储原始资料，这些区域还负责将形状、声音与动作等进行编码。假如海马体重新创建那种索引，它就会同时出现在当时相关的所有皮层区域中，从而提取那种经历的各个部分，形成一种完整的记忆。"（参见莱斯布里奇大学新闻稿，2018）

沿着大脑新皮质中皮层区的层级依次往上，从外围的感官层直到顶端的海马体时，每一层的表征都会发生变化，变得越来越抽象。海马体获得的仅仅是大脑新皮质中内容的一点点，而新皮质中则包含了所有皮层的细节。如果海马体中极少量神经元提供的反馈能够激活大脑新皮质中的数十亿细胞，其作用就完全像是一种索引了。

10．大脑会将学到的、类别相似的信息密切结合起来，置于大脑新皮质当中靠近信息通常被感知的部位。因此，具有强大声音成分的信息就会储存在优势颞叶区（靠近初级听觉皮层）。具有强大视觉成分的信息，则位于视觉皮层的下游。概念越抽象、"级别越高"，就越倾向于储存在大脑新皮质的前部。最近一篇论述大脑如何映射其所学的内容、有点儿算是推测性的综述，参见赫布歇尔等，2019。

11．这两位"学习者"就是两个具有互补性的学习系统，即海马体和大脑新皮质，参见麦克莱兰等，1995中的说明。

12．虽说不算是严格的资料来源，但我们在下述网址可以看到一种对记忆巩固过程极具可读性的最新描述：https://en.wikipedia.org/wiki/Memory_consolidation。

13．海马体会向大脑新皮质复述所学的新知识，参见鲁尼恩等，2019，瓦姆斯利，2019。

14．学习之后闭眼休息15分钟，能够促进记忆，参见瓦姆斯利，2019。亦请参见克雷格等，2018。

15．清醒时的休息可能具有至关重要的作用，参见瓦姆斯利，2019。（引文中的参考文献已略去。）

16．睡眠有助于修复记忆，参见安东尼与帕勒，2017，杜代等，2015，海默等，2019。

17．睡眠期间会形成新的突触，参见杨等，2014。还有证据表明，睡眠期间突触的强度会下降，参见德·维沃等，2017。有些突触还会在睡眠期间得到修剪，参见李等，2017。

18．提取是巩固记忆的一条捷径，参见安东尼等，2017。

19．学习常常包括从大脑中提取信息，参见阿加瓦尔与贝恩，2019，第28页。

20．这是2020年10月11日娜塔莉·韦克斯勒与芭芭拉·奥克利之间的电子邮件通信。

21．脑源性神经营养因子（BDNF）与锻炼，参见舒哈尼等，2015，张等，2012。

22．对神经生成的一种重要综述，参见施奈德与德鲁，2020。

23．体育锻炼可以减缓压力对认知的负面影响，参见埃里克森等，2019，温斯奇等，2019。

24．图像大致复制自卢等，2013。

25．参见弗里曼等，2014。作者们无法确定主动式学习所占的最佳比重究竟是多少。但他们指出，在经过分析的研究中，主动式学习时间所占的比重变化很大，从课堂时间中只有10%～15%用于解决选择题，到完全不讲课的"工作室"环境，不一而足。

26．思考一结对一分享法的历史，参见卡杜拉，2013。

27．营造一种允许犯错的课堂文化，参见列莫夫，2015，第64页。

4　告别拖延症

1．斯蒂尔对拖延症的评价，参见斯蒂尔，2007。引文中的参考资料略去。

2．一想到自己讨厌的科目，大脑就会产生疼痛感；在莱昂斯与贝洛克，2012的研究中，不喜欢的科目是数学。虽说岛叶皮层的一部分可以处理疼痛信号，但脑岛中还有许多部位的功能更加广泛。脑岛负责对与基本生存相关的自我平衡功能进行整体调节，比如味觉、内脏感觉、自主性神经控制以及免疫系统。前岛叶皮层参与到了像共鸣、同情以及厌恶之类的社会情感当中。这就是大脑皮层中一个引人入胜的部位！

3．睡眠与突触连接的增加（及修剪），参见海默等，2019，尼哈德与博恩，2019。

4．欧文斯等，2014的研究发现，工作记忆容量大的学生感受到的压力越大，学习也就越好。但工作记忆容量小的人压力越大，表现就越差。该研究推测说，更多的压力给工作记忆带来了额外的负担，但这并不会影响到那些工作记忆容量大的人，因为他们有充足的工作记忆容量，却会影响到那些工作记忆容量较小者的成绩。论文作者得出结论说，我们需要采取措施，减小那些工作记忆容量较小者的压力。

不过，或许是由于工作记忆容量较小的人没有做好充分的准备，故他们感受到的压力自然会更大。假如这后一种假设成立，那么减小压力的方法只会让工作记忆容量较小的学生感觉更好，对提高他们的考试成绩却毫无作用。

5．学生为何不能立即拿起手机或者使用社交媒体，参见康与库尔茨伯格，2019，马蒂尼等，2020。这一点，也与一个叫作"注意力残留"（attention residue）的概念有关。

6．一般而言，极其专注地学习、尽量少分心，是学生最好的学习方法之一。问题在于，这一规则也有例外。比如说，总人口中只有寥寥2.5%的人属于"超级工作者"，能够在不同的复杂活动中高效地转换注意力。但绝大多数人（97.5%）却不是超级工作者，尽管他们有时会自欺欺人，认为自己属于超级工作者。参见梅德罗斯·沃德等，2015。

而且，多任务处理、任务切换以及偶尔的分心，也并非全然是坏事。例如，尝试同时做两件事情（即多任务处理）会降低学生完成这两项任务时的效率，却能提高随后的创造力，因为被激活的神经连接组有更多的时间去进行混合与交融，参见卡帕迪亚与梅尔瓦尼，2020。在任务之间进行转换（比如处理一个复杂的问题时瞥一眼手机）可以增强创造力，因为暂时将任务搁置一边，可以减少认知定势，参见卢等，2017。至于偶尔的轻微干扰，比如咖啡馆里杯盘叮当作响的背景声音，对学习也具有一定程度的益处，因为它们可以导致学习者暂时性地进入发散模式（参见第4章），参见奥康纳，2013。其结果就会让学习者获得一种新颖的视角。

7．我们所称的发散模式，实际上就是大量神经处于休息的状态，其中最为人们所知的就是默认网络模式，它在创造力中发挥着重要的作用。参见屈恩等，2014。

8．可以获得结果的评分准则，参见布鲁克哈特，2018。

9．评分准则可以提供一种虚假的安全感，参见惠顿等，2020a，惠顿等，2020b。

10．调查发现，仅去阅读评分标准，只有不到一半的学生明白其中的要求，参见科尔文等，2016。

11．将评分准则与范例结合起来，要比仅仅提供评分准则更有效，参见巴克斯等，2019。

5　人类大脑的进化及其对教学的影响

1．快速映射与早期的语言习得，参见博格斯特罗姆等，

2015。

2．生物学初级和次级材料的理论，最初是由认知发展与进化心理学家大卫·吉尔里提出的，此人1995年发表的论文《进化与文化在儿童认知中的反映》率先开启了这一领域里的研究工作。参见吉尔里，1995。亦请参见吉尔里与伯奇，2016a。

3．神经元循环假说，参见德阿纳，2005，德阿纳与科恩，2007。

4．所学的材料越难，就越需要采用直接教学的方法，吉尔里与伯奇，指出："我们认为，在习得一些完全无法支持初级系统的次级技能，以及出现在一种非典型的、以获取知识为唯一目标的课堂环境中的次级技能时，采用结构化的、明确的、以教师为主导的教学方法应该最为有效。"

有意思的是，2012年的"国际学生评估项目"（PISA）成绩与教学风格的对比，揭示了一种支持吉尔里与伯奇这一假设的模式。"国际学生评估项目"（PISA）的分数越高，该国采用直接教学法的可能性也越大。参见莫希德等，2017。

5．直接教学法的优秀参考资料，参见博克瑟，2019，恩格尔曼与卡宁，1982，埃斯蒂斯与明茨，2015。

6．可变性效应，参见利库雷佐斯等，2019。

7．引自2020年6月23日大卫·吉尔里与芭芭拉·奥克利之间的电子邮件通信。

8．工作记忆容量较小者可从直接教学中获益，参见斯托卡德等，2018。

9．《有效教学的17条原则》，参见罗森斯海因，2010。

10．将引导性问题的答案写下来的学生，能够记住更多的知识，参见劳森等，2007。

11．更深入地探究以学生为中心的教学，参见克拉亨布尔，2016。

12．参见吉尔里，2007，试着从一种进化的视角去理解学校学习。

13．必要困难，参见比约克，2018。

14．精修勤练，参见埃瑞克森等，2018。

15．正规教育如何以及为何在文明出现时诞生，参见埃斯克尔森，2020。

16．选项太多，很容易让人不知所措（认知负荷理论），参见迈耶，2004，斯威勒，2016。

17．参见本章脚注中的第4条作者注。

18．让学生看到学习内容，参见哈蒂，2012。

19．次级知识可能需要数百年才能产生，参见吉尔里，2007。

20．引自2020年8月4日芭芭拉·奥克利与罗曼·哈德格雷夫之间的电子邮件通信。

21．专业知识的诅咒，参见海因兹，1999。

22．额外的努力可以强化所学的知识和中断遗忘过程，参见

塞佩达等，2006。（这是一项具有开创性的元分析，表明了分散
式练习的有效性。）

6 主动式学习：程序性途径

1．海马体可以对有意识的快速连接式学习与无意识的快速连
接式学习进行调和，参见亨克，2010。

2．就相关结构而言，乌尔曼与洛夫莱特，2016一作中指出：
"基底神经节在学习和巩固新技能方面发挥着关键作用，而在技
能自动化之后，额叶（前）运动区域则有可能对处理这些技能更
加重要。"在本书中，我们也使用了"程序性学习"这一术语的
神经科学定义，就是指"通过与基底神经节相关的途径习得"。
如埃文斯与乌尔曼所言："'程序性'这一术语在数学文献中的
用法通常都不同，因为在数学文献中，'程序'一词经常与'策
略'互换使用。"参见埃文斯与乌尔曼，2016。当然，策略通常
都很明确，并且是经由陈述性系统教授的。

如今一些奇妙的新方法，正在被人们用于教阿尔茨海默病患
者利用其程序性系统来学习和继续处理信息；这些程序性系统不
像陈述性系统，不会因为这种疾病而受损。参见左拉与戈尔登，
2019。

小脑在程序性学习中也发挥着作用。默认网络模式（即你在
第4章中了解到的发散模式）似乎有助于在清晰的程序性任务与清
晰的陈述性任务之间进行转换，参见特纳等，2017。陈述性系统

与程序性系统之间，存在一定程度的重叠，参见谢等，2019。

3．过时的习惯系统重新流行起来，以供分析，参见伍德，2019，第37—38页。

4．诚如乌尔曼与洛夫莱特所言："请注意，知识无论怎样都不会从陈述性记忆'转化'为程序性记忆。相反，这两个系统似乎会基本独立地获取知识。"顺便说一句，海马体更倾向于处理涉及空间关系的连接，其中有可能包括较抽象的概念。啮齿类动物的海马体中的单个神经元被称为"位置细胞"，它只在一个叫作"位置场"的小空间位置里具有活性。当啮齿类动物探究空间时，海马体中的神经元会在一个时间序列中变得活跃起来。有意思的是，这些相同的序列会在睡眠期间被整体传送到大脑皮层，以巩固探索过程中形成的记忆。（是的，这就是我们在第2章中提过的整体陈述性连接组。）啮齿类动物醒来后，就能记起怎样回到以前找到食物的地方。这种情况，与人类身上的情况相类似。

与此相关的是，人类的基底神经节会将肌肉收缩、笔记、文字和思想等序列组合到一起，使之成为一种无意识的序列。工作记忆处理这些与时间相关的"块状"序列的方式，与处理涉及空间与较抽象概念的整体组合时所用的方式相同，参见马尔蒂罗斯等，2018。提取行为是陈述性的，但提取过程却会受到程序性系统的监督，因此加以练习，提取过程就会变得具有自发性了。之所以出现自发性，至少在一定程度上就是因为监督过程中创建了程序性的连接组。

学习打网球，究竟是陈述性学习还是程序性学习呢？你从可以清晰表达出来的陈述性知识（眼睛盯着球）开始，但经过大量练习之后，它就会完全变成无意识的行为，即已经变成了一种程序。一名职业网球选手或者音乐家，不会再有意识地注意到种种机械的细节，而是只会注意到像"带球冲线"或者"增添一些颤音"之类的大范围特征。换言之，你希望陈述性系统意识到程序性系统创建的顺序块，却不会对它们进行微观管控。基底神经节常常被称为习惯系统。成年之后，你所做的大部分事情都属于无意识行为了。不过倘若出现异常之事，陈述性系统就有可能介入。

亦请参见第6章里"了解程序性系统"一节的补充内容。从根本来看，尽管陈述性系统只能看到程序性系统努力学习的结果，但陈述性系统与程序性系统其实是一对搭档。

5．阅读障碍是一种与程序性系统有关的疾病，参见乌尔曼等，2020。

6．更高级的陈述性过程，参见埃文斯与乌尔曼，2016，塔卡克斯等，2018，乌尔曼等，2020。

7．人类已经增强了从陈述性表现向程序性表现的转变，参见施雷维斯等，2014。尤其请参见其中增补部分的图S7。

8．经由一个系统来学习，有可能抑制另一个系统的学习，参见弗里德伯格等，2020，乌尔曼等，2020。

9．但也要注意，工作记忆具有非意识的一些方面，并且这是一个正在发展的研究领域，参见中野与石原，2020，谢夫林，

2020。

10．"Ⅱ型自动性的发展，与控制逐渐从纹状体迁移到皮层与皮层间、从相关的感觉区域直至发起行为的运动前区的投射有关。"参见阿什比与瓦伦丁，2017。陈述性/程序性学习系统就是所谓的分层体系结构（layered architectures）的例子，其中有多个控制回路在不同的时段内发挥作用。本书合著者特伦斯有一个研究项目，可以让我们理解大脑是如何对山地自行车骑行进行控制的。该项研究表明，大多数人之所以能够安全地在小径上骑行而不会出车祸，是因为大脑中具有支持多样性的效果最佳点（diversity-enabled sweet spots, DESS）。从根本上来说，多种多样的轴突直径有助于在大脑中相互交织的神经元网络的不同层面与层级上提供反馈，帮助形成快速而精确的控制，尽管这种控制是由各种单独来看速度缓慢或者并不精确的组成部位创建出来的。参见中平等，2019。

11．"通过拓展训练……老鼠会从主要运用位置学习（place learning）'转变'为主要运用反应学习（response learning）……"参见帕卡德与古德曼，2013。

12．陈述性与程序性学习两种系统及其在大脑中的位置与信息传播，参见阿什比与瓦伦丁，2017。

13．大脑新皮质中两个不同的位置，参见乌尔曼，2020。

14．学习第二语言，有可能最好是通过沉浸式课程来进行，参见乌尔曼，2020。

15．此表中的诸多内容源自乌尔曼，2020，以及表中注明的其他一些参考资料。

16．随着儿童逐渐长大，程序性系统中出现的变化，参见兹瓦特等，2019。

17．专注力训练可以促进陈述性学习和遏制程序性学习，参见斯蒂尔曼等，2014。

18．专注有可能遏制程序性学习，参见斯蒂尔曼等，2014。

19．从用陈述性系统学习一个概念转换到用程序性系统去学习该概念的速度，似乎取决于FOXP2基因。陈述性系统似乎受到了多种基因的影响，比如脑源性神经营养因子（BDNF）或者载脂蛋白E（APOE）。参见乌尔曼，2020。与多巴胺相关的基因似乎会对程序性学习产生影响。参见黄等，2012。

20．陈述性学习与发育性残疾，参见埃文斯与乌尔曼，2016，乌尔曼等，2020。

21．自闭症谱系障碍患者与图雷特综合征患者程序性学习的改善指征，参见塔卡克斯等，2018，维拉格等，2017。

22．大脑中负责程序处理与计算的重叠部位，参见埃文斯与乌尔曼，2016。

23．数学的程序化，参见埃文斯与乌尔曼，2016。

24．概念获得，参见：埃斯蒂斯与明茨，2015，"第四章：概念获得模式：归纳性地定义概念"，第59—77页；冈萨雷斯，2016，乔伊丝等，2015，"第六章：概念获得：重要概念的明示性教学"，第125—148页。

25．顺便说一句，交叉法的重要性就是人们在与程序性学习有关的情况下首次发现的。参见潘与比约克那部待出版作品的综述。

26．交叉练习对学习西班牙语动词变位的益处，参见潘等，2019。

27．交叉练习面积、体积与周长的计算，参见卡瓦略与戈德斯通，2019。

28．交叉练习比整组练习更有助于学习者记住知识，参见索德斯特罗姆与比约克，2015。

29．交叉练习对学习写信有好处，参见圣玛丽等，2004。

30．对稍有相似的材料进行交叉练习的重要性，参见布伦迈尔与里希特，2019。

31．应当注意，必要困难与程序性学习、陈述性学习都有关，参见索德斯特罗姆与比约克，2015。

32．手势有助于外语词汇学习，参见马塞多尼亚等，2019，斯特劳布等，2009。至于手势较一般性的作用，请参见基塔等，2017。

33．关于该领域的基础研究人员对"必要困难"这一概念相对较新的优质介绍，请参见比约克以及比约克，2019a，比约克与克罗尔，2015。应当注意，必要困难与程序性学习、陈述性学习都有关，参见索德斯特罗姆与比约克，2015。

34．学生有可能不喜欢一些会让学习变得更加困难的方式，即便他们运用那些方式学得更好，也是如此。参见比约克以及比约克，2019b。

35．"专一性诅咒"，参见艾肯鲍姆等，2019。

36．对大型样本组进行反复训练，有助于制定更好的策略，参见富尔维沃等，2014。

37．实现迁移的种种困难，参见德·布吕克尔等，2020。

38．未来的研究，应当对相互交叉的学科进行不同时长的仔细调查；精简课程的潜在挑战，参见严与萨娜，2020。

39．引自安德雷耶，2020。支持手写具有重要性的研究，参见奥斯·阿斯克维克等，2020。

40．引自2020年9月14日黛西·克里斯托杜卢与芭芭拉·奥克利之间的电子邮件通信。

41．上调以帮助提高记忆力，参见王与莫里斯，2010。（这篇论文既是图式研究的基础，也是研究把与记忆相关的心理组织与结构组织思想全面迁入神经生物学领域的基础。）

42．图式的神经生物学，参见吉尔博与马拉特，2017。

43．大脑新皮质与一种图式挂起钩来之后，可以学习得更快，参见谢等，2007。

44．远距离迁移的难度，参见德·布吕克尔等，2020。

45．这一切，再次回到了可变性效应上，参见利库雷佐斯等，2019。

46．提取练习有助于迁移，参见巴特勒，2010。

47．布鲁姆学习分类法，参见克拉斯沃尔，2002。知识的深度，参见赫斯，2013。

48．趋向基于大脑的成分语义表征，参见宾德尔等，2016。亦请参见祖尔，2002一作中第18页那幅引人入胜的图表与讨论。

49．信息组织图对帮助学生在心中将材料进行重新组织的价值，参见庞塞等，2019，王等，2020。

50．利用信息组织图，生成深度学习，参见费希尔与弗雷伊，2018。

51．程序性与陈述性连接组与同一个概念相关时，它们可以关联起来。这种观点，与一种叫作"语义处理"（semantic processing）的理论有关，参见谢等，2019。

52．在间隔反复期间，睡眠与走神有所助益，参见范·克斯特伦与梅特尔，2020。

53．效应是非线性的——这只是一条简易的经验法则。参见塞佩达等，2008。

54．来自"APL教学技能一级培训"（APL Instructional Skills Level 1 Training）的建议，由让·阿纳斯塔西奥（Jean Anastasio）、大卫·佩里（David Perry）与约翰·扎洛尼斯发表于2018年8月6日—10日，APL协会（APL Associates）。

55．家庭作业对（看似）处于劣势的儿童尤其有益，参见贝姆佩查特，2019。

56．"'深度的'概念性理解与明示性的概念陈述并非同一回事"，参见吉尔里，2007，第69页，邓巴等，2007。

7　通过习惯构建团体精神

1．"压力有可能导致学生对课堂上发生的负面事件形成更强的记忆，比如考试不及格、尴尬的经历或者人际冲突（比如霸凌），而这些强大的负面记忆又有可能引发长期存在的挫败感，以及对学校、对个人能力的一种消极态度……压力有可能对新知识融入现有的知识结构产生妨碍作用，从而有可能阻碍到新事实的更新，或者对那些经常为教育所需要的概念进行深入而多学科的理解。"参见沃格尔与施瓦贝，2016。

2．压力可能对学生有害或者有益，参见拉德兰等，2020。

3．我们的这份核查单是以哈里·黄与罗斯玛丽·黄，2018中的核查单为基础的，其中增添了我们自己的说明与应用。

4．对社交排斥的神经反应在青春期之前就有了，只不过在青春期最为突出而已。脑电波（EEG）数据发现，对拒绝产生的额叶内侧较大 θ 功率在青少年中最强（$400\sim600$毫秒），但在儿童以及成年人当中却近乎为0。参见唐等，2009。

5．这是2020年10月14日贝丝·罗戈夫斯基与蒂姆·诺斯特之间的电子邮件通信。蒂姆·诺斯特是宾夕法尼亚州布鲁斯堡大学麦克道尔研究所（McDowell Institute）的执行理事。

6．关于课堂规程及其教授方法的大量例子，请参见黄等，2014。

7．一项具有里程碑意义的研究发现，老师对学生的期望可以发挥自我应验式预言的作用。参见罗森塔尔与雅各布森，1968。对研究教师期望效应50年来进行的综述，参见韦恩斯坦，2018。

8．引自列莫夫，2015，第383页。

9．奖励的定义，参见舒尔茨等，1997。

10．多巴胺对学习与积极性的影响，参见伯克，2018，米恩德拉热夫斯卡等，2016。

11．多巴胺能让陈述性系统与程序性系统协同工作，参见弗里德伯格等，2020。

12．大脑中央有一个叫作"中脑腹侧被盖区"（ventral tegmental area）的部位，其中的神经元若是缺失，则会导致帕金森病（Parkinson's disease）与快感缺失症（anhedonia）。快感缺失症，是指体验快感的能力降低。人们公认，这是严重抑郁症的一种核心症状，而有30%～40%的帕金森症患者患有显著的抑郁症。闭锁综合征（Locked-in syndrome）指丧失所有运动功能与对外界事件的反应，它是失去了绝大部分多巴胺神经元之后导致的结果。

多巴胺奖励系统可以调节兴趣、好奇心与欲望。在20世纪90年代，特伦斯的实验室曾参与开发了一种针对分泌多巴胺的神经细胞的强化学习模型，称为时序差分学习（temporal difference learning）。这种模型以经典的条件反射为基础，引发了多项脑成像研究，是神经经济学这一新兴领域的基础，参见蒙塔古等，

1996。所有的物种身上都发现了多巴胺奖励系统，其中也包括昆虫，参见蒙塔古等，1995。时序差分学习模型为许多人工智能系统提供了推动力，比如"阿尔法围棋"（AlphaGo），它可以在不确定的环境下学习复杂的策略。这种情况，在特伦斯的图书《深度学习的革命》第十章里有所记述，参见谢诺夫斯基，2018。

13．多巴胺能显著改善工作记忆，参见舒尔茨等，1997。

14．消极的经历会向神经元发出断开而非连接的信号，参见埃尔戈等，2020。

15．存在预期奖励时释放的多巴胺（研究人员称之为强直性多巴胺释放），其背景水平似乎不同于对意外奖励做出反应时释放的多巴胺（位相性多巴胺释放）。首先，强直性多巴胺的水平控制着积极性与反应活力的水平。强迫症（OCD）与图雷特综合征患者的多巴胺水平过高，患者会做出无法控制的抽动。其次，人们还认为，多巴胺释放的强直性水平反映了一种预期奖励的背景率（也就是说，奖励在时间或空间上是否变得越来越近之类的情况）。最后，强直性多巴胺会持续分泌相当一段时间（以分钟计），而位相性多巴胺只会短暂地分泌（尽管其作用有可能持续一段时间）。压力和工作记忆的参与，也有可能增加位相性多巴胺的释放。

16．动机与图式，参见王与莫里斯，2010。

17．预期奖励与意外奖励在动机中的作用，参见克伦威尔等，2020，莫贺比等，2019。

18．青少年中的"时间贴现"现象，参见汉密尔顿等，2020。

19．冒充者综合征的共性，参见费尔德，1988。

20．关于不知道自己的无知，参见邓宁，2011。自恋在很大程度上（但并非全然）与高度自尊有所重叠，参见海特等，2018。

21．对学生抵触心理进行的解释，参见托尔曼等，2016中的第一章。虽然这项研究针对的是中学以上的教育，但研究结果也适用于K-12年级。导致学生产生抵触情绪的原因，大多数出现在被动式课堂上。

8 把学习者联合起来：协同学习的力量

1．《将学生小组变成高效的团队》（奥克利等，2004）这篇论文中指出："一组学生在一起完成一项作业，与一个运作良好的团队是两码事。任何一组学生有时都有可能在一起学习，但他们也有可能倾向于独自学习，然后仅仅是将各人完成的任务集中到一起，不去进行讨论，并且有可能耗费大量时间，应对与学习相关的问题或者个人问题引发的冲突。相比而言，一个高效团队中的成员会始终一起工作，尽管时而聚在一起、时而分开，但始终都明白各人所做的事情。他们会扮演不同的角色、承担不同的义务，尽最大努力相互帮助，态度友好地解决分歧，防止个人纠纷（任何一群人一起工作时，都有可能发生个人纠纷）干扰到团队的运作。形成小组之后，整体力量常常会等于或者小于其各个组成部分的力量之和；但对团队而言，整体却总是比各个部分之和更强大。人们一次次对雇主进行的调查研究表明，团队协作的能力（加上沟通能力）都位列他们最希望在新员工身上看到的品质之中。"

在本章中，我们主要指的是小组；"团队"一词，则用于学生有机会在老师的督导之下一起协作学习一段时间，以便有时间培养出一种恰当的团队协作关系的场合。

2．此图极其宽松地参考了塞克斯维克，2017一作中的图8.1，以及鲁培恩等，2007一作中的图3与图4。

3．关于良性压力与恶性压力，请参见鲁培恩等，2007这篇影响深远的综述性论文。此外，还有一整个称为"毒物兴奋效应"（hormesis）的研究领域，它研究的就是轻微有害的影响可能如何对健康产生诱导作用。

4．压力可能有益于学生，参见拉德兰等，2020，塞克斯维克，2017。

5．对以课堂为基础的社会情感项目进行的综述，请参见学术、社会与情感学习协同会（CASEL），2013；关于学校范围内的社会情感课程述评，参见杜森伯里与威斯伯格，2017。

6．斯卡格尔等，2016一作中指出："协作性学习、合作性学习与基于团队的学习，通常被认为代表着同一个概念，但它们的定义有时并不一样……我们认为这些概念具有可比性，故用了'协作'一词。"在《脑科学学习法》一书中，我们将沿用斯卡格尔等对待这个术语的态度，认为这两个术语在很大程度上可以互换使用。然而，值得注意的是，"合作性学习"的定义通常比"协作性学习"的定义更具结构性。因此，合作性学习有可能涉及分配角色，比如澄清员与总结者，适合用于有特定答案的封闭式问题，就像一个小组一起做家庭作业时那样。协作性学习则适合用于更高层次的内容，其中的小组有能力解决更复杂的开放式学习任务。参见洛克伍德三世，1995a，洛克伍德三世，1995b。

7．参见埃斯蒂斯与明茨，2015一作中的"第十章：合作学习模式：利用协作性小组，促进学生的学习"。

8．一项针对365名五年级学生的研究发现，同龄人的接纳和友谊，与学业成绩紧密相关。参见金杰利等，2011。

9．引自明茨，2020。

10．社交技能教学，参见索伦蒂等，2020。

11．定义合作性学习的一篇重要文章，参见约翰逊与约翰逊，1999。

12．非典型时间增量，参见列莫夫，2015，第221页。

13．以论述危机诊疗的那一节为基础，参见奥克利等，2004。

14．参与者的安全感与任务冲突必须同时存在，才能激发团队的创造力，参见费尔柴尔德与亨特，2014。

15．现代科学往往处于一种竞争极其激烈的环境中，参见科万等，2020，其中描述了几组从事研究的科学家如何充分利用了他们之间的对立关系。

16．依赖共生可能源自过度的同理心，参见麦格拉斯与奥克利，2012。亦请参见奥克利，2013，以便更加全面地看待同理心的优势及其挑战。

17．引自凯雷，2019。

18．团队中每增加一个人，该团队获得创造性突破的可能性就会降低一分，参见吴等，2019。

9 带着个性与才华进行在线教学

1．在线学习的效果可以与面对面教学一样好甚至更好，参见奇里科夫等，2020，科尔文等，2014，麦肯齐，2018。

2．劣质的在线教学方法被用于"证明"在线学习不如面对面教学那样好，例如请参见阿里亚斯等，2018。

3．翻转课堂的价值，参见伯格曼与萨姆斯，2012。

4．假如你想更加深入地了解最负盛名的在线课程设计资源，或许可以从下述机构的课程设计评价标准与核查单开始。质量问题：https://www.qualitymatters.org/qa-resources/rubric-standards；OLC OSCQR课程设计评审计分卡（OLC OSCQR Course Design Review Scorecard）：https://onlinelearningconsortium.org/consult/oscqr-course-design-review/；佛罗里达中央大学（the University of Central Florida，该校是这一领域里的领跑者）分散式学习中心（Center for Distributed Learning）：https://cdl.ucf.edu/files/2013/09/

IDL6543_CourseRubric.pdf。

5．避免使用同步教学方法的指南，参见赖希等，2020。

6．但要看到，最近的研究表明，视觉与听觉成分在工作记忆中可能并不像人们认为的那样独立和相互支持，参见尤滕霍夫等，2019。

7．多媒体教学，参见迈耶，2014a，迈耶等，2020。

8．剔除冗余的教学内容，参见易卜拉欣等，2012。亦请参见理查德·迈耶的研究。

9．不要朗读屏幕上显示的长段文本，参见霍伊东克与德·科宁，2016。

10．认知地图，参见贝伦斯等，2018。

11．该策略源自布鲁斯堡大学教学技术专业的副教授R．林恩·胡梅尔（R. Lynn Hummel）。

12．"因恶其声而厌其人背后的科学"，参见J．黄（J. Wong），2017。

13．Zoom疲劳，参见江，2020；亦请参见其中的参考文献。

14．手写，参见迈耶等，2020。

15．让一名学生负责做笔记，参见邦迪埃，2020。

16．出其不意地点名的目的、关键之处与变化形式，参见列莫夫，2015，第249—262页。

17．出其不意地点名的影响，参见达利默等，2012。

18．该策略源自布鲁斯堡大学教学技术专业的教授玛丽·尼科尔森（Mary Nicholson）。

19．学生往往会把注意力集中到视频上，参见奥克利与谢诺夫斯基，2019一作中引用的参考资料。此外，正如德·科宁等在其综述中所言："当前教学视频被认为属于最流行的教学方法之一。"参见德·科宁等，2018。

20．"微教学"短视频的效果大小，参见哈蒂，2009，第112—113页。视频对教学的一般性影响，参见埃克斯博奇托等，2020，斯托克韦尔等，2015。

21．老师在课堂上存在的重要性，参见弗莱厄蒂，2020。

22．《优秀的在线教学》，参见约翰逊，2013。

23．让学习者能够学习小段小段的知识（即"细分"），参见布雷姆，2016。

24．"6分钟法则的神话"，参见拉格斯特罗姆等，2015。

25．由于变量太多，故很难根据年龄来对视频的长度提出具体的指导原则。有证据表明，虽然时长为6分钟的视频对年龄较大（大学阶段）的学生来说很合适，但12～24分钟的视频效果也很好，参见拉格斯特罗姆等，2015。我们与一些流行的"油管"视频制作者进行的讨论表明，"油管"之所以欢迎时长为20～25分钟的视频，是因为用户似乎都很喜欢这种时长的视频。

26．幽默的价值，参见尼纳贝尔等，2019。

27．幽默可以促进多巴胺的分泌，参见莫伯斯等，2003。

28．2016年，人们对与教学相关的各种版权进行了一场充分的讨论。对美国《教学法案》许可利用的方面所做的综述，参见版权清算中心，2011。

29．自下而上与自上而下两种注意过程，参见蒂勒与贝尔格罗夫，2018。

30．字幕对各种学习者的价值，参见索尔德，2020，滕，2019。

31．对论述多项选择测试的研究文献所进行的优质综述，请参见徐等，2016。关于设计优质的多项选择测试且可读性很强的综述，请参见韦默，2018。

32．与视频有关的测试题的价值，参见什普纳尔等，2013，弗拉尔，2013。

33．引导性问题的有益性，参见劳森等，2006。

34．与家庭作业相关的学习任务中所嵌入的视频，参见布雷姆，2016。

35．将完成家庭作业的时间限制在20分钟之内，参见洛与休，2017。

36．行为动词与其他论述在线分组讨论的观点，参见根斯巴赫，2016。

37．与重新学习相比，总结并不会导致考试成绩提高，用视频进行教学则可以，参见霍格海德等，2019。

38．提防学生过度关注视频制作的危险，参见克里斯托杜卢，2020，第102页。

10 绘制通往课程终点的路线图：教案的力量

1．元分析发现，利他性的激励因素（即服务于他人、有所作为并为社会做贡献）与内在性的激励因素（即心怀对教学与课题的激情）是一个人成为教师的两大关键性影响因素，参见弗雷与戈尔，2018。

2．针对教案各个部分（包括准备、开始、流程、反馈与结课）进行有效教学实践方面的深入分析，请参见哈蒂，2012中的《第二部分：课程》（*Part 2: The Lessons*），第41—155页。

3．教案模板，参见库兰，2016，第101—102页。

4．目标式教学包括：（1）清楚了解要从课程中学到什么（2）有一种方法可得知学生已经达到了预期的成功程度，参见哈蒂，2012，第52页。

5．《美国共同核心国家标准》中对"标准"的定义，参见全美州长协会最佳实践中心，2010b。

6．《文学阅读标准6-12》（*Reading Standards for Literature 6-12*），参见全美州长协会最佳实践中心，2010a，第36页。

7．关于对教学目标KUD格式的详细解释，请参见埃斯蒂斯与明茨，2015一作中的第二章："目标、评估与教学"（Objectives, Assessment and Instruction）。

8．一部与韦伯深度解读教学法及复兴的布鲁姆分类教学法相一致的动词指南，参见赫斯，2013。

9．尽管分类教学法常常被人们认为有较低和较高层次之分，但只有第一层次（即布鲁姆分类教学法中的知识、韦伯深度解读教学法中的回忆与再现）被认为属于较低层次，而其他各层都被认为属于较高层次，参见麦克米伦，2018，第52页。

10．元分析发现，形成性评估可以显著促进学生的学习。由于所用的形成性评估手段与提供反馈的形式之间变化很大，因此人们在研究其有效性时还变得倍加谨慎了，参见金斯顿与纳什，2011。

11．有效反馈的模型，参见哈蒂与廷伯利，2007。

12．下课前向学生分发"课堂反馈条"，并且学生应在下课前交上来，以便评估学生是否理解了所教的内容。"课堂反馈条"可以衡量每个学生在达到目标或者理解特定概念方面的进步。

13．形成性评估与总结性评估之间可能存在模糊的界限。二者之间最主要的区别就在于评估结果的用途。假如对后续教学有影响，那么，像"课堂反馈条"或者每日测验之类的小型总结性评估，就可以用一种形成性的方式去加以利用。总结性评估传统上用于计算一个评分期的成绩。大规模的总结性评估，包括基准评估与国家标准化考试，参见麦克米伦，2018，以及迪克森与沃雷尔，2016。

14．有效的"现在就做"的标准，参见列莫夫，2015，第161—162页。

15．认知学徒策略，参见卡杜罗，2020。

16．教师讲课主导着教学。835名分属于六年级、八年级、十年级与十二年级的学生，都戴着每天会向他们发出多次信号的腕表。每次发出信号的时候，他们会记录下自己正在参与的活动以及他们的想法。尽管学生们在课堂上可能显得很专心，可"其中的许多学生实际上都在想着自己、其他的校内活动或者外部问题。"参见耶尔，2000，第262页。

17．关于对问题与教师讲课的研究所进行的一种综述，请参见哈蒂，2012，第83—84页。

18．多媒体教学可以推广应用于任何一门既包含文字又包含图片的课程，其中的文字可以是口语形式或者印刷形式，而图片既可以是静态的（如插图、图表、图形或者照片），也可以是动态的（如动画或者视频），参见迈耶，2019。

19．观看多媒体时减少认知负荷的策略，参见迈耶，2014b。

20．细分式的多媒体教学有助于记忆与迁移表现，同时还能减少整体的认知负荷、增加学习时间，参见雷伊等，2019。

21．将做笔记的策略教给小学生，显著提高了他们的理解能力，参见张与古，2015。关于特定类型的笔记（框架式、图解式或者不做笔记）结果，以及做笔记对能力高与能力低两类学生的影响，请参见杜恩与麦克丹尼，2015。蒂茨沃斯与基弗拉，2014一作发现，做笔记者的考试成绩要比不做笔记者高13%。

22．对13项研究的回顾发现，引导性笔记对所有学习者都有效，尤其是对残疾学生有效。由此导致的结果是，包括考试成绩、笔记的准确性、组织能力等在内的各方面都有所提高，还会增加学生在课堂上回答问题的次数。参见海登等，2011。

23．研究发现，"网络探索"对六年级学生的数学教学有效，参见杨，2014。

24．此例选自韦克斯勒，2020，第228页。

25．这一策略选自阿灵顿公立学校（Arlington Public Schools）的中学英语教师乔伊·凯雷2020年7月10日与贝丝·罗戈夫斯基之间的电子邮件通信。

26．行为研究有效地证明了经由"推特"实施"课堂反馈条"的作用，参见阿马罗-希门尼斯等，2016。

附录一：如何在协作团队中进行自我管理

1．本文是奥克利，2002一作的简短改编版。

作者简介

哲学博士芭芭拉·奥克利既是畅销书《数字思维》（*A Mind for Numbers*）一书的作者，也是密歇根州（Michigan）罗切斯特市（Rochester）奥克兰大学（Oakland University）的一位工程学教授。她的研究涉及生物工程学，重点是神经科学与认知心理学。奥克利博士是国际公认的学习专家、为大型开放式在线课程（MOOCs）制作高质量在线学习材料的专家。她与特伦斯·谢诺夫斯基一起，教授"学会学习"这门全球最受欢迎的大型开放式在线课程。

教育学博士贝丝·罗戈夫斯基是宾夕法尼亚州布鲁斯堡大学的教育学教授。她曾为农村和城市公立学校的中学生教授过14年的英语语言艺术课，然后取得了教育领导学专业（educational leadership）的教育博士学位，随后又在认知神经科学领域进行了博士后研究。她的研究，主要集中在转化神经教育学（translational neuroeducation）方面，重点是语言、识字以及揭穿像学习风格之类的神经学神话。

哲学博士特伦斯·谢诺夫斯基是索尔克生物研究所的"弗朗西斯·克里克教席教授"（Francis Crick Professor），管理着该研究所的计算神经生物学实验室（Computational Neurobiology

Laboratory）。他还是如今仅有的12位入选了美国国家医学院（National Academy of Medicine）、美国国家科学院以及美国国家工程院（National Academy of Engineering）的在世科学家之一。

译后记

接到《脑科学学习法》一书翻译任务的时候，我正在一位朋友家中做客。他是一位已经在讲台上站了十来年的中学教师，生活看起来恬淡、清闲得很，每年假期都会确定一座城市，带着全家去旅行。可这次我们聊到工作时，他的表情却很郁闷。

"您不知道，当老师可没有表面上那么轻松，当一名好的学科老师尤其不容易。这些年来，在教学方面我可是兢兢业业，丝毫不敢懈怠，"他严肃地说，"可即便如此，我也觉得越来越吃力了。现在的孩子真不好教，让他们分心的东西太多，各种问题层出不穷，教学工作经常让人觉得头大。"

我很奇怪。

"国家制定的减负政策，对老师提出了更高的要求，"他解释说，"我们必须提高自己的教学水平和效率，才能在越来越有限的时间里，把必须掌握的学科知识教给学生。"此时，他在教学上遭遇了自己的瓶颈，因而大感苦恼。

我向他推荐了《脑科学学习法》。

这是一部面向教师，以便他们能够更有效地去教学、能够帮助学生更有效地去学习的作品。尽管当今市面上论述教学方法的著作(包括专著和通俗作品)很多，芭芭拉·奥克利等三位博士兼教育家所撰的这部作品，却极有特色：它将神经科学和认知科学领域里的最新研究成果与教学结合起来，从国内绝大多数教师相对较为陌生的角度，提出并总结了许多适用于二十一世纪多元化环境的教学方法。

"帮助学生保持学习动力、学习投入度和学习专注度，帮助他们把学到的知识变成自己的东西，而不是考试过后就忘记，帮助老师提高整体的教学效果，让能力不同、表现各异的学生能够齐头并进，就是这部作品可以解决的三大问题。"具体内容我没有细说，留待他自己慢慢去体会。

他眼睛一亮。

两三个月后，朋友便兴高采烈地给我打电话，说他那个班的学科成绩已经跃升到了全校第二，并且整体表现优异，差生大幅减少了。"《脑科学学习法》真的很神奇，书中的一些方法让我突破了教学瓶颈，让我的学生解决了他们的学习问题。"他说。

我感到很欣慰。《脑科学学习法》一书的三位作者都有数十年的课堂教学经验，把他们的经验引入进来，供我国的教师、学生和所有对教学事业有兴趣的读者参考，帮助提高教与学两个方面的整体水平与效果，正是我们翻译出版此书的初衷。所以，要感谢北京磨铁文化集团股份有限公司，感谢参与这个项目的所有编辑，感谢浙江教育出版社，为我们引入了这样一部意义非凡的作品。

当然，由于是引进的作品，其中可能有一些东西(包括观念、方法等)并不十分切合我国的国情、教学传统和实践,需要教师、学生及所有读者去粗取精、灵活运用。至于翻译不当之处,则欢迎大家批评指正。

最后要说明的是,本书"前言"、第一章至第七章、"再见,亦是相逢"及"附录"部分由专职译者欧阳瑾先生翻译,第八章至第十章由北京科技大学融合创新研究院的陈兰翻译。全书的统稿与审阅工作,亦由陈兰负责。

欧阳瑾

2022年10月